数字化管理创新系列教材

数字化物流管理与设施规划仿真

崔 剑　蔡建湖　主编

清华大学出版社
北京

内 容 简 介

本书深入阐述了数字化物流的概念和发展、数字化物流的设施、数字化物流的规划，以及大数据、机器人、人工智能等数字化信息技术在物流领域的应用，为推进数字化物流建设提供了一条行之有效的探索路径。

全书共分3篇：第1篇（第1、2章）为概念篇，着重介绍我国物流行业的发展现状和数字化物流的相关概念；第2篇（第3~5章）为技术篇，着重讨论数字化物流的各种设施、信息技术以及设施规划与设计；第3篇（第6、7章）为应用篇，介绍数字化物流的仿真软件及其使用流程和功能，同时介绍数字化物流的案例实施。全书提供了大量应用实例，每章后均附有习题。

本书可作为数字化工程与管理、物流工程、工业工程、项目管理、电子商务、管理信息系统和物流管理等专业基础课或专业课教材，也可供从事相关研究的广大科技工作者、教师、研究生和企业工程及技术管理人员参考。

本书封面贴有清华大学出版社防伪标签，无标签者不得销售。
版权所有，侵权必究。举报：010-62782989，beiqinquan@tup.tsinghua.edu.cn。

图书在版编目(CIP)数据

数字化物流管理与设施规划仿真 / 崔剑，蔡建湖主编 . —北京：清华大学出版社，2023.6
数字化管理创新系列教材
ISBN 978-7-302-63345-7

Ⅰ.①数… Ⅱ.①崔… ②蔡… Ⅲ.①数字技术－应用－物流管理－教材 Ⅳ.① F252.1-39

中国国家版本馆 CIP 数据核字 (2023) 第 063802 号

责任编辑：刘向威
封面设计：文　静
版式设计：文　静
责任校对：郝美丽
责任印制：丛怀宇

出版发行：清华大学出版社
　　　　　网　　址：http://www.tup.com.cn, http://www.wqbook.com
　　　　　地　　址：北京清华大学学研大厦 A 座　　邮　　编：100084
　　　　　社 总 机：010-83470000　　邮　　购：010-62786544
　　　　　投稿与读者服务：010-62776969，c-service@tup.tsinghua.edu.cn
　　　　　质 量 反 馈：010-62772015，zhiliang@tup.tsinghua.edu.cn
印 装 者：三河市铭诚印务有限公司
经　　销：全国新华书店
开　　本：185mm×260mm　　印　张：13.25　　字　数：275 千字
版　　次：2023 年 8 月第 1 版　　印　次：2023 年 8 月第 1 次印刷
印　　数：1～1500
定　　价：49.00 元

产品编号：087524 -01

总序
FOREWORD

2003年,在习近平新时代中国特色社会主义思想的重要萌发地浙江,时任省委书记的习近平同志提出建设"数字浙江"的决策部署。在此蓝图的指引下,"数字浙江"建设蓬勃发展,数字化转型和创新成为当前社会的共识和努力方向。特别是党的十八大以来,我国加快从数字大国向数字强国迈进,以"数字产业化、产业数字化"为主线推动经济高质量发展,我国进入数字化发展新时代。

数字强国战略的实施催生出大量数字化背景下的新产业、新业态和新模式,响应数字化发展需求的人才培养结构和模式也在发生显著变化。加强数字化人才培养已成为政、产、学、研共同探讨的时代话题。高等教育更应顺应数字化发展的新要求,顺变、应变、求变,加快数字化人才培养速度、提高数字化人才培养质量,为国家和区域数字化发展提供更好的人才支撑和智力支持。数字化人才不仅包括数字化技术人才,也包括数字化管理人才。当前,得益于新工科等一系列高等教育战略的实施以及高等学校数字人才培养模式的改革创新,数字化技术的人才缺口正在逐步缩小。但相较于数字经济的快速发展,数字化管理人才的供给缺口仍然巨大,加强数字化管理人才的培养和改革迫在眉睫。

近年来,杭州电子科技大学管理学院充分发挥数字化特色明显的学科优势,努力推动数字化管理人才培养模式的改革创新。2019年,在国内率先开设"数字化工程管理"实验班,夯实信息管理与信息系统专业的数字化优势,加快工商管理专业的数字化转型,强化工业工程专业的数字化特色。当前,学院数字化管理人才培养改革创新已经取得良好的成绩：2016年，信息管理与信息系统专业成为浙江省"十三五"优势本科专业（全省唯一），2019年入选首批国家一流本科建设专业。借助数字化人才培养特色和优势，工业工程和工商管理专业分别入选首批浙江省一流本科建设专业。通过扎根数字经济管理领域的人才培养，学院校友中涌现了一批以独角兽数字企业联合创始人、创业者以及知名数字企业高管为代表的数字化管理杰出人才。

杭州电子科技大学管理学院本次组织出版的"数字化管理创新系列教材"，既是对学院前期数字化管理人才培养经验和成效的总结提炼，也为今后深化和升华数字化管理人才培养改革创新奠定了坚实的基础。该系列教材既全面剖析了技术、信息系统、知识、人力资源等数字化管理的要素与基础，也深入解析了运营管理、数字工厂、创新平台、商业模式等数字化管理的情境与模式，提供了数字化管理人才所需的较完备的知识体系建构；既在于强化系统开发、数据挖掘、数字化构建等数字化技术及其工程管理能力的培养，也着力加强数据分析、知识管理、商业模式等数字化应用及其创新能力的培养，勾勒出数字化管理人才所需的创新能力链条。

"数字化管理创新系列教材"的出版是杭州电子科技大学管理学院推进数字化管理人才培养改革过程中的一项非常重要的工作，将有助于数字化管理人才培养更加契合新时代需求和经济社会发展需要。"数字化管理创新系列教材"的出版放入当下商科人才培养改革创新的大背景中也是一件非常有意义的事情，可为高等学校开展数字化管理人才培养提供有益的经验借鉴和丰富的教材资源。

作为杭州电子科技大学管理学院的一员，我非常高兴地看到学院在数字化管理人才培养方面所取得的良好成绩，也非常乐意为数字化管理人才培养提供指导和支持。期待学院在不久的将来建设成为我国数字化管理人才培养、科学研究和社会服务的重要基地。

是为序！

中国工程院 机械与运载工程学部 院士
工程管理学部

2020年6月

前言

"数字社会"作为一种特定的社会文化形态,是借由数字化、网络化、大数据、人工智能等当代信息科技的快速发展和广泛应用得以孕育成型的。数字社会的发展,成为当代人类社会变迁发展的必然趋势。数字社会运行和网络生活状态,具有跨域连接、全时共在、行动自主、持续互动、数据共享、资源整合、高效协作、智能操控等多方面的本质特征,其在产业发展、公共服务及社会生活等领域也广泛促成了各类"数字业态"的成长。

物流行业的发达程度和水平高低是衡量一个国家现代化程度和综合国力的重要标志之一。现代物流已经成为发达国家最具普遍影响力的经济基础和"朝阳产业"。近年来,物联网、大数据、云计算、人工智能等技术在物流领域的应用不断深入,为数字化物流提供了强大的推动力。在数字化经济的背景下,物流工程将全新升级,成为一项长期复杂的系统工程。

在本书的编写过程中,结合当前物流行业的发展,参考了国内外有关著作和期刊资料,力求资料新、数据全、方法先进、适应面广,理论和方法的应用可操作性强,并致力于科学性、系统性和应用性。同时,在编写过程中注意吸收国内外现有教材的优点、力求博采众长。本书内容论述流畅、简练、由浅入深、易学易懂。

本书共7章,主要内容有物流行业的发展、数字化物流、数字化物流设施、数字化物流信息技术、数字化物流设施规划与设计、物流中心的规划与设计、数字化物流仿真软件。

本书由杭州电子科技大学管理学院崔剑组织编写,由蔡建湖老师负责全书审定。本书第1、3、4、6、7章由崔剑老师编写;第2、5章由蔡建湖老师编写。研究生黄跃、蒲星池参与了本书的编写工作。

编写过程中参阅了大量国内外相关著作和文献资料,书中引用了相关标准和数据,在此向编著者表示衷心感谢。本书的编写工作得到杭州电子科技大学管理学院的大力支持，在此表示衷心感谢。同时，向本书出版提供大力支持的清华大学出版社致以诚挚的谢意。

由于编者水平有限，书中不当之处在所难免，欢迎同行专家和广大读者批评指正。

崔剑

2023 年 3 月

目录

概 念 篇

第 1 章 物流行业的发展 ··· 2
    1.1 物流行业发展现状 ·· 2
    1.2 物流行业存在的问题 ······································ 5
    1.3 信息技术对物流的影响 ···································· 7
    1.4 物流行业的未来发展 ······································ 9
    1.5 习题 ·· 10

第 2 章 数字化物流 ··· 11
    2.1 数字化 ·· 11
    2.2 数字物流 ·· 11
    2.3 数字化物流的概念 ·· 12
    2.4 数字化物流的发展历史 ···································· 13
    2.5 数字化物流的特点 ·· 13
    2.6 数字化物流的核心技术 ···································· 15
        2.6.1 电子航空运单 ······································ 15
        2.6.2 RFID 技术 ·· 16
        2.6.3 机器学习 ·· 17
        2.6.4 人工智能 ·· 17

  2.6.5 云物流 ·· 19
  2.6.6 大数据＋云物流 ······································ 20
  2.6.7 物联网 ··· 20
  2.6.8 区块链 ··· 21
  2.6.9 数字化平台运输 ······································ 21
 2.7 数字化物流的相关载体 ······································ 22
  2.7.1 数字物流仓配 ······································· 22
  2.7.2 数字货场 ·· 23
  2.7.3 数字物流港 ·· 23
 2.8 数字化物流的社会发展意义 ·································· 25
 2.9 习题 ·· 26

技 术 篇

第 3 章 数字化物流设施 ·· 28
 3.1 数字化物流设施的发展 ······································ 28
 3.2 数字化物流设施的需求 ······································ 30
 3.3 数字化物流设施的分类 ······································ 32
  3.3.1 数字化物流包装设施 ·································· 32
  3.3.2 数字化物流仓储设施 ·································· 38
  3.3.3 数字化物流流通加工设施 ······························· 41
  3.3.4 数字化物流装卸搬运设施 ······························· 45
  3.3.5 数字化物流运输设施 ·································· 51
 3.4 习题 ·· 53

第 4 章 数字化物流信息技术 ·· 54
 4.1 数字化物流信息技术的定义 ·································· 54
 4.2 条形码技术 ·· 54
  4.2.1 一维条形码 ·· 54
  4.2.2 二维条形码 ·· 56
  4.2.3 条形码的识别原理 ··································· 56
  4.2.4 条形码阅读器 ······································ 56
  4.2.5 条形码数据采集器 ··································· 58
  4.2.6 条形码技术在物流中的应用 ····························· 59

4.2.7　条形码技术在工业生产线中的应用 59
4.3　无线射频识别技术——RFID 60
　　4.3.1　射频系统的组成和工作原理 61
　　4.3.2　RFID 技术的优点 62
　　4.3.3　RFID 频段的特点 63
　　4.3.4　RFID 射频标签 64
　　4.3.5　RFID 射频阅读器 66
　　4.3.6　RFID 技术的应用 66
4.4　EDI 技术 67
　　4.4.1　EDI 技术简介 67
　　4.4.2　EDI 的功能特点 68
　　4.4.3　EDI 在物流中的应用 68
　　4.4.4　案例分析——上海联华超市集团的 EDI 应用 69
4.5　GPS 技术 70
　　4.5.1　GPS 技术简介 70
　　4.5.2　GPS 的构成 71
　　4.5.3　GPS 定位方式 72
　　4.5.4　GPS 在物流中的应用 72
4.6　GIS 技术 74
　　4.6.1　GIS 技术简介 74
　　4.6.2　GIS 的功能 74
　　4.6.3　GIS 技术在物流分析中的应用 75
　　4.6.4　案例分析 76
4.7　产品电子代码 77
4.8　PML 78
　　4.8.1　PML 的概念及组成 78
　　4.8.2　PML 设计 79
4.9　云计算 80
　　4.9.1　云计算的产生和发展 80
　　4.9.2　云计算的概念和定义 81
　　4.9.3　云计算的主要服务形式 82
　　4.9.4　云计算的核心技术 83
　　4.9.5　云计算技术发展面临的问题 84

4.9.6　物联网与云计算技术 ································· 85
4.10　习题 ································· 85

第5章　数字化物流设施规划与设计 ································· 86
5.1　设施规划与设计的发展 ································· 86
5.2　数字化物流设施选址 ································· 87
　　5.2.1　设施选址概述 ································· 87
　　5.2.2　设施选址的影响 ································· 89
　　5.2.3　设施选址方法 ································· 90
　　5.2.4　设施选址评价 ································· 93
5.3　习题 ································· 100

应 用 篇

第6章　物流中心的规划与设计 ································· 102
6.1　配送的概念 ································· 102
6.2　配送中心概述 ································· 104
　　6.2.1　配送中心的定义 ································· 104
　　6.2.2　配送中心的功能 ································· 105
6.3　配送中心的规划与设计 ································· 107
6.4　配送中心选址决策 ································· 110
6.5　配送中心规划的方案评估 ································· 114
6.6　物流园区的规划与设计 ································· 115
　　6.6.1　物流园区概述 ································· 116
　　6.6.2　物流园区的区位选择与布局规划 ································· 119
　　6.6.3　我国物流园区建设与运营模式 ································· 123
　　6.6.4　我国物流园区的发展分析 ································· 125
6.7　数字化物流设施选址案例分析——京东 ································· 129
　　6.7.1　京东的背景介绍 ································· 129
　　6.7.2　京东重庆发展 ································· 131
　　6.7.3　初步选址定性与定量分析 ································· 132
　　6.7.4　选址结果 ································· 136
6.8　习题 ································· 136

第 7 章　数字化物流仿真软件　137

7.1　FlexSim 物流仿真软件　138
7.1.1　FlexSim 产品公司发展历史　138
7.1.2　FlexSim 物流仿真软件简介　138
7.1.3　FlexSim 软件特点　138
7.1.4　FlexSim 软件应用领域　139
7.1.5　FlexSim 软件功能　141
7.1.6　FlexSim 软件操作介绍　149
7.1.7　FlexSim 的仿真步骤　156
7.1.8　FlexSim 仿真案例　156

7.2　Witness 智能仿真软件　167
7.2.1　Witness 软件简介　167
7.2.2　Witness 应用案例　170
7.2.3　Witness 各种应用模型图例介绍　171
7.2.4　Witness VR 软件简介　176

7.3　AutoMod 仿真软件　181
7.3.1　AutoMod 的简介　181
7.3.2　AutoMod 拓展模块　182
7.3.3　AutoMod 模型的子系统　182
7.3.4　AutoMod 建模环境　183
7.3.5　AutoMod 的建模特点及步骤　184
7.3.6　AutoMod 3D 仿真软件　186
7.3.7　AutoMod 模拟仿真案例分析　187

7.4　习题　197

参考文献　198

概 念 篇

第 1 章 物流行业的发展

随着世界经济全球化的发展，在我国科技进步、经济发展的大环境下，物流行业的发展日新月异。2009年，国务院出台《物流行业调整和振兴规划》，物流行业作为服务业被列为十大振兴产业之一。在国家政策扶持下，物流行业发展突飞猛进，已成为我国最具普遍影响力的经济基础和"朝阳产业"。

现代物流已成为发达国家和发展中国家商品全球化生产、网络化配送销售的一项重要战略举措，其涉及领域广，吸纳就业人数多，促进生产、拉动消费作用大，在促进产业结构调整、转变经济发展方式和增强国民经济竞争力等方面发挥着重要作用。现代物流发展符合先进生产力发展的要求，已成为衡量一个国家或地区现代化程度和综合竞争能力的重要指标，国际上普遍把现代物流称作"第三利润源泉"和现代经济的"加速器"。

现代物流行业具有很强的产业关联度和带动效应，它不仅涉及水路、公路、铁路、航空、管道五大运输方式经营企业，还涉及交通、运输、仓储、包装、通信等设施的制造商和经营业；不仅涉及农业、工业、货代、仓储、包装、堆场、电子商务、邮政、通信、银行、保险、消费者等生产经营及物流服务企业和用户，还涉及政府、税收、海关、检验检疫等管理部门。因此，现代物流行业几乎涵盖了第二产业与第三产业的所有领域和部门，无论在广度还是深度上都具有很好的发展前景，是国民经济的综合性和支柱性产业之一。

然而，在中国物流市场需求不断发展的前提下，传统的物流管理系统已经不能满足新的发展要求。随着各种自动化技术和信息技术在物流行业中的不断运用，大数据、云计算、人工智能、物联网等信息技术融入物流行业中，使得中国物流行业有了长足的发展，从而实现整个物流系统的升级和催生了数字化物流的发展。通过数字化物流实现物流全过程的整合、集成和提升，完善现代物流体系，规范物流行业的行业行规，缩短与其他国家间的差距，提升我国物流行业的整体发展水平，以维持自己的市场地位和抵抗外来的冲击，在获取利润的同时，更好地为今后全新的中国经济新形态服务。

1.1 物流行业发展现状

随着我国经济的发展，作为国民经济中新兴产业的现代物流行业正在飞速发展。中国经济持续较快增长，为现代物流行业的发展提供保障。中国物流与采购网的数据显示，我国 2013—2021 年的社会物流总费用增长了 6.5 万亿元，持续提升。社会物流总费用指一定时期内国民经济各部门用于物流活动的总支出，在一定程度上反映了社会对物流的总需求和总规模。近年来，我国物流总费用呈增长态势，在一定程度上反映出物流在生活中的比重显著提升。如图 1.1 所示为 2013—2021 年我国国内生产总值与社会物流总费用。

图 1.1　2013—2021 年我国国内生产总值与社会物流总费用

图 1.2 所示为 2011—2020 年我国物流行业的快递量统计图。从图中可以看出，我国物流行业规模逐渐扩大，全国各地一体化的物流园区相继建设，多功能物流平台也相继呈现，物流信息网络逐步建立，运输、仓储、配送设施专业化程度的提高，为物流行业的发展奠定了根基。

图 1.2　2011—2020 年我国物流行业的快递量统计图

当前经济环境下，现代物流行业被视为经济发展的"第三大利润源泉"，而物流信息化则是现代物流行业的灵魂，是其发展的核心基础。物流行业的发展经历了如下四个阶段：

第一阶段：此阶段属于普及信息化理念阶段，大量物流企业停留在手工操作、人工报表阶段，还没有关注信息化对提升物流效率、降低物流成本的影响。

第二阶段：随着物流的快速发展，信息化需求增多。为服务企业个性化需求，出现了专业的信息化服务商和物流信息产品，这些信息化服务商和物流信息产品成为了最初的物流公共信息服务平台。

第三阶段：随着移动互联网的快速发展，行业出现了以横向整合为主的跨区域运力资源平台，以及以纵向整合为主的专业化供应链管理平台，并在平台的基础上逐渐形成了金融、保险、汽车后服务等产业链生态。此阶段的商业模式呈现出更强的生命力和竞争力。

第四阶段：数字化的起因是供需关系逆转，需求差异化、多元化和快变化。数字化物流市场的快速发展，成为了物流行业转型升级的新动能。行业正由自动化、网络化向数据化、智能化升级。

随着我国国民经济的飞速发展以及信息技术的不断进步，我国物流行业也迈入了信息化发展的高速阶段，通过在物流行业中融入不同的现代化技术，全面推进物流行业的信息化发展，具体表现在以下三个方面。

1. 互联网技术

自2015年国务院提出"互联网＋"行动指导意见以来，社会各传统行业领域积极开展互联网高新技术的融合与创新工作。在此发展背景下，物流行业实施"互联网＋高效物流"的行动，对传统物流管理理念及运营模式进行大胆创新，形成以互联网信息技术为主要驱动力的现代化物流管理模式。目前，互联网技术在各个物流管理环节得到广泛应用，物流企业的信息化、网络化建设水平也得到了显著提升。随着我国互联网技术的快速发展，物流服务模式及配送体系也在不断升级，基于先进的互联网技术，共同配送、统一配送、集中配送、仓储一体化等现代化物流配送模式愈发普及。在互联网技术高度融合背景下，物流管理逐渐呈现出自动化、智能化、信息化、网络化的发展趋势。

2. 电子商务发展迅速

互联网技术的快速发展及广泛普及，使人们传统的消费理念、消费习惯、消费方式发生了颠覆性的变化，电子商务行业取得了迅猛的发展，跨境电子商务行为逐渐成为社会消费的常态。据商务部关于电商发展的相关报告以及电商研究中心关于跨境电商发展的相关报告显示，截至2022年6月，中国网民规模达到10.51亿，互联网普及率达74.4%。2021年我国跨境电商交易规模为14.2万亿元，同比增长13.6%，增速较2020年下降了5.44个百分点。2022年上半年，我国跨境电商交易规模达到7万亿元左右。由此可见，电子商户行业及跨境电商业务的迅速发展，已成为推动现代物流管理信息网络化发展的重要力量。

3. 物联网与物流相结合

随着我国国民经济的快速发展，作为重要基础性产业的物流行业愈发受到国家的重视。近年来，国家对于物流行业相关基础设施的资金投入持续增长。公路、铁路、航空、水运等多元化物流基础设施不断完善，信息化、智能化程度不断提升。在互联网技术支持下，物联网与物流行业进行了深度融合，人工智能、大数据、云计算等前沿技术被广泛应用。自动配送、电子数据交换、货物实时跟踪定位、无人机技术等先进技术日渐普及。多式联运等现代化物流模式不断涌现。物联网与物流行业的深度融合也有效促进了物流园区、物流企业、物流设施间的信息传输与沟通，从空间、模式、技术等多个层面对传统物流管理进行优化和创新，从而全面推进物流管理信息网络化发展进程，提高现代化物流管理水平。

1.2 物流行业存在的问题

现阶段我国物流行业处于发展的黄金阶段，近几年的物流总额持续增长，行业满意度也在提高。虽然我国物流发展较快，但也存在相关问题亟待解决。总的来说，目前我国物流行业存在如下几点问题。

1. 物流企业信息化需求低

物流企业信息化需求可分为三个层级：第一层级是基础信息化，即物流企业运用信息技术实现物流信息的收集、传输、处理以及共享，从而为企业战略决策提供客观的数据信息支持；第二层级是流程信息化，即在实现基础信息化的基础上，利用信息技术对管理流程和业务流程进行优化；第三层级是供应链管理信息化，即通过信息技术手段，科学合理地调节不同物流企业间的合作关系。由于中小型物流企业在整个行业中的占比较大，受企业规模、资金能力、发展理念等因素影响，其信息化需求普遍较低，导致现阶段我国物流行业的整体信息化需求仍停留于第一层级，少部分企业能达到第二层级，第三层级只存在于中远、中运等龙头企业。

2. 中小型物流企业发展具有不确定性

据分析，我国中小型物流企业数量在未来几年内会以每年 17%~24% 的速度增长。据不完全统计，目前中小型物流企业中仅有不到 11% 的企业实现了物流管理信息网络化。由此可见，中小型物流企业的网络化发展对于物流行业整体网络化发展具有重要影响。由于中小型物流企业具有经济实力薄弱、根基浅、技术能力有限等缺陷，导致其未来发展具有显著的不确定性，从而严重阻碍网络化的发展。

3. 公共物流信息平台建设不足

公共物流信息平台指的是针对不同用户需求，为各类用户提供信息共享与交换服务的开放性互联网信息集散平台。该平台是提升物流信息网络化水平、推进物流信息网络化发展的重要载体。当前时代背景下，物流行业与铁路、民航、海关等行业领域具有密切的往来关系，公共物流信息平台建设不完善，数字化物流平台建设滞后，直接导致物流信息因过于分散而无法共享的问题，从而影响物流信息的有效整合，使信息独立为一个个"信息孤岛"，进而加大了中小型物流企业网络化发展难度，提升了物流行业总体运行成本，阻碍了物流行业的正常发展。

4. 信息技术运用匮乏及设施落后

由于我国物流管理信息网络化发展尚处于起步阶段，大部分物流企业都存在信息技术应用水平低下的问题，具体表现为：在自动化办公及日常事务处理层面上，日常工作中信息技术应用较少且应用层级较低。据调查显示，外国物流行业普及使用的先进物流信息技术，如 RFID（radio frequency identification，无线射频识别）、WMS（warehouse management system，仓库管理系统）、TMS（transportation management system，运输管理系统）、AGV（automated guided vehicle，自动导引车）等，在我国的普及率非常低，即便是物流信息技术相对成熟的大型物流企业，其信息系统的功能和业务功能也不完善；在订单管理、仓储管理、物流跟踪、运输管理等环节，物流信息的整合能力也比较薄弱。除此以外，我国物流行业设施仍明显落后于发达国家，自动化、网络化的物流管理能力仍有待提高。

5. 高素质人才储备不足

信息技术的飞速发展与物流行业的深入融合，对物流行业从业人员的职业能力提出了更高要求。尽管电子商务和线上金融的蓬勃开展，为我国物流行业迎来了前所未有的大发展时期，但是必须看到，我国的专业化物流人才分布情况是十分不均衡的。既熟悉物流管理理论知识与技能，又掌握相关移动通信技术、互联网技术以及计算机技术的复合型高素质人才极度缺失，在此基础上熟悉现代物流管理信息网络化运作规律的高精尖专业复合型物流信息管理人才更是寥寥无几。而且大部分的优秀物流人才基本上都被屈指可数的几家大型垄断性物流企业和电商平台收入麾下，中小企业的物流企业很难拥有专业的物流人士。为了维持自身的经营，这些企业不得不降低自身的人才招收门槛，接受能力不相匹配的员工。这样的员工构成，严重阻碍了数字化背景下的信息化物流管理的发展。

6. 缺少统一的物流服务标准

在全球经济一体化发展时代背景下，物流标准化服务所覆盖的领域越来越广。现阶段我国物流行业标准化体系建设工作仍在进行中，各物流部门间条块分隔现象比较明显，各部门之间缺乏沟通与协作，各自为政，导致整体物流环节中承载设施、运输工具等行业标准缺乏统一性，导致无效环节增多，降低了物流速度，提升了物流成本。同时，物流管理平台中所用的信息标准缺失问题较为严重，极大地制约了各单位部门之间的信息传递，影响了物流行业与其他行业领域的合作，进而影响了数字化物流的健康发展。

7. 物流费用偏高、效率低

2020 年，我国物流总费用与 GDP 的比为 44.7%，远远高于发达国家，甚至比同级别的发展中国家高很多。虽然我国物流费用占比连续五年减少，但物流行业工作存在负效率、物流企业业务利润低等现状。从物流发展的宏观面看，发展空间还是比较大的，解决物流费用偏高是解决物流行业发展的根本问题。

8. 区域物流发展不平衡

我国区域物流发展呈现出几方面的不平衡状态：一是东部沿海经济发展拉动物流基础设施建设，有专业物流管理人才，物流企业发展良好；二是中西部地区对建设物流基础设施投资少、物流企业的管理水平落后；三是农村经济条件落后，消费能力低，乡村基层物流发展被忽略。

9. 政策法规还不够完善

在我国物流行业高速发展的背后，相应的管理手段和管理技术体系却没有实现与之相匹配的提升。虽然国家出台了一些保护政策，但后续详细的行业标准还未确定。部分跟风入场的物流企业甚至连最基础的线上管理平台都没有搭建，全套的信息化管理模式更是无从谈起。此外，虽然国内的物流行业联合会和商务监管部门已经完成了物流行业标准的制定，并将其付诸实施，但在不同的地区乃至区域内物流企业内部，在某些细节问题的规定上依然没有做到统一。欧系标准、日系标准和美系标准都有企业在使用。这种制度和规则上的不规范和不统一，对于建立全面高效的国内物流网、实现完全的信息化物流管理是必须克服的"绊脚石"。

10. 物流企业数量和实力难以满足行业要求

虽然国内现存的专业物流公司数量已经接近 100 万家，但单独为传统制造业服务的物流公司可谓凤毛麟角。而且这些公司即使拥有针对传统制造业的相应业务，但由于自身存在时间不长，实力较为薄弱，因此，在引进数字化和信息化物流管理设施时，经常会遭遇资金和技术上的瓶颈。同时公司管理者大多为跨界经营，对信息化和数字化的管理技术知之甚少，难以从理念和技术上给予相应的支撑，使得这些物流公司不具备实施信息化管理的能力，无法满足传统行业的需求。

1.3 信息技术对物流的影响

"物流"作为现代社会化大分工的又一项新兴产业，正展现出其无穷的生命力，各级政府和部门正大力推广现代物流，并运用现代化信息技术武装物流行业。物流信息技术对行业的发展具有以下影响。

1. 对企业内部操作的影响

信息技术对管理会产生变革作用，一些新技术的采用会给传统的管理理念带来新的思路。在物流企业内部，许多物流企业进行的一些信息化工作，只是简单地将手工业务流程进行计算机化。然而，随着条形码技术、射频识别技术、无线技术和自动识别技术等的应用,各种数据实现了自动采集,各种决策实现了科学地分析管理等,使企业管理进入到一个新的阶段,企业经营决策有了可靠的依据,使得管理水平得到了大幅度的提升。

2. 对企业商务模式的影响

商务模式的电子化是未来发展的一个重要方向。在过去 5 年间,全球电子商务的年均增长率达到了 97%,从原来的 24 亿美元急剧增长为 721 亿美元。在未来 5 年内,电子商务的增长速度将会有所下降,不过年均增长率仍然会维持在 25%。电子商务可跨越时空障碍、交通障碍和信息能力等障碍,通过互联网为供需双方提供及时、方便、快捷、双赢和有效的增值服务。由于其服务的客户较多,地区分布较广,电子商务将打破传统意义上的国界限制和商圈范围,整个市场竞争将迅速扩大至全国乃至全球。随着市场概念化、价值观念化、营销策略化、行业分工化等模式的存在,使得电子商务的中间机构和竞争方式都随之发生了巨大的更新和深刻的变化。据有关统计资料显示,应用电子商务可使参与交易的企业降低 10%~20% 的成本。

3. 对物流网络的影响

随着全球化的到来,企业之间商务互动的网络化越来越成熟。当客户在网上订舱之后,相应的订舱数据会传送给整个物流链上的各个操作环节,各操作环节按照客户的要求,完成整个物流服务。如何协同各物流单位活动,则需要将各自业务系统网络化,真正形成一个网络化经营模式。

为了更好地在物流行业中进行信息化管理,需要从以下四个方面加强物流管理信息化的对策。

(1) 转变传统观念,重视物流管理信息化。信息化管理模式是数字化背景下提升物流管理水平的必由之路,这一点对于传统制造业物流体系同样适用。因此,在全新的数字化业态下,相关物流企业的管理者要积极改变传统的线下物流管理理念和自身实力的桎梏,将引入网络通信技术作为提升自身物流管理水平的最主要着力点。彻底淘汰老旧的平面手写化信息管理模式和作坊式的任务分发手段,让信息真正融入自身管理活动的方方面面。

(2) 强化网络建设,提高物流技术。网络是数字时代最主要的工作平台,也是现代物流管理活动存在的基础。因此,在确定以信息手段为全新物流管理手段后,物流企业管理者在维持自身正常经营活动不受影响的情况下,应用网络信息化处理工具,通过多种手段搭建高密度物流管理和信息服务网络,让公司所有物流业务与管理工作完全依靠全新的网络运行,从而实现自身信息化物流管理模式的完全建立。

(3) 加强物流管理的线上信息化和线下运输流程的有机结合。物流行业线下货物运输过程前后会产生大量的信息流和数据流。所以,只有将具体的线下运输流程和线上信息流处理过程充分结合,物流企业才能实现对整个物流服务流程的全面监控和管理,以保障并提升整个物流活动的效率和服务质量。

（4）培养人才，提升员工素质。数字化背景下的物流活动对从业人员的素质提出了更高的要求，传统物流企业自身也存在巨大的人才需求缺口。在这样的情况下，物流企业通过与政府、高校和科研院所之间建立人才交流机制的方式，使物流一线的员工和管理人员通过培训更新物流专业知识，并将财务管理、信息技术、数据处理以及国际物流管理等知识结合起来。通过加强与高校之间的人才交流，不断提高员工的综合素质和激发员工的潜力。

1.4　物流行业的未来发展

随着物流信息化的进一步发展，新一轮技术革命和产业变革蓄势待发，物流行业将会发生深刻改变，产业链、供应链、价值链加速向形态更高级、功能更复杂、结构更合理的阶段演化。数字化物流的深入推进，将会为物流行业的发展和结构调整增添新的动能。

根据社会对物流行业的需求，我国的物流行业未来将呈现如下趋势。

1. 指标体系与标准化体系建立

设计物流行业指标体系是预测物流行业发展的前提。遵循指标体系的设计原则设计出物流规模指标体系、物流结构指标体系、物流成本指标体系、物流利润指标体系、物流服务评价指标体系等数量众多的指标体系。通过建立科学合理的指标体系，减少物流管理的成本，定量分析物流行业的变动，以便更准确地预测发展趋势。

物流标准化是物流行业中设施工具、管理标准以及现代物流信息实施的依据。我国物流行业应顺应物流国际化的潮流，建立与国际接轨的标准化物流体系，为我国物流与国际化物流接轨做准备。

目前，政府和企业鼎力支持物流行业的指标体系与标准化体系的完善，科学合理的指标体系与标准化体系的建立将进一步促进物流行业的健康发展。

2. 物流体系的全面开放

数字化物流将更加开放，其解决的将不仅是资源的互联和开放，更多的是生态的开放，实现企业在生态中互利共赢的开放战略，发展更高层次的开放型物流数字经济，完善开放流通数据资产的法治营商环境，推动行业自律和政府监管，构建广泛的利益共同体。

3. 传统物流企业的转型加快行业整合

近几年，电商凭借信息互通优势逐步整合相关业务，进而涵盖物流行业的每一个环节。传统物流企业开始业务扩展，顺丰速运、德邦快递在大件运输业务之外新增快递业务。物流行业各大公司，如顺丰、韵达等企业在快递业务之外新增快运业务，并在云仓储方面逐渐摸索，试图完成运输、仓储、配送一体化的物流服务。通过物流企业的逐步转型，整个物流行业将加速整合。

4. 物流行业与其他行业的融合发展

物流行业从来不是孤立的产业，而是社会化、专业化的产业。电子商务与物流的联动融合，本质上进一步强调开展物流产业与其他产业融合。在大数据时代，各行业都是相互交融、共同发展的，物流行业更是如此。物流行业涉及领域颇广，其相关产业有制造业、零售业、交通运输业等。物流行业是产业融合的重要枢纽，物流行业的一体化发展，有利于促进各行业融合发展。现阶段我国经济持续发展，传统物流处于转型整合阶段，市场供求结构调整，都将促进物流行业与其他行业融合并向集约化发展。

5. 数字化物流的发展

数字化物流利用智能硬件、物联网、大数据等技术提高物流系统的执行能力，提升整个物流系统的智能化水平。数字化物流通过构建物联网，在物流一体化中提高物流的智能化和资源利用率，提升物流行业的创造价值，以顺应现代物流行业的发展趋势。

6. 物流数字生态的持续创新发展

随着数字经济对物流行业影响的加深，物流数字生态的建立将吸引大量资本进入，加速传统物流行业的变革，推动企业从封闭竞争走向开放合作。物流数字生态建设的持续创新发展将促进物流企业在一个生态系统中相互合作，共生共荣。

7. 充分推进共享模式

数字化物流技术通过更高效的连接，实现了不同企业商业模式的共享。主要包括云仓资源共享模式、物流设施共享模式、末端网点资源共享模式、物流众包共享模式、共同配送共享模式、运力整合共享模式等，这些商业模式的贡献将大力推进数字化物流的发展。

当前，全面走向"数字化"已成为中国经济发展的明显趋势。以"数字化转型"为主线，数字化物流将走向创新发展，实现物流经济新旧动能的转换，促进物流行业的革新，推动物流行业前沿科技的发展。物流行业的数字化发展为物流企业带来了新的机遇，我们应总结规律，顺应趋势，共同迎接数字化物流的新阶段。

1.5 习题

1. 请阐述物流行业的发展现状。
2. 请结合具体的实例说出物流行业目前存在的问题。
3. 请阐述目前影响物流行业的相关技术。

第 2 章 数字化物流

随着信息技术的发展，融合了人工智能、RFID 技术、物联网、区块链等技术的现代数字化物流成为了物流经济发展的主流。本章旨在通过对数字化物流的含义、特点、发展历史、技术应用以及社会发展意义等方面进行阐述，全面了解数字化物流。

2.1 数字化

数字化是信息处理的一种革命。数字化是指使用 0 和 1 两位数字编码来表达和传输一切信息的一种综合性技术。数字化是将一个物体、图像、声音、文本、信号转换为一系列由数字表达的点或者样本的离散表现形式，即将电话、电报、数据、图像等各种信息都变成数字信号，在同一种综合业务中进行传输，再通过接收器使其可无限地复原，而质量不会受到任何损害。在现代实践中，数字化的数据通常是二进制的，以便于计算机的处理。

数字化被称为"信息的 DNA"。由于信息能以光速传播，数字化时代就意味着通信和信息交流在时间上可"即时"或"瞬间"到达地球的另一端。由于信息技术的基础是计算机和网络技术，而计算机和网络技术的基础则是数字化，因此，数字化是信息技术革命的导因和发展的动力，它引起了计算机和网络技术革命，计算机技术和网络技术引发了信息技术革命，而信息技术革命则引发了全球化进程。所以，数字化是影响 21 世纪全球生活发生巨变的关键性的科学成就。

物流数字化指物流要素数字化，即使用数字技术，收集物流活动各环节、各要素的多种信息，借助计算机网络，通过数字化的形式处理相关要素，高效率地执行和完成所有物流活动。物流数字化包括整个仓库及其设施的数字化，例如，运输车辆、运输路线、物流配送、物流信息等的数字化。物流数字化的发展引起了物流行业商业模式和组织形式的创新，为我国物流现代化高速发展提供了难得的机遇。

2.2 数字物流

中国著名物流专家吴清一教授继 20 世纪 80 年代把"物流"一词率先引入中国、2013 年提出"单元化物流"理念后，2017 年底，连同其他学者系统性地提出了"数字物流"概念，并做了深入阐述。数字物流具有快捷性、融合性、自我增长性、边际效益递增性、可持续性——绿色物流，对环境亲和性和直接性等突出特点。

数字物流是一个物流活动和信息数字化运行的全新系统。生产企业、用户、第三方物流企业和政府之间通过网络实现了交易与信息交换的迅速增长。数字物流也是一种"数据物流"。在数字经济时代，数据将成为继土地、能源之后最重要的生产资料。同数字化物流、智能物流的概念相比，数字物流与大数据技术息息相关，数字物流更强调和涵盖了大数据等新技术对物流系统方方面面的影响和变革。

数字物流是以电子计算机技术为主要生产资料的物流形态。在这个系统中，数字技术被广泛使用并由此带来了整个环境和物流活动的根本变化，各种信息在计算机网络中以数字形式加以收集、处理、交换和传送，从而高质量、高速度地控制、实现和完成物流系统各个环节的功能活动。

数字物流是指在仿真和虚拟现实、计算智能、计算机网络、数据库、多媒体和信息等支撑技术的支持下，应用数字技术对物流所涉及的对象和活动进行表达、处理和控制，具有信息化、网络化、智能化、集成化和可视化等特征的技术系统。其中，数字技术是指以计算机硬件、软件、信息存储、通信协议、周边设施和互联网络等为技术手段，以信息科学为理论基础，包括信息离散化表述、扫描、处理、存储、传递、传感、执行、物化、支持、集成和联网等领域的科学技术集合。数字物流实际上就是对物流的整个过程进行数字化的描述，从而使物流系统更高效、更可靠地处理复杂问题，为人们提供方便、快捷的物流服务，进而达到"物流操作数字化，物流商务电子化，物流经营网络化"。

2.3 数字化物流的概念

数字化物流也称为"第五方物流"，是指在商贸的实际运作中应用互联网技术支持整个物流服务链，并且组合相关的执行成员协同为企业的物流需求提供高效的服务。数字化是核心也是手段，是一种先进的物流模式。数字化物流是物流系统的提供者、优化者、组合者。物流系统的提供者是指为客户提供物流链信息作业的各个环节、为客户提供营运解决方案、收集实时资讯、提供营运作业的平台，以起到评估、监控及快速响应的作用。物流系统的优化者是通过数字化促进物流标准化的实现；物流系统的组合者是物流主体之间寻求多种组合，构成多接口、多用户、跨区域、无时限的宏观物流服务平台。

从内涵上看，整个物流领域的数字化可从如下三个层次理解。

第一个层次是技术的层次，即数据积累。这一层次是明确需要什么样的数据，而且不管用什么方式都有足够的能力把需要的数据积累起来。

第二个层次是数字资源。这个层次完全用数字去运作整个业务，使数字真正成为资源。

第三个层次是数字资产。数字资产就是效益，即价值。

2.4　数字化物流的发展历史

20世纪至今，人类社会进入高速发展时期，形成全球化经济发展体系，市场资源交流日益频繁，促进了物流行业的产生与发展，满足了不同行业之间的物流资源交流需求。随着电子计算机的诞生，互联网的出现，促进了信息技术时代的到来，改变了人们的生产、生活模式，加快了信息交流。现代物流是新兴行业，能促进市场资源流通，推动电商经济发展，因此物流行业的地位也日趋重要。我国物流发展时间起步晚，自改革开放后进入快速发展阶段。目前，我国物流行业相对比较成熟，但随着日趋增长的物流需求，现有物流水平难以满足市场需求。数字化物流能集成现代化智能信息技术，让物流系统具有思维与学习能力，实现信息流快于实物流，提升物流行业工作效率。用数字化引领物流行业新升级，要关注行业发展趋势，构建数字化发展模式，从而真正实现产业升级。

2016年，二十国集团（G20）杭州峰会首次将"数字经济"列为G20创新增长蓝图中的一项重要议题，通过了《G20数字经济发展与合作倡议》。该倡议敏锐地把握了数字化带来的历史性机遇，为世界经济摆脱低迷、重焕生机指明了新方向，提供了新方案，带来了新希望。2017年，G20汉堡峰会，也明确了数字经济是全球经济增长日益重要的驱动力。上述表明，国际社会已经认同：数字化的经济活动正在成为全球经济复苏和增长的重要驱动力，对于扩展新的经济业务、带动创新具有极为重要的意义。习近平主席在2017年5月14日于北京举行的"一带一路"国际合作高峰论坛上提到中国要发展数字经济并且提出"数字丝绸之路"和"数字中国"的概念，将数字化的浪潮推向一个又一个新的高峰。

2.5　数字化物流的特点

数字化物流具有以下主要特点。

1. 信息化与网络化

电子商务时代，物流活动的管理平台从线下转移到线上，所以，信息化和网络化就成为数字化物流管理工作最为基础的特点。

信息化是数字化物流工作运转的核心。在现代物流工作流程中，信息无处不在：大量的客户信息汇集到物流企业的信息处理机构并被处理，以及时准确地给客户提供相应的物流服务；制造和销售商品的商家将商品交给物流公司后，会自动收到物流公司及时更新的物流反馈信息。通过这些信息的流转，产品制造者或销售者能够更好地掌握自身产品的动态与回款情况，持续维护自身与物流公司之间的合作；庞大的运输车辆和运输路线为数字化物流提供了物流配送的基础运行，车辆信息和路线信息帮助物流企业更快速、更敏捷地进行配送工作。所有这些物流活动都是数字化物流的信息化表现。

电子商务、数字经济的发展决定了数字化物流管理活动的网络化特性。数字化物流网络化是指在物流领域综合应用现代计算机技术和通信技术,实现物流信息的电子化、数字化,完成物流信息在多媒体化、高效率的综合网络上自动采集、处理、存储、传输和交换,最终达到物流信息资源充分开发和普遍共享,以降低物流成本,提高物流效率的过程。产品制造商、销售商、物流公司和消费者之间通过互联网平台建立临时或长期的销售联系,若干这样的关联共同构成庞大的物流信息网络。

数字化物流网络化从构成要素分析,主要包括物流信息资源网络化、物流信息通信网络化和计算机网络化三方面内容。

(1) 物流信息资源网络化。各种物资信息库和信息应用系统实现联网运行,从而使运输、存储、加工、配送等信息子系统汇成整个物资信息网络系统,以实现物流信息资源共享。

(2) 物流信息通信网络化。建立能承担传输和交换物流信息的高速、宽带、多媒体的公用通信网络平台。

(3) 计算机网络化。把分布在不同地理区域的计算机与专门的外部设施通信线路互联,形成一个规模化、功能强的网络系统。

2. 自动化与智能化

实现数字化物流自动化和智能化的重要途径是应用人工智能,即赋予机器人类似人的思维方式来完成现代物流的任务和工作,以降低人工成本、提高物流管理效率。例如,在货物分拣和配送环节,运用数字化物流管理系统向机器人下达指令,实现机器 24 小时不间断地作业。同时数字化物流的自动化和智能化因主观因素引起的失误问题也会明显减少,从而降低企业的物流成本,推动数字化物流的高速发展。

目前,国内某大型物流公司已经实现了应用专属大型的自动化机器人进行快递的分拣投递。传统的物流分拣车间人头攒动、杂乱无章的情况已经被无数个来回穿梭的机器人所取代,不仅使分拣效率提高,而且分拣错误率低。这些机器人通过平台内部的智能化控制系统自动接收相应的快递信息。这些信息在被接收后在机器人的处理器内部完成自动化读取和匹配,引导机器人将接收到的快递实物送到对应的输送口装车起运,这是数字化物流管理模式自动化和智能化特点的最好体现。

3. 标准化

在过去很长的一段时间内,整个物流行业始终没有一个明确的硬性服务标准,各个邮局和早期物流公司完全是自行其是。分散杂乱的行业状态不仅降低了物流活动本身的速度和质量,而且严重损害了物流行业本身的声誉与形象。为了改变这一状况,国内各个主要物流公司、电商平台联合邮政与商务管理部门共同制定了一系列旨在保障物流管理和服务品质化的标准措施。依据物流行业的标准化对遵循或违背该标准的物流企业或管理部门依规采取了相应的奖惩措施。一系列标准和规范的施行全面推动了数字化物流的管理水平和服务质量。

4. 信息联通化

数字化物流是一项系统性的活动，涉及多个单位部门的协同参与，以往各单位部门之间各自为政，信息沟通不畅，使物流行业的信息化发展受到很大的阻碍。大数据时代下，随着新技术、新模式在物流行业中的广泛应用，信息无缝联通打破了空间地域的界限，使得数据信息的传递更加便利高效，物流管理服务水平也有了大幅度提高，为数字化物流的发展奠定了坚实的信息化基础。

2.6 数字化物流的核心技术

数字化物流的核心技术包括电子航运单、RFID 技术、人工智能和机器学习、云物流、物联网、区块链、自动驾驶技术等，这些技术是在数字化特点以及数字化战略布局规划的基础上发展起来的。

2.6.1 电子航空运单

航空运单是伴随着航空货运的出现而产生的。早在 1929 年的《华沙公约》中就已经对航空运单的定义、性质、作用做出了明确的规定：航空运单是承运人与发货人之间的运输合同，是承运人收到托运货物的货物收据，是承运人记账的凭证，是海关查验放行的单据，是承运人内部业务处理的单据。因此航空运单不仅是一套单证，更是一套涉及航空货运相关企业的内外部业务系统，如图 2.1 所示。电子航空运单（e-AWB, electronic air waybill）是当今社会航空货运单的标准数字化形式。e-AWB 提高了跟踪和处理货物数据的高效性、透明性和安全性，并减少了跟踪和处理货物数据的延误性，降低了物流运输过程的成本。随着数字化技术的发展，电子航空运单得到了广泛的接受。国际航空运输协会宣布了 e-AWB 的统一规范运输模式，并在全球应用实施。

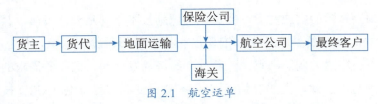

图 2.1　航空运单

航空货运以运输受托方货主的货物为核心，通过各种操作活动以顺利完成货物的运输，并安全送到目标客户手中。在全球跨境贸易不断发展中，货运公司每天面对大量的货物，并要求在规定时间内送达，如何处理货物信息，并对货物进行实时跟踪处理，要依赖现代的航空运单系统，AWB（air waybill）系统应运而生。

AWB 系统经过几十年的发展已经相对比较成熟，国际贸易产品按产值算，40% 以上的货运量是通过航空运输的，随着目前全球贸易朝无纸化方向发展，航空货运业必然需要向无纸化转变。而传统的 AWB 系统在当前自动化和数字化发展进程中就会暴露出很多不足，如纸质文件过多、手续传递复杂，且由于航空货运涉及众多的关系方，每一个主体方都需要 AWB 才能完成相关活动。因此造成无论是 AWB 本身的数据还是整个货运流程的整合都很容易在使用过程中出错，从而降低航空货运的信息传递效率。

在全球贸易向无纸化发展的背景下，航空电子运单（e-AWB）系统应运而生。相比传统的 AWB 系统，e-AWB 系统能在航空货运流程中极大地提高整个流程的自动化程度，简化运输手续，从而提高运输效率、降低运输成本。同时，e-AWB 适应当前绿色环保的发展需要，并从根本上优化运输流程，从而提高航空货物运力的利用效率。

2010 年国际航空货运协会 IATA 公开推出了航空电子运单（e-AWB）系统。为了帮助加速推动 e-AWB 系统的使用，IATA 宣布从 2019 年 1 月 1 日起贸易航线上所有空运货物的默认运输方式从 AWB 变成 e-AWB，即 e-AWB 系统成为航空货运的标准。

我国在 2009 年 10 月 10 日由中国南方航空公司在国内推出首张电子运单，同时其他几大航空货运公司：中国国际货运航空公司、中国货运航空公司、国泰航空公司、海航货运有限公司自 2018 年 11 月 1 日起，共同实施电子货运随附单证无纸化操作流程。

无论是国内还是国际，由于各种原因导致数字化系统的推进并没有那么迅速和普及，虽然在电子商务和跨境电商的推动下电子手段有所涉及，但大多数航空货运公司仍然依靠传统的销售渠道，习惯于广泛使用纸质文件。

随着数字化时代竞争的发展，当前经济形势必然要求提高数字化水平，各级政府和企业都需要在当前的环境下努力提高数字化。因此，不仅要在航空领域深化推进 e-AWB 系统，在海运、铁路运输和公路运输上，电子航空运单也是其他运输方式的一个缩影，企业也要加快运单电子化的进程，以适应新时期的要求。

2.6.2　RFID 技术

无线射频识别技术的实施对于计算机自动识别技术来说是一场革命，其所具有的强大优势可极大地提高信息的处理效率和准确度。虽然条形码价格低廉，但它存在读取速度慢、存储能力小、穿透力弱等缺点，随着社会经济的发展和人们服务需求的日益增长，条形码已经难以满足，因此，无线射频识别（RFID）技术应运而生。RFID 技术是利用射频信号通过空间耦合（交变磁场或电磁场）实现无接触信息传递，并通过所传递的信息达到自动识别的目的。RFID 最早出现在 20 世纪 80 年代，率先在欧洲市场得以使用，最初被应用在一些无法使用条形码跟踪技术的特殊工业场合，例如目标定位、身份确认及跟踪库存产品等，随后在世界范围内普及。RFID 技术有防水、防磁、穿透力强、读取速度快、可进行读写操作等优点。与其他技术相比，RFID 技术明显的优点是电子标签和阅读器无须接触便可完成识别。因此,它的出现改变了条形码依靠"有形"的一维或二维几何图案来提供信息的方式,通过芯片来提供存储在其中的数量巨大的"无形"信息。由于 RFID 技术起步较晚,到目前为止仍没有制定出统一的国际标准。

2.6.3 机器学习

机器学习是一种生成算法的学习过程,是让机器模拟人脑学习的神经网络,主要方法包括回归算法、神经网络、推荐算法、降维算法等。机器学习技术应用领域主要包括数据中心、公共安全、压缩技术等。机器学习可帮助企业发现算法中的供应链数据模式,这些算法可找出影响其供应网络成功的最主要因素,同时持续不断地进行学习。这些模式可与库存水平、供应商质量、预测需求、生产计划、运输管理等相关,并为公司提供知识和见解,以降低货运成本,改善供应商绩效并最大限度地降低供应商风险。目前,国内在该领域的公司有第四范式、寒武纪等。

2.6.4 人工智能

人工智能在数字化物流中的应用潜力是巨大的。通过利用数据、分析数据,识别模式、深入了解可用性的每个环节,使物流公司高效地进行操作转型。

人工智能在数字化物流中的应用有以下三方面。

1. 实现无人配送

无人配送车主要用于快运或即时物流配送中。低速驾驶无人车,其本质与自动驾驶系统基本无异,都是由环境感知、车辆定位、路径规划决策、车辆控制、车辆执行等模块组成。无人配送车通过激光雷达、超声波雷达、摄像头与惯性传感器等多传感器数据融合进行数据的接收与处理,再通过机器学习和深度学习对动、静态信息,如道路、标识、行人、车辆与环境等进行识别与理解,然后使用差分定位与高精地图做出路线规划与行为决策。总的来说,就是通过这些云端服务为无人车提供数据、高精地图、算法更新和后台监控,最后通过无人车的控制系统与执行系统进行导航、避让、加速、转弯、制动等操作。

无人配送机对环境、气候等客观条件很敏感,而且路线规划与算法非常复杂,同时还需要更多种类的传感器,以精准地避开人群与建筑,因此,无人配送机目前的应用场景还非常有限。目前,无人配送机多用于偏远或封闭地区的配送与紧急配送。

例如,阿里的"小蛮驴"机器人融入了最前沿的智能技术和自动驾驶技术,并能在各种恶劣的环境下进行配送,而且反应速度是人脑的 7 倍。在配送途中不仅排除了人类的情感和不确定因素,减少了由于人工配送可能与用户产生的矛盾,而且在配送途中不会产生疲劳感,通过减少突发危险,而增加配送的灵活性,提升工作效率的同时降低了成本和人力资源。顺丰物流快递公司也在无人配送车方面有很大的突破,顺丰公司在物博会上展示的方舟无人机已首次尝试在城市进行中短距离末端配送,成为投入使用的主要机型之一。

2. 优化配送流程

配送中应用的"大数据＋算法"技术为无人配送车提供数据、高精地图、算法更新和后台监控，使货品更加安全快捷地送达到用户的手上。应用"大数据＋算法"技术可对快递员的轨迹、实时环境与配送业务等数据进行精准收集，结合数据中心的实时数据，通过优化、调度算法等进行分析，动态地规划出最优路径。同时通过与快递员实时高效互动，即时上报配送中出现的问题等，快速地做出各种应急反应，精准地预测快递员的配送耗时。大数据平台会与企业的信息系统相融合，提供快递员与用户的精准画像。通过计算机识别技术录入物流信息系统进行派收货物，避免了人工输入运单信息可能导致的配送错误而造成时间和人力的不必要消耗。将取件码发送给用户，使信息递送的精准度变得更高，解决用户无法及时发现取件通知等问题，同时还能让用户随时知晓包裹取件情况。人工智能还会根据任务的要求对大数据进行筛选分析，根据运力、车型、快递员的位置与空闲时间为快递员智能化地推荐任务。

配送中应用的"大数据＋算法"也为物流配送公司提供了高效的配送方案。如美国UPS公司使用大数据系统实时分析规划出20多万种可能的运输路线，3秒即可找出最佳路径。根据UPS往年的数据分析，UPS货车在行驶路程减少2.04亿米的前提下，多送出了350 000件包裹。大幅度缩短了运送途径，提高了运送效率。在投入使用自主研发的O2O即时配送智能调度系统后，美团外卖的订单配送时间由平均每单41分钟降至了28分钟，降低了近31.7%。顺丰智能穿戴设施（SF Wear）支持语音签收、导航等多种功能，利用智能设施辅佐快递员，通过简单的线上操作快速完成收派工作，每单能节约28秒左右。同时通过大数据使各种需要的运算和分析更加准确，如位置地点、对路线进行优化等在节省运输成本的同时增加了效率。

3. 数字化仓储管理

21世纪，当人力资源愈发昂贵，全自动、高效率的智能管理仓库逐渐兴起。工人们不需要逐个搬运货物而是直接输入货品编号，由系统安排机器人存放和寻找货物，实现智能化存取货。智能化的管理模式使用户参与到商品的管理中来，通过网络实时监控货品的状态和位置。

菜鸟数字化仓库拥有上百台机器人，它们可实现500~1000小时的无故障运营，既能协同合作又能独立运行。菜鸟数字化仓库会根据订单动态调整仓库位置，实现机器人的就近调配，最大限度地保证了运作的效率。同时，将代存的快递贴上条形码，并将条形码发给用户和仓库的计算机，实现智能管理，让取快递的人更加快速便捷地找到快递。以避免误发快递和方便仓库的整理。菜鸟数字化仓库每台机器人可提起近500千克的重物并且还能灵活旋转，使仓储利用率提高一倍多，缺乏电力时还会自动归巢充电。这使仓储、调度、搬运全程无人操作成为了可能。2019年菜鸟数字化仓库应用动力球分拣线新技术使得小包装、软质塑料袋包装都能分拣并且反应速度快，分拣效率高，一小时分拣量为 5000~7000 件，以实现利用更少的土地资源得到更多的效益。2020 年菜鸟数字化仓库应用仿生技术模拟人体研发的"机械外骨骼"，能助力保护快递员，增强肢体运动强度与耐力，来增加工作强度搬运重物。

2.6.5 云物流

随着我国经济的高速发展，社会各产业对资源的流转速度要求越来越高，各经济主体对物流产业的依赖性也越来越高，云物流的新模式因此而诞生。云物流是依托云计算所建立的现代物流商业模式，是一种特殊的物流平台，提供了多样化的物流服务。从本质来说，云物流建立于云计算的基础上。受到云平台的影响，物流供应链各方面通过密切配合，共同构建资源池并且整合关键资源。从功能上来说，云物流本身具有很强的互动性和便捷性，可实时进行信息交互。云物流模式集成了各个主体，如行业协会、制造商、代理商以及物流公司等，因此构成了资源集中与资源整合的关键基地。

云物流的主要目的是增强物流信息和物流资源之间的传递性，并利用现代互联网及大数据技术对传统的物流模式加以不断完善与升级，以加强信息交换能力、海量数据存储能力和超规模的计算能力，从而实现高效、准确和快速的现代物流管理。云物流的内涵是通过建立由云计算物流体系、云计算服务平台和云物流运作标准化流程等组成的环节，扩大物流行业业务覆盖面以及物流企业控制各环节业务的能力；依托云计算信息处理能力，从而实现物流信息的共享和智能决策。传统物流与云物流模式差异如表 2.1 所示。

表 2.1 传统物流与云物流模式差异

类型	传统物流	云物流
仓储管理	仓储商品种类单一，仓储内作业以人工为主，主要针对大型货物进行管理，流通时间长，管理成本高，效率低	主要服务电子商务，仓储场种类多，数量多，基于云计算，采用精细化管理方式，注重库内运作效率。用现代计算机管理技术，物流效率更高
物流运输	大型物流企业使用 RFID 技术和路线调度系统来分配任务	利用配载路线优化技术，来解决配送路径优化问题，从而保证了物流服务质量，降低了物流成本
物流管理	大型货物的分拣与装配作业以人工为主，并用需要机械化设施帮助，缺少软件系统与硬件装备的协同作业	物流设施实现自动化，包括自动分拣机和巷道堆垛起重机等，分拣效率较高，采用信息化软件进行运营，包括 RFID 条形码信息化处理、WMS 仓储管理系统等

在云物流的辅助下，云平台呈现多样化的物流信息以及关键数据，针对不同类型的用户需求予以全方位的满足。由此可见，建立于大数据前提下的云物流模式有助于缩短物流时间并且减少各个流程消耗的物流成本，也保证了物流实效性的全面提高，整合了物流领域的资源。

随着数据转移到云中，物流 IT 服务以按需按使用频次付费，这表明较小的企业不必在整体 IT 结构上"伤筋动骨",只需为自己使用的服务付费即可。国际运输服务商已经提供了基于云的实时运输管理系统,该系统涵盖了从采购到开票的所有物流流程,从而使整个流程对于中小型企业而言更加轻松和便宜。同时,由于拥有了云物流作为保障,物流企业不再局限于孤立与单调的物流行业业务,而是实现了相互之间的紧密配合。

2.6.6 大数据 + 云物流

大数据与云物流的结合转变了传统模式的物流供应,使物流效率得到了全方位的提高。具体来讲,物流企业借助大数据的手段收集实时性的物流信息,并对此进行筛选与抓取,从而更加符合新形势下的用户需要。大数据与云物流的结合构建了可视化的生命周期,确保不同流程的物流业务都能实现紧密衔接,并且保证了可追溯性。云物流本身也包含了云计算技术,对大数据中的有利数据进行分析,协助管理者对物流过程中的仓配过程、运输路线、人员调度等进行安排规划,以提高人员与物料的利用率,避免大量的资源和人力浪费。

近年来,各地正在致力于构建新型的生态物流、快捷物流与数字化物流。在公共平台的辅助下,云物流构建了开放程度更高的用户市场,针对实时性的用户信息进行了全面的吸收。与此同时,大数据本身也容纳了海量的物流信息,在虚拟云的配合下,物流企业汇聚更多的物流资源,通过运用虚拟的资源云查找用户信息并且实现协同配合。

目前,不同类型的物流企业都应用了大数据与云物流相结合的物流新模式,通过全过程的相互配合,以此减少成本、节约能源,进而实现了环保的物流新模式。

2.6.7 物联网

将物联网应用到工业生产领域,将物体与互联网连接起来,借助传感设施对相关数据信息进行监控,便于对其进行有效的控制和管理。在应用物联网大数据技术进行工业企业管理工作时,将大量的工业真实数据提取出来,利用大数据技术对其进行处理和分析,以便提供可靠的参考依据。与传统的数据管理系统相比,物联网系统架构包括了以下几个部分。

1. 底层

底层(infrastructure as a service,IaaS)是物联网系统比较重要的数据存储层,通过选择云来进行数据存储,方便进行数据查询和利用。

2. 平台层

平台层(platform as a service,PaaS)提供客户需要的开发语言及工具,比如 Python、Hive、Hadoop 等大数据开发语言。

3. 应用层

应用层(software as a service,SaaS)提供客户需要的应用程序,方便利用设施进行客户端界面访问,比如智能大屏、PC 端等常见的客户端界面,实现对每个车间、每条生产线的数据信息进行监控。由于各个工业企业管理对数据信息的需求不同，所以要结合自身的情况对物联网大数据分析进行应用，对企业现有的数据资源进行系统化分析，以帮助企业发现自身存在的问题，并找出最佳的解决方案。

2.6.8 区块链

区块链技术是通过为链中的每个成员物品提供对等的及时的数据指令，扩展了直接性、即时性和可获得性。由于所有相关主体方都可同时跟踪产品的进度和状态，因此数字化物流中实施区块链技术会使物流效率变得更加高效、更加及时。区块链技术有如下表现：

首先，利用区块链技术的交易透明性、数据防篡改、信息分布式一致的特性和智能合约在网内应用的优势，依托于工业互联网平台，使物流企业构建平台内制造企业、物流的上下游企业和客户等产业链参与方进行分布式的产、销、用的数据融通应用。目前，物流品控证明、资金支付证明、票据真实性证明、供应链流转证明、渠道销售证明、客户使用证明等安全可信的价值链传递网络，是核心制造企业应用区块链技术的主要应用方向之一。

其次，当前区块链技术在物流溯源等方面的运用已经比较成熟，利用区块链数据防篡改的特性，建立商品的生产、流通和消费的真实性验证网络，有效地提高了商品的品牌价值。同时区块链技术运用在制造业的质检协作效率优化、产品质量控制和降低故障率等方面也都有很强的内在需求，特别是在工厂分布式的生产和质检环境中有效建立质量可信评估网络。

最后，在物流行业发展中，通过运用区块链技术的数据防篡改特性，可以提供产品质量故障、事故等数据无隐瞒、透明化的生产告警，建立责任界定和定损索赔的物流自动化机制。在物流运输以及配送过程中，基于区块链的品控告警机制，可实现低延迟、自动化、低成本和防篡改的高质量生产和安全运维。

2.6.9 数字化平台运输

近年来兴起的网络货运平台是围绕着数字化运输的线上＋线下的综合服务体系，特别是直营式的网络货运平台，是以数字化运输为主要内容的数字化物流服务体系。经过几年来的发展，一些优秀的数字化平台运输项目已经完成了自己的业务磨合，形成了稳定的技术路线，逐渐摸索出一套稳步发展的战略战术。

数字化平台运输是采用数字化的技术和运输管理技术，将各个运输环节以及运输环节之间的协调衔接环节也纳入到运输全过程的全环节管理系统。数字化平台运输形成了对数字化供应链服务的底层支持，实现了线上化运行、管理、远程监控和线下运输相结合的运行模式。

数字化平台运输包括物流运输的各个阶段，如运输业务招投标管理、运输合同管理、运输车辆、司机、证件等信息管理，同时还包括到达装货时间管理，接货装车管理，封装起运管理，预付运费管理，运输线路及途中状况管理，卸货地址管理、时间管理、目的地检验、卸货、交接回执管理，任务完成及运费确认管理，运费结算管理，发票管理等若干环节。

数字化平台运输的另一个重要组成部分是数字化运输单证的管理，即电子提单的管理。电子提单的第一项作用是提取托运货物的唯一凭证；第二项作用是背书转让；第三项作用是质押融资或支持其他形式的金融服务。如果电子提单项下的货物被买卖，电子提单将支持买卖行为达成并呈现达成效果的重要凭证。在数字化平台运输中，为了让电子提单所有功能得以实现，需要在相关法律条款的基础上，进一步形成提单的标准化、数字化及与其他提单、仓单衔接运行的相应规范。

2.7 数字化物流的相关载体

2.7.1 数字物流仓配

数字物流仓配是数字化奠定未来发展的重要方向。数字物流仓配的重要作用是实现了仓配一体化。通过对仓储和配送进行深度整合，实现仓储和配送的整体化和同步化运作，即企业只需将订单抛给提供仓配一体化服务的企业，后续的合单、转码、库内作业、发运配送、拒收返回以及上下游的账务清分等工作全部由仓配企业负责。仓配一体化实现了仓储和配送的无缝衔接，消除了不增值的作业流程，提升了物流作业效率，增强了物流作业流程的协调性，降低了物流费用，提升了物流的利润。

数字物流仓配系统协调了消费者、企业和供应商的关系，实现了仓储、拣选、包装和配送的一体化、同步化和协调性运作，促进了物流本质上的高效运行。在数字物流仓配运行中，通过仿真技术构建仓配一体化模型，以实现数字物流仓配高效运行。其中，构建仓配一体化模型时，应注意以下几个方面。

1. 建立云仓储配送系统

云仓储配送系统是数字物流仓配一体化的核心。云仓储配送系统旨在实现的是所有数据和物流资源的共用共享。云仓储配送的核心在于数据的集成管理，即供应链相关方（消费者、企业、供应商）所有的数据上传至云仓储配送并实现所有数据的共享。企业供应商通过在云端直接调取数据，并以此为依据进行分析和预测，计算出最优的生产方案，真正实现按需生产。通过云仓储配送系统的合理化生产，优化了库存控制，减少了资源浪费，提升了资金周转。企业根据客户需求来调整营销策略，优化产品组合，提升快递业务量，实现利益最大化。物流企业通过大数据来分析和预测客户需求，优化配送中心仓储策略和中转运输等。通过建立需求预测体系中的销量预测模型，分析销售预测模型带来的应用影响，为企业后端的库存管理带来高效的管理实施。

2. 建立多个分仓或配送中心

分仓或配送中心是仓配一体化的关键。有效的仓储是企业的核心竞争力，是企业追求无限物流服务体验的关键，配送中心的布局决定了订单履行的效率和可得性。对于企业来说，客户遍及全国各地，单点、单仓也无法满足物流的进一步发展，多点布局、就近服务、快速反应要求企业必须配置多个分仓（或配送中心），每个分仓（或配送中心）形成有效的辐射距离，让客户就近入仓，降低货物破损率、配送成本及配送时间，以实现配送的经济性和时效性。

3. 优化业务流程

优化业务流程是仓配一体化的基础。物流企业需要在保证货品安全的前提下提高配送效率，让整个配送业务流程更加简洁和通畅。因此，很多企业采用分仓（或配送中心）发货，让供应商把部分货送到区域分仓（或配送中心），由分仓（或配送中心）来完成对消费者的就近配送，这种配送业务模式提高了配送的及时性、高效性，满足了消费者时效性的诉求，提升了消费者的购物体验值。

2.7.2 数字货场

数字货场是数字物流提出的关于物流领域的新概念。数字货场建设是基于物流服务枢纽的信息化建设。数字货场由每个相对的独立模块项目组成，每个模块都可独立发挥作用。随着数字货场和场内运输企业的物流服务能力不断提高，各模块的作用更加突出。随着数字货场经营由管理意识提升到营运认识，通过对模块功能的价值不断挖掘，将发挥难以估量的作用，因此，数字货场建设方案也是货场的一项增值计划。

数字货场建设是中国物流服务行业升级换代的一项划时代的举措，是物流企业步入现代物流服务的实践，是提升国家核心竞争力的基本建设。数字货场建设可极大地释放传统的货场生产力，通过对城市各个货场进行资源整合，直接促进各地的物资交流，加快各地经济的快速发展。

数字货场通过对日常管理作业数据的提取、积累、运算、分析、总结、传递，将处理后的量化数据进行综合评估，从而发现原始作业管理模式中存在的问题，利用数字化的展现将现有整体工作内容进行优化，以实现对货物"流动"数字化过程的控制，实现整体及分支系统数据共享，从而加速整个货运产业链的运行效率。

2.7.3 数字物流港

建设数字物流港是以港兴市、港城互动的重要举措。这一规划的重点是通过充分发挥港口的基础平台功能，在政府的指导与协调下，组织社会各方力量统一规划和组建以口岸公共信息平台为核心的整个城市的公共信息平台，实现"大交通、大口岸、大物流"和全面提升口岸服务水平，进而将城市建成区域性国际航运中心和未来城市发展目标。

数字物流港基本框架由各种不同的操作实体、专业平台和公共平台通过 Internet 连接而成。数字物流港由口岸公共信息平台、物流行业专业信息平台和物流企业信息平台共同组成，前二者共同组成网络层，后者组成操作层和商务层。这三个平台与三个层次以口岸信息平台为核心，组成了整个港城互相依存的信息传递与交换系统。数字物流港在不同的层次平台上提供着不同层次的信息服务。一般而言，平台层次越高，其服务的集成化程度越高；而平台的层次越低，其服务的专业化程度也越低。政府以及企事业单位可根据各自的需要，选择不同层次的平台来获取和交换相应的信息。

下面以大连港集团公司所规划的数字物流港为例，讲解数字物流港的运营和实施。

根据大连市建设"大大连"和区域性国际航运中心的战略取向，结合以信息技术为核心的现代物流行业的需求，大连港集团公司提出了建设"数字物流港"的战略规划。具体介绍如下。

1. 物流企业实体构成数字物流港的操作层和商务层

主要的内部操作和管理系统有：集装箱码头操作系统、机场综合管理系统、货运车辆调度系统、油品码头操作系统、散杂货码头操作系统、集装箱场站系统、船公司管理系统、火车编组系统、客运站综合管理系统、机场综合管理系统、配送车辆管理系统、公路车辆调度系统、自动化仓库系统、船舶交通管理系统、港口海事监控系统、高速公路车辆收费系统、综合配送系统及其各系统对外服务的电子商务网站，等等。数字物流港的操作层和商务层的主要功能是实现物流企业之间纵向和横向物流的现场操作、商务结算、办公自动化和综合信息发布。数字化和商务电子化的操作，对于提高数字物流港内部操作效率、管理水平和降低企业运营成本，起着重要的基础作用。

操作层和商务层的工作态势由其内部管理水平和外部市场需求所决定，但作为一个大系统中的子系统，其信息的运行必须符合数字物流港规定的统一标准。

2. 专业信息平台和公共信息平台共同构成数字物流港的网络层

物流专业信息平台将各物流企业实体连接起来，形成了一个虚拟社区。物流专业信息平台主要包括陆向腹地和海向腹地的集装箱班列服务系统、散杂货服务系统、粮食运输服务系统、矿石运输服务系统、滚装客运服务系统、油品运输服务系统以及集装箱场站服务系统等。物流专业信息平台集成了上述各服务系统，因此为其系统的运行提供了更高层次的综合性服务。例如，集装箱班列服务系统是建筑在各班列实体站点信息基础上的网络平台，它提供了客户所关心的班列集装箱使用情况等高层次信息服务。

物流专业信息平台从功能上分为两大类：一类是由单一行业组成的专业信息平台，其连接的操作实体业务模式较为简单，例如大连港区在建的环渤海集装箱服务系统，就是将环渤海圈内的集装箱码头连接起来进行信息交流，形成一个单一的专业平台；另一类是跨行业的专业信息平台，例如大连港散杂货平台，主要将大连港散杂货操作包括场站、班列和码头等不同操作实体整合到一个平台上，以便为各方用户和伙伴提供更为周到的服务。一般来说，物流专业信息平台的建设主体一般是集团企业或者企业联盟体，主要为其直接的主要客户和贸易伙伴提供特殊的服务，使得整个大系统运行顺畅。物流专业信息平台体现了物流交易功能和服务功能，其必须符合数字物流港所规范的统一标准。

3. 口岸公共信息平台是数字物流港的基础核心平台

口岸公共信息平台连接了各专业平台和各支撑系统，通过口岸公共信息平台实现了整个城市口岸业务的电子化。口岸公共信息平台提供了三个不同层次的服务：一是口岸信息交换（EDI），其主要功能是客观而中立地传输各种商业信息；二是口岸流程规则（工作流），其主要功能是接入各专业平台信息和服务，并将之与现有其他平台和系统相连接；三是口岸公共信息服务，包括船期、班列、物流单位基本情况、航运指数等。与此同时，公共信息平台也为政府提供准确及时的信息服务和决策支持。

2.8 数字化物流的社会发展意义

数字化物流是现代物流的基础，为物流行业转型以及创新发展提供了新动能。数字化物流利用传感网与现有互联网的整合，采用精细、动态、科学的管理方法，实现物流的自动化、可视化、可控化、智能化，从而提高物流相关企业资源的利用率，创造出更丰富的社会价值。

数字化物流的发展意义主要表现在以下四方面。

1. 平台化促进物流的新业态发展

近年来，"互联网＋高效物流"得到了大力推进，以现代信息技术为标志的数字化物流为物流供给侧结构性改革提供了新动能，国家发改委会同有关部门研究制定了"互联网＋高效物流"，交通运输部、商务部、工信部等部门从各自职能领域陆续部署推进"互联网＋高效物流"的相关工作。在这样的政策背景下，各类物流平台的社会化和数据开放形成了广泛的社会分工协同模式，使小微物流企业依托互联网平台形成即时化、个性化运营，提升了不同规模物流企业的协同发展。通过物流平台和线上线下资源，为仓储、运输、配送、结算、客服等供应链环节的物流服务体系提供国内国际物流的"一站式""一票到底"等高价值服务。物流平台同时推动了加油维修、应急救援、金融保险、ETC等物流服务机构的跨界融合，形成了各方深度协同、多主体共赢的新模式和新业态。

2. 智能技术的成熟加速提升物流行业效率

"工业4.0"下的数字化工厂、电子商务、物流平台的大力发展加速推进了数字化技术在物流领域的商业化应用。AI、物联网、自动仓库、机器人、可穿戴设施、无人机、自动驾驶、智能移动终端等技术应用趋于成熟，实现物流订单的便捷管理、智能调度、实时跟踪，并实现最终交付全流程的可视化、网络化，同时推动了物流各环节的数字化、自动化、无人化，实现物流行业由劳动密集型向技术密集型发展，极大提升作业效率，降低人工成本，适应客户需求的多元变化，不断开发个性化、体验式服务。

3. 大数据应用引领物流行业高质量发展

实现了动态决策和资源配置，以数据驱动物流组织的活动已渐趋成熟；建立了政府监管、行业治理的新格局；推动了物流资源要素协作化开发、高效化利用，可持续激发商业模式创新。

4. 数字化物流技术助推绿色货运

针对物流行业高能耗的现状，数字化物流新能源汽车大力发展，不断推陈出新，逐步实现人、车、路、终端的全智能物流覆盖。智能物流车辆在动态定位、线路优化、道路感知、司机交互、节能减排、自动驾驶等方面全面提升，形成车与人、车与车、车与路、车与货的共享和网络共建，实现数字化跑、智能化送的绿色物流。

2.9 习题

1. 请解释数字化物流的概念。
2. 请阐述物流数字化和数字物流的区别。
3. 请阐述区块链在物流领域的应用。
4. 请结合具体的物流企业应用 RFID 技术的情况。
5. 请列举数字化物流的核心技术。

技 术 篇

第 3 章　数字化物流设施

数字化经济时代下，数字化物流设施是构成数字化物流系统的重要组成要素，担负着数字物流作业的各项任务，影响着物流活动的各个环节。数字化物流设施在物流活动中处于十分重要的地位，其主要表现在以下三方面。

1. 数字化物流设施是提高物流系统效率的主要手段

一个完善的物流系统离不开数字化物流技术的应用和设施的支持。随着科学技术的进步，物流活动的诸环节在各自的领域中的技术水平也在不断提高。数字化物流设施是推动科技进步、加快物流现代化的重要环节，也是提高物流效率的根本途径。数字化物流设施的研制开发为现代物流的发展做出了积极的贡献。实践证明，数字化物流设施是提高物流能力、推动现代物流迅速发展的基础和保证。

2. 数字化物流设施是反映物流系统水平的主要标志

物流技术与现实物流活动紧密相关，在整个物流过程中伴随着包装、运输、装卸、存储等功能作业环节及其他辅助作业，这些作业的高效完成需要不同的物流技术及其设施来支持。物流技术水平的高低直接关系到物流活动各项功能的完善和有效实现，也决定着物流系统的技术含量。数字化物流设施的应用和普及程度如何，直接影响着整体物流技术水平。因此，数字化物流设施是物流系统水平先进与否的重要标志。

3. 数字化物流设施是构筑物流系统的主要成本因素

数字化物流设施既是技术密集型的生产工具，也是资金密集型的社会财富。现代物流设施购置投资相当可观。同时，为了维持系统正常运转、发挥设施效能，还需要不断地投入大量的资金。数字化物流设施的费用对系统的投入产出有着重要的影响。

3.1　数字化物流设施的发展

第二次世界大战后，物流领域的研究得到了快速发展，并成为最有创造价值的新领域。同时，物流设施也得到了相应的发展。物流设施领域中许多新的设施不断涌现，如四向托盘、高架叉车、自动分拣机、自动导引车（AGV）、集装箱等，从而极大地减轻了人们的劳动强度，在物流作业中起着重要的作用。

从数字化运输设施来看，汽车、铁路运输设施、船舶、航空运输设施和管道运输设施等也引进了很多新的技术、系统,提高了安全性、舒适性以及快速客货运输的能力。为提高客货运输的效率,各种专用车辆的种类和数量也在不断增加,以适应不同运输服务的需求。从仓储设施和装卸搬运机械设施来看,早期的货物输送、存储、装卸、管理和控制主要靠人工实现。后来,随着科学技术的发展和经济实力的增强,机械化程度有了一定的提高,开始采用传送带、工业运输车、起重机和叉车等来移动和搬运物料或货物,用货架、托盘和可移动式货架存储物料,用限位开关、螺旋机械制动和机械监视器等控制设施的运行。20世纪中叶,自动化技术对装卸搬运技术的发展起到了极大的促进作用,相继出现了AGV、自动货架、自动存取机器人、自动识别和自动分拣等设施和系统。20世纪70年代开始,旋转式货架、移动式货架、巷道式堆垛机和其他设施都初步实现了自动控制,并逐渐应用于生产和流通领域的物流系统中,物流效率大大提高。20世纪80年代以来,物流设施又有较大的发展,大型起重机、自动运输机、自动分拣设施、自动上下料机械及智能型装卸堆垛机器人等快速、高效、自动化的物流机械设施及由它们构成的自动化仓库系统的应用,提高了装卸搬运设施的协调性和仓储的自动化、智能化,极大地推进了世界各国物流行业的迅速发展。AGV采用先进的驱动技术、新型导向技术和控制系统,初步实现了智能化和自动化作业。起重机械大型化发展势头也非常强劲,世界上的浮游起重机起重量已达6500吨,最大的履带起重机起重量为3000吨,最大的桥式起重机起重量为1200吨,堆垛起重机最大运行速度达240米/分。

  从世界各国的物流设施发展来看,美国是物流发展较早的国家,极其重视物流设施的开发、研究和应用,拥有较为完善的运输体系和先进的物流设施。日本于20世纪60年代开始重视物流的研究,引进和开发了先进的物流设施。物流设施的广泛应用,促进了日本物流效率的不断提高。此外,德国、荷兰等欧洲国家也非常重视物流设施的运用。这些国家的许多公司设立了专门机构从事物流技术研究,致力于物流技术设施现代化。多数物流公司在货物运输、装卸、存储过程中,都广泛采用了先进的自动化物流设施。

  自20世纪70年代末,我国物流设施有了较快的发展,具有一定现代化水平的铁路、公路、机场、港口和码头,飞机、火车、轮船和汽车等设施的数量迅速增长,技术性能日趋现代化,并实现了集装箱运输、散装运输、联合运输等多联式运输等。各类型的起重机、输送机、集装箱和散装水泥车等在仓库、货场、港口和码头得到了较为广泛的应用。1976年北京起重运输机械研究所研制出我国第一台滚珠加工AGV小车。此后,随着工业现代化和计算机管理信息系统的发展,我国从20世纪70年代开始在很多城市中建造了立体仓库等自动化仓库,到目前为止,我国已建成的立体仓库有300多座,其中全自动的立体仓库有30多座。自动化立体仓库中配置了堆垛车、起重机、巷道式堆垛机、输送机、搬运车辆等先进的物流机械设施,为仓库的空间使用效率和物品运输效率提供了高效的设施。20世纪90年代以后,随着计算机网络技术在物流活动中的应用及物料配送中心的兴建，大型物流设施被广泛应用在物流企业中。目前，我国已具备开发研制大型装卸设施和自动化物流系统的能力，如上海振华港机公司研制成功了 2500 吨/时、抓斗卸船机和外伸距为 65 米、吊具下起重量为 65 吨的目前世界上最大的岸边集装箱起重机。

在物流设施系统运行方面，昆船技术中心物流实验室同青岛颐中集团联合研制了成品自动化物流系统，该系统可实现烟箱输送、条形码识别、自动堆垛、外形检测、自动入库、自动出库、托盘输送、自动拆垛机、自动发货装车、空托盘自动堆码、自动分发、火灾自动报警和自动消防等功能，很大程度上提高了物流业的信息化和自动化程度。近年来，全国各大城市已掀起了物流配送的热潮。配送中心、物流中心的建设使更先进的物流设施得到了应用，进一步促进了我国物流的现代化、信息化、智能化发展。但我国物流设施的发展不能满足 21 世纪全新物流任务的要求，还需要配置先进的物流机械设施，如运输系统中的新型机车、车辆、大型汽车特种专用车辆；在仓储系统中搭建自动化立体仓库、高层货架；在搬运系统中，运行起重机、叉车、集装箱等各种现代化运输设施。

3.2 数字化物流设施的需求

物流是社会经济发展的产物，必然随着社会经济的发展而呈现出多样化的特征。多样化的特征反映了运输需求的多样化，物流设施实施的多样化、物流服务的多样化、配送多样化以及物流系统在运用 GPS、卫星通信、射频识别（RFID）技术、机器人等方面实现了自动化、机械化、无纸化、智能化和功能适用的集成化。其中，物流服务多样化主要表现为：物流服务提供者对上游、下游的物流、配送需求的反应速度越来越快，配送间隔越来越短，商品周转次数越来越多，物流服务效率越来越快。物流设施集成化主要表现为：现代物流着重于将物流与供应链的其他环节进行多功能、多节点集成及多服务集成等。

随着信息技术的发展，现代物流需要有完善、健全的物流网络体系。网络上点与点之间的物流活动应保持系统性、一致性，以此保证整个物流网络有最优的库存总水平及库存分布，有利于运输与配送快速、机动，既能多节点铺开又能信息关联性收拢，以更好地实现物流服务的网络化。

在数字化物流的具体运营中，在考虑企业自身效益的同时，还要考虑到社会效益，只有这样才能在持续发展中获得永久效益，这就要求物流服务要实现绿色化运行。

为适应现代化物流的需要，数字化物流设施呈现如下发展趋势：

1. 大型化

大型化是指数字化物流设施的容量、规模、能力越来越大，是实现物流规模效用的基本手段，主要表现在两方面：一是为弥补自身速度很难提高的缺陷而逐渐大型化，包括海运、铁路运输、公路运输。例如，油轮最大载量达到 56.3 万吨，集装箱船为 6790 标准箱

（TEU）。在铁路货运中出现了装载 71 600 吨矿石的列车，载重量超过 500 吨的载货汽车也已研制出来，管道运输的大型化体现在大口径管道的建设，目前最大的口径为 1220 毫米。这些运输方式的大型化基本满足了基础性物流需求量大、连续和平稳的特点；二是航空货机的大型化，正在研制的货机最大可载 300 吨，一次可装载 30 个 40 英尺（12.2 米）的标准集装箱，比现有的货机运输能力（包括载重量和载箱量）高出 50%~100%。

2. 高速化

高速化是指设施的运转速度、运行速度、识别速度和运算速度大大加快。提高运输速度是各种运输方式努力的方向，主要体现在对"常速"极限的突破。正在发展的高速铁路有三种类型：第一种是传统的高速铁路，以日本和法国的技术最具商业价值。目前营运的高速列车最高运行速度为 200~275 千米 / 时；第二种是摇摆式高速铁路，以瑞典为代表，商业速度为 200~250 千米 / 时；第三种是磁悬浮铁路，目前正处于商业试验阶段，1998 年在日本获得了速度为 539 千米 / 时的实验速度。德国、法国在高速铁路上开行的高速货物列车最高速度已达到 2000 千米 / 时。随着各项技术的逐步成熟和经济发展，普通铁路最终将会被高速铁路所取代。

公路运输中的高速一般是指高速公路。目前各国都在努力建设高速公路网，作为公路运输的骨架。航空运输中，高速是指超音速，客运的超音速已由法国协和飞机所实现。货运方面双声速（亚声速和超声速）民用飞机正在研制之中。超音速化将是民用货机的发展方向。在水运中，水翼船的时速已达 70 千米，而飞翼船的时速则可达到 170 千米。在管道运输中，高速体现在高压力运输。美国阿拉斯加原油管道的最大工作压力达到 8.2 兆帕。

3. 实用化和轻型化

由于数字化物流设施中大部分设施都是在通用的场合下使用，其工作环境并不繁重，因此要求设施操作简便、好用，容易维护且具有优越的耐久性、无故障性和良好的经济性以及较高的安全性、可靠性和环保性。这类设施通常批量较大、用途较广。当考虑到综合效率时，可实现外形高度减低、结构简化、造价降低等模式。

4. 专用化和通用化

随着数字化物流活动的系统性、一致性、经济性、机动性和快速化，要求一些设施向专用化方向发展，另一些设施则向通用化和标准化方向发展。物流设施专用化是提高物流效率的基础，主要体现在两方面：一是物流设施专用化；二是物流方式专用化。物流设施专用化是以物流工具为主体的物流对象专用化，如从客货混载到客货分载，出现了专门运输客货物的飞机、轮船、汽车以及专用车辆等设施，其中管道运输则是为输送特殊货物而发展起来的一种专用运输方式。

通用化的运输工具为物流系统供应链保持高效率提供了基本保证。通用化设施还可实现物流作业的快速转换，极大地提高物流作业效率。国外研究的公路、铁路两用车辆与机车，直接实现公路、铁路运输方式的通用性转换。同时，通用化也体现在以集装箱运输的发展上，通过标准化的运输，极大地提高了作业效率。公路运输中，大型集装箱拖车可运载海运、空运、铁路运输的所有尺寸的集装箱。

5. 自动化和智能化

将机械技术和电子技术相结合，将先进的微电子技术、电力电子技术、光缆技术、液压技术、模糊控制技术应用到机械的驱动和控制系统，实现数字化物流设施的自动化和智能化是今后物流业发展的方向。例如，大型高效起重机的新代电器控制装置将发展为全电子数字化控制系统，可使起重机具有更高的柔性，以提高单机综合自动化水平。自动化立体仓库中的送取货小车，智能式搬运车 AHV（autonomous handling vehicle）等。公路运报智能运输系统 ITS（intelligent transportation system）的开发和应用已引起各国的广泛重视并被大量使用在物流相关企业中。此外，卫星通信技术及计算机网络等多项高新技术结合起来的物流车辆管理技术正在逐渐被应用。

6. 成套化和系统化

在数字化物流中，物流系统设施成套配置最佳，这样才是最有效、最经济的物流系统。在物流设施单机自动化的基础上，通过计算机把各种物流设施组成一个物流设施集成系统，通过中央控制室的控制，与物流系统协调配合，形成不同机种的最佳匹配和组合，将会发挥取长补短的最佳效用。为此，成套化和系统化的数字化物流设施具有广阔的发展前景。在数字化物流未来的发展中，生产搬运自动化系统、货物配送集散系统、集装箱装卸搬运系统、货物的自动分拣与搬运系统等将成为高效数字化物流系统发展的主要方向。

7. "绿色"化

"绿色"化就是在物流运行中，要从环境保护的角度出发，达到环保要求，这涉及两方面：一是与牵引动力的发展及制造、辅助材料等有关；二是与使用有关。对于牵引动力的发展，一要提高牵引动力，二要有效地利用能源、减少污染排放、使用清洁能源及新型动力。

3.3 数字化物流设施的分类

数字化物流设施分为五类：数字化物流包装设施、数字化物流仓储设施、数字化物流流通加工设施、数字化物流装卸搬运设施、数字化物流运输设施。

3.3.1 数字化物流包装设施

包装是产品组装、产品配送不可或缺的部分。数字化包装设施主要包括自动化包装生产线和数字化包装机械。

1. 自动化包装生产线

20世纪50年代，各种新型塑料和复合材料的出现，使塑料包装应运而生。伴随电子技术的发展，包装从单机分离电器为主的低级程序控制发展到多功能全自动包装机和由电子计算机控制的包装生产自动线。包装自动化能有效地提高生产能力，保证产品质量，增加花色品种，有利于食物、药品的清洁卫生和金属制品的防腐防锈并降低生产成本。包装自动化还能改善工作条件，特别是对有毒性、刺激性、低温潮湿性、飞扬扩散性等危害人体健康的物品的包装尤为重要。对于那些快速、单调、频繁、重复等容易引起人体疲劳的操作，如装箱、捆扎、码垛等，以及那些人工难以实现的包装，如无菌包装、真空包装、热成型包装等，更加需要实现自动化。

包装自动化主要包括：

（1）包装材料、容器和包装物品的自动计量、传送和成品的自动输出；

（2）工艺程序的自动执行，操作机构的自动调节和故障的自动处理；

（3）工艺参数（位置、尺寸、重量、数量、速度、形态、行为等）的自动控制和自动调节；

（4）包装质量的自动检测和废品的自动剔除。物品包装所采用的技术手段、控制方法和能达到的自动化程度随物品种类而异，受到产品性状、包装材料（或容器）和包装要求等诸因素的制约。

2. 数字化包装机械

数字化包装机械在食品和医用方面已经实现了高效的自动化。下面主要介绍舒伯特包装机器人、Schubert-Pharma医用包装机器人、Schubert lightline包装机、自动化包装工业机器人等数字包装机械。

（1）舒伯特包装机器人。舒伯特公司被认为是德国包装机制造的先驱，是数字化包装机的市场领导者。这家位于德国巴登-符腾堡州克赖尔斯海姆的家族企业以先进的数字化机器人包装系统著称，并以简单的机械技术、智能控制技术和高度模块化为基石。凭借这一理念和公司的创新文化，公司自50多年前创立以来不断开创新局面。

舒伯特公司为不同产品和行业提供柔性包装机，包括糖果巧克力、食品、乳制品、饮料、化妆品和制药行业。通过自定义模块化顶载式包装系统和相应的机械手夹具，所有包装任务都可实现高效自动化。凭借其顶载式包装系统技术，公司可为其客户提供高性能、面向未来的包装解决方案，不仅坚固耐用、易于操作，而且可灵活换型。包装生产线上的模块化设计具有可扩展性，以满足未来产品的包装需求。顶载式包装系统可将食品和饮料、糖果巧克力、药品和化妆品等所有类型和各个行业的产品包装在托盘、纸盒、包装盒和流动包装袋中，以利于产品的运输和保存。

舒伯特公司生产的饮料自动包装机器对产品的设计包含了更多的柔性成分。位于荷兰的 Almere 工厂为 11 个欧洲国家提供养乐多饮料，这种饮料产品的制造商，希望从塑料质薄膜转向纸板，即纸质包装代替塑料包装，以针对该市场进行二次包装。舒伯特公司为其设计了满足其需求的包装系统机器人，不仅生产效率高，而且占用空间小，格式选项灵活。同时，该机器人还能在纸箱中的瓶子之间插入客户信息账单，如图 3.1 所示。

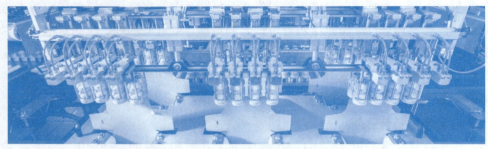

图 3.1　包装系统机器人

首先，将瓶子从单路径进料高速分配到两个路径。纸箱毛坯由 F3 机器人从运货匣中拾取，并放置在水平位置。F2 机械手取下这些毛坯，通过胶合站将它们胶合，然后进入传送带通过折叠单元，将其直接放置到自动包装机器人 Transmodul 手上，Transmodul 将竖立的纸板箱运输到下一个生产步骤。同时，运输链将瓶子从上游过程送入 TLM 系统。分组链将瓶子在两个轨道上分配到两个进料螺杆中，从而将产品分别输送到两个齿形带式输送机。瓶子从齿形带式输送机进入接收区，两个 F2 机器人分别从传送带上取下 48 个瓶子，并将它们放在系统第二个 Transmodul 部分中的 Transmodul 上。Transmodul 将瓶子运输到另外两个 F2 机械手。这些容器一次拾取 24 瓶，根据纸箱尺寸将它们分组在一起，然后将它们放入第一个 Transmodul 中竖立的纸箱里。根据充装格式，可同时填充 12 个或 16 个纸箱。在视频摄像头检验包装是否完好之前，在瓶子之间插入用户所需的凭单，并由接下来的两个 F2 机器人将纸箱进行封闭处理，如图 3.2 所示。

图 3.2　包装生产线

封合上纸箱后，机器人将纸箱放在系统第三台 Transmodul 上，打印机在纸箱上标记出保质期信息。然后将封闭的纸板箱通过另外两个 F2 机械手放入 5 个单位的展示箱中。展示纸箱类似于纸板箱一样在系统中架设，并通过第四个 Transmodul 部分运输到灌装区域。舒伯特使用集成式升降机解决了托盘的向上排出问题。

不仅是养乐多,舒伯特公司还在制药、化妆品、视频等很多方面都有先进的包装技术,通过数字化和机械包装机器人相结合,形成了相当成熟的包装系统,为各种用户提供不同的解决方案,以满足客户多方面的柔性需求。在医药包装方面,舒伯特公司有着更严格的包装要求。由于药品需要做无菌处理,以及需遵循严格的定量标准,这也就要求在医药包装上不仅要在无菌处理层面上达到包装行业的要求,而且在包装的精度上也要与部分顶级工业产品相差无几。

(2)Schubert-Pharma 医用包装机器人。LTS 的 TLM 包装机将各种单独的包装组件组合在一起,例如药瓶底盖和药瓶瓶体,纸箱坯料、塑料盖以及患者信息单(PIL)。目前这种多位一体的包装方式已经成为一种有吸引力的最终包装解决方案。Schubert-Pharma 将各种机器单元组合成一个完整的系统,以将托盘收缩包装在密封边缘小袋中的方式装入托盘。Schubert-Pharma 医用包装机器人还开发了一种高效的超声波密封解决方案,该解决方案无缝集成到 TLM 生产线中,以确保托盘与纸箱坯料之间的密封缝能达到产业最高要求,如图 3.3 所示。

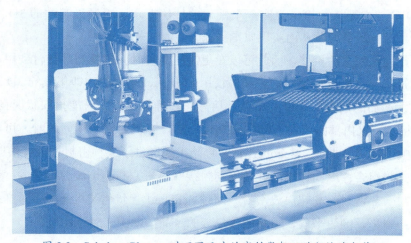

图 3.3　Schubert-Pharma 对不同尺寸的密封袋都可进行快速包装

Schubert-Pharma 医用包装机器人通过使用块式超声波发生器进行超声波密封,在托盘和纸箱坯料之间实现出色的密封质量。通过更轻松的处理和更低的生命周期成本,可长期节省产线成本。每个超声焊枪都可通过 Schubert 操作员控制面板进行单独配置。超声波焊枪的单独控制可对每个单独的密封件进行定性监控。不同尺寸的密封袋以及其他托盘孔和尺寸都可快速更改。尽管尺寸大小不同,但仅需转换 F2 机械手上的加载工具即可。其他工具都是针对所有包装尺寸通用设计的,因此不需要其他格式的零件。因此 Schubert-Pharma 的工作效率可达到每分钟包装 40 包药品,能更好地适应不同类型的、不同尺寸、不同要求的包装密封袋以及各种轮廓的托盘。

(3)Schubert lightline 包装机。针对同种药品不同包装形式的需求,舒伯特公司的

Schubert lightline 可做到根据包装的类型，通过纸箱式包装机的配合进行合适的包装袋填充和密封。Schubert 在机器型号中提供了极其强大的柔性：每种产品类型都可包装成不同的型号，如图 3.4 所示。

图 3.4　Schubert 纸箱式包装机和 Schubert 预先配置型包装机

其中 Schubert 的管状包装机通过使用预配置的子机来实现可扩展的性能，其中包含一定数量的 F4 取放机器人，可满足客户个性化的性能要求，再通过其中的 3D 图像识别系统对每个产品进行质量检测从而实现质量保证。

由于设计为预配置的机器，因此可以在更短的交货时间内将产品交付到用户手中，并且 Schubert 管状包装机可在很短的时间内使用 Flowpacker 程序，即集成的 3D 图像识别系统，其可识别产品的位置、高度和质量等信息，并确保机器人只能拾取状况良好的产品。Schubert 管状包装机内部的机器人都是独立运行的，当机器人出现问题时，可实现单个替换，且不影响整体包装性能。Schubert 管状包装机还提供了 4 种密封技术可供选择：冷封；可选冷封和热封组合；纵向接缝的旋转横向封接（热封）和超声波封接技术；纵向接缝的飞缝横向密封（热密封）和超声波密封。同时 Schubert 管状包装机还提供对产品出库存放的几种模式：扁平、侧边平放、堆叠或预包装的产品，如图 3.5 所示。

图 3.5　Schubert 管状包装机

2018 年舒伯特在上海建立了一座舒伯特服务与分销基地,向中国市场提供高度灵活的基于机械手的装箱机,如图 3.6 所示。

图 3.6　基于机械手将塑料瓶头朝下旋转 180° 的装箱机

(4) 自动化包装工业机器人。自动化包装工业机器人通过在包装生产线上整合工业机器人技术得以应用,设施较为简易安全,与全自动化包装生产线相对比,自动化包装工业机器人能获得更多的经济优势,如图 3.7 所示。

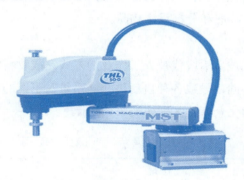

图 3.7　自动化包装工业机器人

自动化包装工业机器人具有以下特点:

① 生产安全性。在安装时,工业机器人通常是以正立或倒置的形式安装在封闭的自动化工作单元上。工作单元的外围一般由铝型框、防碎塑料或孔状金属网包裹。工业机器人或其他相关自动化设施一般使用螺栓固定在工作单元的钢铁机台平面上。工作单元的采用使得工作人员可在外围观察机器人工作台的工作状况,不需要进入机器人工作内部。

为安全起见,在操作中打开了工作单元的检修门,工业机器人会自动反应停止工作。对于那些不能完全密闭在一个工作单元内的工业机器人,如门帘、压力感应地垫等装置同样可提供自动关闭功能。

② 生产简易性。自动化包装工业机器人制造商为用户提供了良好的编程软件,操作人员不需要掌握专业的机器人编程技术即可自如操控。控制工业机器人运行的电子电路控

制器，位于工作单元平台的下方，易于操作。通过手持接口设施或计算机，操作人员即能对机器人进行程序设置。

③ 低成本生产优势。相对于传统自动化设施，自动化包装工业机器人在包装生产流程中最重要的好处在于能降低生产成本。使用机器人不仅初始成本较低，而且因为其高度的灵活性，很快就能获得投资回报。小尺寸和低维护费用使总成本也较低。

自动化包装工业机器人与传统自动化设施相配合，可使包装生产更有效率，而且能保证包装产品的质量一致性。与工人作业相比，具有更高的成本效益比。但需要指出的是，虽然机器人能填补一些自动化生产的空白，但生产线上的其他任务仍然需要人工完成。

④ 保养成本优势。工业机器人技术由于采用封闭式结构，因而不容易在控制件部分进入灰尘和碎片，因此对机器造成的磨损很小，延长了机器的使用寿命，因此产生的保养成本要低得多。

3.3.2 数字化物流仓储设施

数字化物流仓储设施主要包括货架、堆高车、搬运车、出入境输送设施、分拣设施、提升机、搬运机器人以及计算机管理和监控系统。这些设施可组成自动化、半自动化、机械化的商业仓库来堆放、存取和分拣承运物品。

1. 自动化仓库

自动化仓库通过现代技术手段代替人工作业的方式完成物料的存储。由于不同的应用场景和存储工艺要求的不同，导致各种自动化仓储系统在不同的行业和场景下有各自的应用功能。普通仓库与自动化仓库的区别如表 3.1 所示。

表 3.1 普通仓库与自动化仓库的区别

区别因素	普通仓库	自动化仓库
库存能力	空间利用率低，物流资源利用率低	节省库存占地面积，提高空间及物流资源利用率
出入库作业	物流自动化水平低造成作业效率低下和一定量的货物损耗	依靠自动化设施进行自动存取，作业运行和处理速度快
仓库管理	信息流与物流无法适时统一，导致管理水平低下，仓储成本提高	通过计算机控制，便于清点和盘库，合理减少库存
商品保管	以静态存储货物为主	通过计算机管理系统和自动化物料搬运设施实现动态存储

自动化仓库包括巷道式堆垛机、OMS 订单系统和 WMS 仓库管理系统。通过将数据库服务器、仓库管理软件 WMS、底层设施控制系统 WCS（如堆垛机控制系统、输送机等）用各种工业网络连接后，即可进行实时的数据交换，以跟踪和管理任何出入库任务、物料情况和货位情况，最终达到自动化全面管理仓库的目的。

（1）巷道式堆垛机。巷道式堆垛机是自动化立体仓库的核心设施，负责物体的起重和运输。巷道式堆垛机在高层货架间的巷道内来回运动，其升降平台可作上下运动。升降平台上的货物存取装置将货物存入货格内或从货格内取出，按照用途的不同可分为单元型、挑选型、单元—挑选型三类。

（2）OMS 订单系统。在自动化仓库中，OMS 是物流进出自动化仓库的订单管理系统。消费者在电商平台下单后，自动化仓库可即时获得订单信息，并形成条形码，且该条形码被贴在周转箱上，周转箱立即进入自动化轨道，自动识别货品位置，进行走动拣货。取货人员应用扫描装置，通过扫描周转箱上的条形码识别需要拣选的货品位置，并快速到达指定货架，并将货品从动力传送带上弹出，取货人员身后货架的电子屏会自动亮灯，并显示需拣货品的数量。按照自动化仓库的拣货路线，OMS 系统会自动配齐订单货品，装上货物后，周转箱回到传送带，并送达到自动化仓库出口。

（3）WMS 仓库管理系统。仓储系统对信息的管理，最核心的功能是跟踪并存储库内任何位置上的物料的相关信息，因此需要对物料单元和货位进行信息的数字化编码。

仓储系统的信息化管理通常采用的方式是给托盘贴附上含有条形码的标签（或二维码、RFID 等），同样也可给托盘上的子物料单元贴附条形码标签，使得每个托盘物料单元都拥有各自唯一的数字身份。对于存储位置则通过在仓库内的位置排列规则进行编码，如按照第几区第几排第几列等信息便可给所有的存储位置进行数字编码。通过信息化管理，任何一个托盘物料的相关库内信息都可被记录到数据库中，同时，仓库内也可通过任何事件、存储位置和其他衍生数据反向追溯到任何一个相关的托盘物料。

当物料单元发生物理变化或者信息变化时，通过仓储信息管理软件 WMS 将各种数字编码对应的实际货位和物料单元进行信息更新和数据的再存储即可。

中国顶级的智能仓储位于菜鸟网络增城物流园区，占地面积超过 10 万平方米，由心怡科技负责运营，目前承接了天猫超市全品类商品的储存和分拣。

京东自营仓库是我国目前最先进的物流中心之一，目前京东已经在全国运营了 20 座这样的大型智能化物流中心，其无人仓可实现 100% 自动设施覆盖率。在其自营仓库中应用大量机器人以节省人力。据京东物流北京亚洲一号仓库运行统计，传统仓库目前通过人工拣选，整个流程耗时长、效率低，当应用自动化仓库后，从消费者下单到货物进入仓储系统只需 10 分钟，30 分钟可完成拣选工作。

海康机器人智能仓储管理系统 IWMS-1000 集成多种仓储优化技术，倡导"货到人"的核心理念。基于机器人控制调度系统 PCS，IWMS 智能仓储管理系统可智能调度全系列 HIKROBOT 移动机器人产品，并无缝对接企业上层 ERP/MES/OMS 系统，为传统制造、3C 制造、汽车制造、电商商超、医药、鞋服、食品、烟草、快递物流等多个行业提供高效、柔性的仓储物流解决方案。

海康机器人智能仓储管理系统 IWMS-1000 基于仓储业务需求，对库存管理、基础配置、系统管理等模块进行了业务梳理和整合，构建了业务层级的逻辑到界面呈现的表达体系，优化了功能模块之间的界面构成。在功能整合、品牌穿透、界面呈现三个维度下，新一代 IWMS 完成了立体化框架的建设，全面优化用户体验的同时，增强了其仓储业务承载能力。

海康机器人智能仓储管理系统 IWMS-1000 具有较高的配合度，能配合海康机器人控制调度系统 RCS，混合调度海康机器人全系列多型号的机器人产品，完成混合作业场景，打通内部物流环节的关键物流节点，无缝衔接仓储搬运——产线搬运、库内搬运——分拣搬运等混合搬运场景。

为实现大规模柔性生产，还需机器人集群作业。将业务需求解析为调度任务后，IWMS-1000 基于 RCS 可实现上千台移动机器人的集群调度，完成货物出入库、产线接驳等各项仓储作业的"货到人"模式。

海康机器人智能仓储管理系统 IWMS-1000 基于数据挖掘、机器学习、深度学习等 AI 核心技术，为系统提供了四大算法服务，以实现最优的数据分析处理，即仓位推荐、库存分配、智能波次、货架冷热度预测算法。

① 仓位推荐算法：IWMS-1000 基于数据挖掘关联性规则、规划算法，全面考虑各项影响因素以优化存储方案，提高整体入库效率的同时提高出库时的订单命中率。IWMS-1000 依据物料上架信息，推荐出最优仓位组合，并将任务需求解析为调度系统可执行的调度任务。

② 库存分配算法。库存分配算法服务基于一系列规划和智能搜索算法，精准匹配订单需求。用户可根据实际需求进行相应的业务策略管理。IWMS 支持清空仓位或效率优先策略，从而提供货架搬运次数最少的最优出库方案。

③ 智能波次算法。IWMS 能实时获取订单、物料及库存状态，掌握全局物流信息。智能波次算法按照全局聚类、提总再分的思路，结合动态规划和机器学习的方法对业务订单池进行分解和重组，合理分配库存并智能组件出库波次，保证订单的时效性和拣选效率，有效降低订单的平均拣选时间。

④ 货架冷热度预测算法。货架冷热度预测算法根据数据挖掘算法探索性分析物料每日出库历史数据，基于神经网络的深度学习技术预测物料未来一段时间的出库量，作为衡量物料冷热度的关键指标，从而动态调整物料所在货架的位置。

2. 立体式货架

货架即托盘的底部结"搭"在货架的支撑结构上，完成托盘在货架上的静态存储。通过将货架分隔成一个个单元格，充分利用立体空间，实现货物的存储功能，并起到支撑堆垛机的作用。根据货架的构造分类，立体货架又分为单元货格式、贯通式、水平/垂直旋转式；根据货物承载单元的不同，立体货架分为托盘货架和周转箱货架。

立体式货架的存储位数字化相对比较容易实现，比如按照巷道号、层数、排数、列数就可定位到任一货位位置。堆垛机可根据移动和定位技术到系统指定的货位位置存货或者取货。

同时由于货架的基本物料单元为托盘，因此，物料的数字化可通过托盘的数字化来实现。通常在托盘上贴附条形码标签或者 RFID 标签。在物品出入库时，通过入库输送机或者堆垛机对其上的托盘条形码进行阅读即可获取当前托盘的数字编码。如果将位于托盘上的货物信息一并扫码并绑定到托盘信息上，可使托盘的物料信息更加丰富和完善，库存管理更加细致化。

3. 仓储无人机

仓储无人机四周装有传感器和摄像头，可自动捕捉货架托盘上货物的信息，处理条形码格式的信息，自动拣取放置在高位的货物，还可进行高架储存区的检视和货物盘点等工作。一部无人机可同时完成 50 人的库存盘点工作，10 分钟可完成对仓库的巡逻。相比人工效率，仓储无人机大大提高了仓库管理效率。

仓储无人机是物资仓储与无人机管理的结合。围绕 RFID 技术在仓储无人机管理领域的应用，建立无人机仓储可视化、智能化管理平台。通过 RFID 技术和移动应用技术及软件功能的建设，实现对仓储现场的库位、无人机出入库（RFID 智能感知）、调配等业务进行现场智能管理。以无人机到货、出入库为基础，规范每件无人机基础数据的采集来源及信息推送起点，提升所有无人机管理的数据质量和实效性。

仓储无人机实现的系统功能主要如下：

（1）利用 RFID 智能感知技术实现对于无人机管理现场的规范化管理，通过仓储无人机的应用，对存放的物资进行非接触式的自动识别，自动记录物资入库、存储、盘点、出库各环节的物流信息，提高存储信息自动化水平，全面实现仓库领料无人智能化、物资入库智能化、物资盘点自动化；

（2）对不同作业人员角色进行即时个性化数据信息推送，针对不同场景推送有效数据，提升工作效率；

（3）对库位、物资进行可视化展示，提高仓库透明度；

（4）无人机智能库房通过建设 1 个智能库房系统和 2 个智能终端（智能设施存放柜、智能电池充电柜），打造无人机智能库房管理体系。

3.3.3 数字化物流流通加工设施

数字化物流流通加工设施是指货物在物流中心根据需要进行包装、分割、计量分拣、添加标签条形码、组装等作业时所需的设施。数字化物流流通加工设施弥补了生产过程加工程度的不足，可满足用户多样化的需要，以提高加工质量、效率并提高物流流通加工设施的利用率,从而更好地为用户提供服务。如表 3.2 所示为生产加工与物流流通加工的区别。

表 3.2 生产加工与物流流通加工的区别

区别因素	生产加工	物流流通加工
加工对象	材料、零配件或半成品	最终商品
加工程度	复杂加工,完成大部分和主要加工活动	简单加工,是一种辅助和补充
创造价值	商品的价值大部分在生产过程创出	对生产过程创造价值的完善
加工负责人	生产企业	商业货物流专项加工企业
加工动机	为交换、消费而生产的加工	为消费(或再生产)所进行的加工

数字化物流流通加工设施种类繁多,可以按流通加工形式分类和按流通加工对象分类。

1. 按流通加工形式分类

(1)剪切加工设施。剪切加工设施是指对物流产品进行下料加工或将大规格的产品裁小或裁成毛坯的设施。

(2)集中开木下料设施。集中开木下料设施是在流通加工中将原木产品锯截成各种锯材,同时将碎木、碎屑集中起来加工成各种规格的板材,还可进行打眼、凿孔等初级加工的设施。

(3)配煤加工设施。配煤加工设施是将各种煤及一些其他发热物质产品按不同的配方进行掺配加工,生产出各种不同发热量燃料的设施。例如,无锡燃料公司开展的动力配煤加工等。

(4)冷冻加工设施。冷冻加工设施是为解决鲜肉、鲜鱼或药品等物品在流通过程中保鲜及搬运装卸问题,采用低温冷冻的加工设施。

(5)分选加工设施。分选加工设施是根据农副产品的规格、质量离散情况,为获得一定规格的产品而采取的分选加工设施。

(6)精制加工设施。精制加工设施主要是用于农、牧、副、渔等物流产品的切分、洗净、分装等简单加工的设施。

(7)包装加工设施。包装加工设施是为了便于销售,在销售地按照所要求的销售起点进行物品新包装、大包装改小包装、散装改小包装、运输包装改销售包装等包装加工设施。

(8)组装加工设施。组装加工设施是采用半成品包装出厂,在消费地由流通部门所设置的流通加工点进行拆箱组装的加工设施。

2. 按流通加工对象分类

根据加工对象的不同,数字化物流流通加工设施可分为金属加工物流设施、水泥加工物流设施、玻璃加工物流设施、木材加工物流设施、煤炭加工物流设施、食品流通加工物流设施、组装产品的流通加工物流设施、生产延续的流通加工物流设施及通用加工物流设施等。

(1) 金属加工物流设施。由于一些金属材料的长度、规格不完全适用于用户，如若采用单独剪板下料方式，会导致设施闲置时间长、人力消耗大，而采用集中剪板、集中下料方式可避免单独剪板下料的一些弱点，提高材料利用率。

在流通中进行加工的金属材料主要有钢铁、钢材、铝材、合金等。金属加工物流设施是对上述金属进行剪切、折弯、下料、切削加工的物流机械。它主要分为成型设施和切割加工设施等。其中，成型设施又包括锻压机械、液压机、冲压设施、剪折弯设施、专用设施。切削加工设施包括数控机床（加工中心、铣床、磨床、车床）、电火花成型机、线切割机床、激光成型机、雕刻机、钻床、锯床、剪板机、组台机床等。此外，用于金属流通加工的物流设施还有金属切削机床、金属焊接设施、机械手、工业机器人等。

随着金属成品、半成品迈入超精密加工时代，放电机床成为各中小型金属加工厂不可或缺的金属加工设施，特别是在金属半成品加工的快走丝、慢走丝切割机领域，效果显著。近年来国际放电机床的功能不断推陈出新，朝着精密化、自动化方向发展。

(2) 水泥加工物流设施。水泥加工物流设施主要包括混凝土搅拌机械、混凝土搅拌站、混凝土输送车、混凝土输送泵、车泵等。

混凝土搅拌机械这种水泥加工物流设施是水泥加工中常用的物流设施之一，它是制备混凝土，将水泥、骨料、砂和水均匀搅拌的专用机械。混凝土搅拌机械改变了以粉状水泥供给用户、由用户在建筑工地现制现拌混凝土的方法，而将粉状水泥输送到使用地区的流通加工点（称作集中搅拌混凝土工厂或称商品混凝土工厂）搅拌成商品混凝土，然后供给各个工地或小型构件厂使用，这是水泥流通加工的一种重要方式。

(3) 玻璃加工物流设施。在玻璃产品流通中，用于玻璃的加工物流设施主要是指对玻璃进行切割等加工的专用机械，包括各种各样的切割机。在流通中对玻璃进行精加工还需清洗机、磨边机、雕刻机、烤花机、钻花机、丝网印刷机、钢化和夹层装备、拉丝机、拉管机、分选机、堆垛机、瓶罐检验包装设施、玻璃加工工具和金刚石砂轮等。

平板玻璃的"集中套裁、开片供应"是重要的流通加工方式，这种方式是在城镇中设立若干玻璃套裁中心，按用户提供的图纸统一套裁开片，向用户供应成品，用户可将其直接安装到采光面上。在此基础上逐渐形成从工厂到套裁中心的稳定、高效率、大规模的平板玻璃"干线输送"，以及从套裁中心到用户的小批量、多户头的"二次输送"的现代物资流通模式。

(4) 木材加工物流设施。木材是容重轻的物料，在物流运输时占有相当大的容积，往往使车船满装但不能满载，同时，装车、捆扎也比较困难，需要利用机械设施对木材进行磨制、压缩和锯裁等加工。木材加工物流设施主要有磨制、压缩木片机械和集中开木下料机械两类。

（5）煤炭加工物流设施。煤炭加工机械是对煤炭进行加工的物流设施，主要包括除矸加工机械、管道输送煤浆加工机械和配煤加工机械等。

除矸是提高煤炭纯度的加工形式。煤炭中混入了矸石，采用除矸的流通加工设施排除矸石，提高煤炭运输效益和经济效益，减少运输能力的浪费。

煤浆加工主要是便于运输，减少煤炭消耗，提高利用率。随着管道运输的兴起，管道输送煤浆加工机械在流通的起始环节将煤炭磨成细粉，以使煤具备一定的流动性，再用水调和成浆状以使其具备一定的流动性，以实现煤浆的管道输送。

配煤加工是在使用地区设置集中加工点，将各种煤及其他一些发热物质按不同配方进行接配加工，生产出各种不同发热量的燃料。

（6）食品流通加工物流设施。食品流通加工物流设施，依据流通加工项目分为冷冻加工设施、分选加工设施、精制加工设施和分装加工设施。

冷冻加工设施是为解决一些商品需要低温保质保鲜的问题，主要是生鲜食品，如鲜肉、鲜鱼等在流通中的保鲜及搬运装卸问题。

分选加工设施主要用于按照一定规格、质量标准对一些农副产品进行分选加工，如果类、瓜类、谷物、棉毛原料等产品。

精制加工设施主要用于去除食品无用部分后，再进行切分、洗净等加工。

分装加工设施主要用于将运输包装改为销售包装。许多生鲜食品零售起点较小，而为保证高效运输出厂，包装体积则较大，也有一些是采用集装运输方式运达到销售地区。为了便于销售，在销售地区需要按所要求的零售起点进行新的包装，即大包装和散装改小包装、运输包装改销售包装等。

（7）组装产品的流通加工物流设施。在生产和生活中，很多产品是不易进行包装的，即使采用防护包装，其成本也很高。因此对一些组装技术不高的产品，如自行车之类的产品，其组装可在流通加工中完成，以降低储运费用。

（8）生产延续的流通加工物流设施。一些产品因其自身特性要求，需要较宽阔的仓储场地或设施，然而在生产场地建设一些设施是不具备经济性开发条件的，因此可将部分生产领域的作业延伸到仓储环节完成。这种形式既提高了仓储面积、容积利用率，又节约了生产场地。例如，服装的检验、分类等作业，可在服装仓库专用悬轨体系中完成相关作业，节省成本，一举多得。

（9）通用加工物流设施。通用加工物流设施主要包括：裹包集包设施，如裹包机、装盒机等；外包装配合设施，如钉箱机、裹包机和打带机；印贴条形码标签设施，如网印设施、喷印设施和条形码打印机；拆箱设施，如拆箱机和拆柜工具；称重设施，如称重设施、地磅等。

3.3.4　数字化物流装卸搬运设施

装卸搬运设施是指用来搬移、升降、装卸和短距离输送物料或货物的机械。装卸搬运设施是实现装卸搬运作业机械化的基础，是物流设施中重要的机械设施。它不仅可用于完成船舶与车辆货物的装卸，而且还可用于完成库场货物的堆码、拆垛、运输以及舱内、车内、库内货物的起重输送和搬运。

1. 配送机器人

配送机器人在互联网技术的支持下，通过 5G+V2X（vehicle to everything，即车对外界的信息交换）技术，实现精准定位，实时交通计算，优化配送线路。车辆能第一时间获取路面全部信息并做出决策，然后与周边联网的物品产生快速联动。当道路上的情况瞬息万变，对于自动驾驶来说，需要获取的信息量和信息维度远远超过人类驾驶的水平。可视范围内和超视距的信息都将成为自动驾驶进行正确决策的关键。正因为这些海量数据的支撑，才能让自动驾驶车辆进行全方位的"感知"，对千变万化的环境做出及时准确的应对，以在各种气候、环境和突发情况下，准确地定位，精确地行驶。

2017 年 6 月 18 日，京东配送机器人在中国人民大学顺利完成全球首单配送任务。这标志着物流配送走向了智能化、无人化阶段。作为物流行业系统中的最后一环，物流配送机器人有着全天候、高强度、能源节约型、成本低等特点。相对人力配送而言，配送机器人的单次载重负荷远远高于人力。

随着信息技术的发展，京东物流智能快递车持续进行技术升级，并顺利在常熟市正式落地运营城市级智能配送项目。首批投入运营的智能快递车超过 30 辆，共有可满足不同场景配送需求的 5 种车型，其中最大的一款车厢载货空间达 2 立方米，单次可配送快递量超过 500 单。智能配送机器人具有形体小巧、机动灵活、高效智能等特点，拥有完全自主可控的软硬件架构，通过多类传感器进行融合感知定位，提升了运行的稳定性。车高 1.6 米，"车厢"内装有 30 个独立格口，最高可载重 200 千克货物，最高时速 18 千米，能自主停靠配送点，自动规避道路障碍。使用机器人可通过物联网 IoT 为客户带来全新的解决方案。如图 3.8 所示为京东配送机器人。

在信息行业不断发展的今天，随着人脸识别技术的逐渐兴盛，京东物流配送机器人也适应于更多不同的场景。在加入人脸识别之后，采用更多元的方式与用户进行对接，在物流配送最后一公里的业务中展现出更多便利性和高效性。在 2017 年 6 月 18 日之后，用于末端配送的京东配送机器人已经在北京、天津、雄安新区、陕西、湖南、贵州、内蒙古等全国 20 多个城市和地区投入常态化运营，并且将在未来适应更多复杂的地势地貌。

图3.8 京东配送机器人

2020年初,武汉市出现新型冠状病毒感染疫情,导致全城封禁,市民居家隔离。但是在城市停滞的状态下,也需要有正常的物流方式来维持人们的日常生活。为了降低一线人员被病毒感染的风险,提高人手紧缺时的物资运转效率,以末端配送机器人、无人机、智能仓库等为代表的物流科技,在这场全民抗疫战中派上了用场。京东的物流配送机器人正好发挥了很好的作用,通过智能物流配送机器人,有效地避免与用户直接接触,极大程度上降低了病毒的传播风险。

除武汉外,在贵阳、呼和浩特等地的京东物流智能配送站也在正常运营,配送机器人不断将抗击疫情所需的物资与用户订单安全可靠地送达,如图3.9所示。

图3.9 京东配送机器人配送物资

京东物流的智能快递车从发布1.0版本至今,在全国多个城市完成了路面封闭测试、区域试运营等,收集了大量的实地运营数据。更重要的是,京东物流开发了一套自动驾驶的云仿真平台,让虚拟世界与现实世界进行数字孪生。通过智能建模,百分之百精确还原实际场景的分布式仿真系统,把有限的经验进行无限的放大。自主学习系统把采集的路面信息进行变化推演,形成数以万计的衍生场景,而后让虚拟车辆在系统中反复运行,对自动驾驶算法进行不断的验证和优化。

作为一款智能化自动配送装备,其载货和送件能力是关键指标。在实际配送过程中,不同的路面场景需要不同大小的车辆。而这些路面场景又对应着千变万化的货物尺寸需求,这就需要一套灵动的套件进行匹配,否则很难实现高效的车辆装载。为了满足不同复杂的载货场景,京东物流智能快递车在货仓上采用了模块化设计,配送站点可更换整组套件,为不同的车辆搭配自己所需的仓隔组合。其中,最大的车辆未来也可作为快递员的接驳车辆。这就是说,快递员不必使用三轮车往返于配送站和小区之间,一台移动的智能快递车就可随时根据其计划把数百件包裹运送到指定的地点并等待签收。然而,智能配送机器人实现量产的前提,是拥有稳定可靠的技术与产品。这不仅是对科技研发能力的考验,更是对供应链能力的检验。在过去几年中,京东物流已经与国内外芯片和 AI 周边设施生产厂商形成广泛的合作,建立起一条坚固的自动驾驶车辆产业链,并将催生一个全新的产业生态。

2020 年 9 月,京东物流与厦门金龙达成战略合作,标志着大规模量产自动驾驶车辆成为可能。基于以上核心技术,目前京东物流智能快递车已经能满足在社会公共道路开放环境下的末端物流配送的基本需求。智能快递车对于整个物流配送的效率提升和智能化发展起着非常重要的作用,随着快递业务量的快速增长,劳动力人口数量和结构的变化,运营成本的不断增加等综合因素的影响,在可预见的将来,智能快递车在末端配送环节还将带来更多助力。京东自动驾驶如图 3.10 所示。

图 3.10　京东自动驾驶

2. TMS/DSS 系统

自动化就像给快递箱装上了眼睛和双脚,能指引它们自己去拣选货品,并且在配送途中可实时跟踪。这样一来,仅需在条形码复核、分拣机监护等环节投入人工,货品的运输、仓储、装卸、搬运等七个环节可一体化集成,效率至少提升 30%,拣货准确率几乎可达 100%。

（1）叉车式 AGV。叉车式 AGV 包含托盘叉车式 AGV、宽脚堆高式叉车 AGV、无脚堆高式叉车式 AGV。叉车式 AGV 用于堆栈托盘类货物的物流周转，由液压升降系统、差速驱动系统、PLC 控制系统、导引系统、通信系统、警示系统、操作系统和动力电源组成。叉车式 AGV 是一种自动化的智能搬运装卸设施与运载设备，能沿着特定的路径行驶，进而实现工厂内货物搬运移取自动化，集液压升降和 PLC 控制于一体的可编程无线调度的自动导引车。其作为当代物流处理自动化的有效手段和关键设施，能有效提高生产效率，降低劳动强度。随着电子商务行业的迅猛发展，企业对高效、灵活、节能的自动化物流系统的需求越来越强烈。导航技术作为 AGV 的关键技术之一，其重要性也引起了业界的高度重视。

近些年来国内外学者提出了很多 AGV 的导航定位方法，如磁条导航、光学导航、激光雷达导航和视觉导航等。磁条导航于现在导航场上设置磁带、磁钉等导引装置，并且在 AGV 上安装对应的感应元件来进行识别和跟踪，从而实现确定路径上的定位和导航。这种方法路径单一、精度较低、灵活性差；光学导航和磁条导航类似，用涂漆或色带代替磁条，利用 AGV 上安装的摄像机对地面图像进行处理识别。这种方法灵活性较好，但是对色带的污染和磨损比较严重，可靠性差，精度较低；激光雷达导航技术比较成熟，重复定位精度最高为 ±4mm，数据更新频率约为 8Hz；视觉导航是在 AGV 行驶过程中用 CCD 相机进行图像采集，并对图像信息的处理实时建图，以确定位置的变化，这种方法适用范围广，路线灵活，但是受限于图像质量和计算速度，致使实时定位精度和反应速度达不到使用需求。

随着工作空间测量定位系统用于 AGV 定位的理论和应用日渐成熟，以中介和模糊控制的 AGV 定位导航方法将工作空间测量定位系统实时测得的车体位置和目标点之间位置的关系作为控制的输入量，实现了 AGV 高精度的导航。

（2）AGV 机器人。电磁或光学等自动导引装置，能沿规定的导引路径行驶，具有安全保护以及各种移动功能的运输车。AGV 以轮式移动为特征，与物料输送中常用的其他设施相比，AGV 的活动区域无须铺设轨道、支座架等固定装置，不受场地、道路和空间的限制。因此，在自动化物流系统中，最能充分地体现其自动性和柔性，实现高效、经济、灵活的无人化配送。虽然现在 AGV 存在价格昂贵等痛点，但如今随着 5G 商用的普及化，使用成本将大大降低。目前每台 AGV 机器人都需要有自己的芯片，价格约在 8 万元，若 5G 技术成熟，未来可通过集约化方式统一管理，通过"中央大脑"管理上百台 AGV 机器人来减少费用。

（3）医用轨道物流小车。曼彻彼斯成立于 2013 年，是一家以智慧物流传输技术为核心的国家级高新科技企业，曾先后获得"科技型中小企业""瞪羚企业"称号。作为中国内部物流传输领域领军企业及省级医用物流工程技术研究中心，曼彻彼斯拥有完整的医用内部物流传输系统产品线，自主研发的气动物流传输系统、轨道小车物流传输系统、箱式物流传输系统、AGV 机器人系统以及污物智能收集系统均有自主核心技术护航，充分体现了"中国智慧"与"中国创造"的创新制造能力。

在如火如荼的新医改进程中，以人工智能、大数据、物联网等先进技术应用为特征的医院智慧化建设不断发展，曼彻彼斯将坚持以自主核心科技积极聚焦医院院内物流智能化变革，助力提升医院精细化、信息化。

医用轨道小车内外智能消毒，大大降低了交叉感染风险，车身应用抗菌 ABS 材料，箱体标配紫外线消毒装置，可加配车身及井道消毒系统。医用轨道物流小车如图 3.11 所示。

图 3.11　医用轨道物流小车

（4）E-trans 云传输平台 & 智能小车互动控制。E-trans 云传输平台智能小车采用西门子自动化控制模块，抗干扰能力强。DCS 集散式分区控制模式，可有效提高小车的运输效率。通过应用物联网以及大数据处理，进行智能调度与路径优化管理，每台小车都配备有强大的信息处理与存储功能。小车内部装有定位系统，并且可对小车内部物资进行实时定位、跟踪处理，确保医药送达的准确率。小车的操作面板支持中文操作，并且兼容一般医院数据处理系统，能生成各种报表，直观反映数据。

每台小车都配备有电子机械锁，外加电子密码，确保药物在运输途中的安全。小车整体采用红外感应与物理防撞设计，箱体内部装配挡压板，避免药品晃动，减少碰撞风险，降低事故损失。并且车体容器内部装有紫外线消毒装置，防止交叉感染。机动方面采用混动双驱技术，能在运输途中更加安静、快速、便捷。

（5）自主移动机器人。自主移动机器人（AMR）在许多方面类似于 AGV 和 AGC。它们可在设施或仓库周围导航，而无须人工干预；它们可用于将库存或物料从一个位置运到另一个位置；它们可促进自主策略。尽管 AMR 自主移动机器人与 AGV、AGC 有很多相似的功能，但是由于基于的技术不同，赋予了机器人不同的属性，AMR 不依赖于严格的预设路线，不需要遵循磁条或电线，而是依靠一系列复杂的机载传感器、计算机和地图，这使它们能理解和解释其环境。AMR 具备更大的灵活性，可在仓库或设施内的各个位置之间创建自己的路线，识别并避开障碍物，并在必要时自行改道，最终能使机器人更好地应对大多数订单履行操作所提供的动态环境。此外 AMR 种类繁多，使它们能以订单履行能力执行一系列功能。

（6）配送无人机。无人机技术的发展和普及为物流行业注入了新的力量，这种模式背后的理念也正在重塑整个物流系统：2018 年 3 月顺丰旗下公司拿到无人机航空运营（试点）许可证；阿里菜鸟网络也同样开展了无人机方面布局；苏宁物流无人机乡村飞行距离已超过 5 万千米；在海外，UPS、亚马逊等大型物流公司、电商平台也纷纷试水无人机概念。这项技术已经成为了物流行业标配，用无人机替代汽车送货至少能让物流费用降低 70%。而京东的目标是在四川和陕西等地建 100 多座无人机的机场，计划做到 24 小时之内将偏远村庄的优质农产品送到中国所有大中城市去，并把省内的物流成本降低 70%。无人机送货被看成京东突破瓶颈延续优势的一个探索。正常情况下，京东无人机往返 10 千米，成本还不到 1 度电，也就是不足 5 毛钱，而且比汽车配送还要快。

2016 年 6 月 8 日上午 9 点，在江苏宿迁市曹集乡同庵村居委会内，一架三轴无人机缓缓起飞，10 分钟后，5 千米外的旱闸村居委会内，京东当地的推广员接收包裹，无人机送货第一单完成。京东方面称，无人机正式投入农村物流试点运行。

2018 年 7 月 17 日，在北京市政府和北京市应急办的指挥下，京东抽调了两架 Y3 货运无人机和两架侦察无人机，前往密云区西湾子桥和怀柔区琉璃庙镇的受灾地区，协助进行应急物资运输以及灾区勘测工作，京东无人机运输物资占当天物资的 30%。Y-3 无人机为京东在 CRS Asia 2017 上推出，由京东 X 事业部自主研发，可在 120 米以下低空飞行，主要负责 20 千米范围内的送货任务，最大载荷 10 千克，续航时间 20 分钟。Y-3 无人机携带的包裹并不会直接送到用户手中，而是由京东在每个村子的乡村推广员分发。无人机自动卸货后随即返航，继续其他配送。

京东无人机项目仅仅是京东 X 事业部诸多智慧物流研发项目中的一个。京东集团副总裁兼 X 事业部总裁肖军表示："随着科技的进步，未来无人机还需要与智慧仓储系统、无人驾驶送货车等进行深度融合和对接，这就涉及一整套的架构体系和对现有系统的改造工作。"

在无人机正式投入试运营后，京东将通过加快完善 360°自主避障、智能航线规划，对自主装卸货起降平台、飞行平台安全性和稳定性进行技术上的提升和改造，同时简化运营流程，让无人机与物流系统实现无缝对接，全面提升物流配送效率。这次京东无人机宿迁试运营的成功是电商行业运营模式的一个重大突破，对于农村电商将产生巨大的影响。电子商务为人民生活带来了巨大的变化，不过，对很多居住在农村的人而言，电子商务却像是天方夜谭，由于互联网普及度不高，农村物流配送体系不完善，电子商务在农村的开展变得"举步维艰"。而通过无人机，未来京东可将物流配送体系更加深入地覆盖到农村，真正解决农村电商"最后一公里"的难题。可以肯定的是，在这种情况下，未来农村用户便可充分体验到电商所带来的便捷与实惠，这将带动农村消费理念，甚至整个农村经济的"升级"。

京东无人机配送的快速发展，正是依托京东在物流领域的强大积累、完整物流链、供应链的巨大优势，更重要的是，京东通过对大数据、云计算等技术的应用，提升了物流体系的智慧化程度。在这种背景下，京东的智慧物流体系未来将在更广阔的领域发挥价值，并在驱动社会经济发展中扮演更加重要的角色。目前无人机离大规模推广仍然存在很大的场景落地难度，无人机配送目前大多还只在偏远地区实行，想要在城市内投入使用还需政策进一步开放，但尽管现在还存在监管政策和需要解决的技术问题，如果无人机可大规模投入，将成为未来物流行业的重要一环。

3.3.5 数字化物流运输设施

数字化物流运输设施是货物从某地运往其他地区的载体，是运输方式的工具。传统的运输设施包括辊子输送机、万向球台、转台链式输送机悬挂输送机托盘存储系统。而数字化物流运输设施包括集装单元化设施、城市枢纽、可拆卸卧式货运四轮车、自动分拣系统。

1. 集装单元化设施

集装单元化设施包括托盘、集装箱、集装袋。

（1）托盘。托盘是集装单元化物流中，承上启下、承前启后的关键要素和单元化物流的重要载体，是衔接运输、仓储、包装、装卸搬运等几大物流环节的接口，是实现物流全过程效率最大化、成本最小化的必备器具。托盘大致分为四类：平托盘、柱式托盘、箱式托盘、轮式托盘。

（2）集装箱。集装箱是进行周转用的具有一定规格和强度的大型货箱。它适用于铁路、水路、公路、航空等多种运输方式的现代化装卸和运输，是仓库外部物流理想的集装化运输用具。

集装箱按货物的特点分为内柱式集装箱、外柱式集装箱、折叠式集装箱、通风集装箱、保温集装箱、框架集装箱。

（3）集装袋。集装袋是一种柔性的集装容器。集装袋搬运可依据货物的尺寸和质量分别以搬运车、输送带或起重机等不同设施实现集装单元化运输。

2. 城市枢纽

城市枢纽（city hub）是定制的"集装箱拖车轨道"，能使厢式货车多装 4 个货运车的货物，同时拥有可拆卸卧式货运四轮车（cubicycle）。火车将货运箱运进城市中心后，货运箱通过城市枢纽快速装载到可拆卸卧式货运四轮车上，用以进行"最后一公里"的城市配送。每个城市枢纽都可替换两条标准运输线路，以减少相当于 16 吨的碳排放量，同时降低其他废物排放。目前，城市枢纽设施已在德国的法兰克福和荷兰的乌德勒支试行，如图 3.12 所示。

图 3.12　德国法兰克福城市枢纽

3. 可拆卸卧式货运四轮车

可拆卸卧式货运四轮车通过太阳能电池板进行供电，车厢可拆卸，且对接标准货运托盘，装卸更便捷。通过电动踏板，让快递员易于操作，同时可拆卸卧式货运四轮车配备 GPS 或者物联网发射器，以便实时跟踪出货信息。在一些欧洲国家，可拆卸卧式货运四轮车已经替代了 60% 的传统快递运输车。

4. 自动分拣系统

自动分拣系统是先进配送中心所必需的设施条件之一，也是提高物流配送效率的一项关键因素。自动分拣系统由控制装置、分类装置、输送装置及分拣道口组成，能实现连续、大批量地分拣货物，同时不受气候、时间、人的体力等限制。一般情况下自动分拣系统每小时可分拣 7000 件包装商品。自动分拣系统分拣误差率低，主要误差取决于所输入分拣信息的准确性，即输入机制。自动分拣系统分为交叉带式分拣机、滑块式分拣机、斜导轮式分拣机、摇臂式分拣机，如表 3.3 所示。

表 3.3　自动分拣机

机器名称	组　成	优　点	适用范围
交叉带式分拣机	由主驱动带式输送机和载有小型带式输送机的台车连接在一起，当台车移动到规定的分拣位置时转动皮带完成分拣	噪声低，分拣效率高	各类小件商品如食品、化妆品等
滑块式分拣机	主要包括分拣道岔和道岔执行机构，道岔执行机构执行滑块运动路径的变更，从而引导与之接触的物件进入相应的分拣道岔，完成分拣	商品不易受损，可靠性强，故障率非常低，易维护	适用于各种纸箱、塑料箱及其他不规则物品的分拣，可分拣的物品形状大小适用范围较广

续表

机器名称	组成	优点	适用范围
斜导轮式分拣机	当转动着的斜导轮,在平行排列的主窄幅皮带间隔中上升下降以达到商品的分拣目的	可靠耐用,易维修保养;分拣出口较多,分拣快速准确	适应各类商品,只要是平底面商品,如纸箱、塑料箱等即可
摇臂式分拣机	被分拣的物品放置在钢带式或链板式输送机上,当到达分拣口时,摇臂转动,物品沿摇臂的斜面滑至指定目的地	结构简单,价格较低,长时间持续中高速分拣	适用于纸箱、塑料箱等地面平整的商品,也适合质量轻、不规则包装的商品

数字化物流设施相较于传统仓储、信息管理、物流系统拥有可靠性高、系统集成度高、系统稳定性好、对环境友好、可持续发展的优势,是建设智慧物流的重要一环。随着未来新科技的发展,特别是IoT的发展,数字化物流设施将为物流企业带来更高的效益。

3.4 习题

1. 请阐述数字化物流设施的发展历程。
2. 请阐述数字化物流设施的要求。
3. 请阐述数字化物流设施的分类,并分别列举出每种设施的特点和功能。
4. 请阐述自动分拣系统的作用和实施流程。

第 4 章 数字化物流信息技术

4.1 数字化物流信息技术的定义

数字化物流信息技术（logistics information technology）是运用于数字化物流各环节的信息技术。数字化物流信息技术是物流技术中发展最迅猛的领域，是物流数字化的重要标志。飞速发展的计算机网络技术应用使物流信息技术达到了新的水平，促进了数字化物流产业的信息化进程，从而提高了数字化物流技术的管理水平。

目前，常见的数字化物流信息技术有条形码（bar code）、射频识别（RFID）、电子数据交换（EDI）、全球卫星定位系统（GPS）、地理信息系统（GIS）、EPC(产品电子代码)、PLM 和云计算等。

4.2 条形码技术

条形码技术是在计算机的应用实践中产生和发展起来的自动识别技术。条形码由规则排列的条、空及其对应字符组成的条形码记载信息组成。常见的条形码符号是黑条和白空印刷而成，当光照射到条形码符号上时，黑条和白空产生较强的对比度，从而利用条、空对光的不同反射率来识读信息。条形码技术的应用解决了数据录入和数据采集的"瓶颈"问题。使用条形码技术能快速、准确而可靠地采集数据，为数字化物流提供了有效的技术支持。

条形码分为一维码和二维码两种。一维码比较常用，如日常商品外包装上的条形码。一维码信息存储量小，仅能存储一个代号，使用时通过这个代号调取计算机网络中的数据。二维码是近几年发展起来的，能在有限的空间内存储更多的信息，包括文字、图像、指纹、签名等，并可脱离计算机使用。由于二维条形码具有传统条形码不可比拟的众多优点，已经被 ISO 和一些主要工业标准组织采纳为运输标签标准。世界各地的物流机构如新西兰陆路运输部、法国邮局、南非航空货运公司、英国和巴西的快运公司等也纷纷采用二维码。

4.2.1 一维条形码

一维条形码是由一组黑白相间的条纹构成。这种条纹由若干黑白的"条"和白色的"空"所组成，其中，黑色条对光的反射率低，而白色的空对光的反射率高。由于条与空的宽度不同，使扫描光线产生不同的反射接收效果，在光电转换设施上转换成不同的电脉冲，形成了可传输的电子信息。由于光的运动速度极快，所以可准确无误地对运动中的条形码予以识别。通常，将人可识别的字符注在条形码符号的下面。

一维条形码的码制较多，常见的大概有 20 多种，其中包括 Code39 码（标准 39 码）、Codabar 码（库德巴码）、Code25 码（标准 25 码）、ITF25 码（交叉 25 码）、Matrix25 码（矩阵 25 码）、UPC-A 码、UPC-E 码、EAN-13 码（EAN-13 国际商品条形码）、EAN-8 码（EAN-8 国际商品条形码）、中国邮政码（矩阵 25 码的一种变体）、Code-B 码、MSI 码、Code11 码、Code93 码、ISBN 码、ISSN 码、Code128 码（Code128 码，包括 EANI28 码）、Code39EMS（EMS 专用的 39 码）等一维条形码。

一个完整的条形码符号是由两侧静区、起始符、数据字符、校验符（可选）和终止符组成的。图 4.1 所示为 EAN-13 商品条形码的结构。

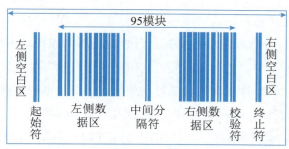

图 4.1　EAN-13 商品条形码的结构

1. 静区

静区分为首静区和尾静区，位于条形码符号的左右两端。静区为没有任何印刷符或条形码信息的空白区，其作用是提示阅读器即扫描器准备扫描条形码符号，保证阅读器的光束到达第一个条纹前有一个稳定的速度。由于首、尾静区相同，故可双向阅读。

2. 起始符

条形码符号的第一位字符是起始符，它的特殊条、空结构用于识别一个条形码符号的开始。阅读器首先确认此字符的存在，然后处理由扫描器获得的一系列脉冲。

3. 数据字符

数据字符由条形码字符组成，用于代表一定的原始数据信息。

4. 校验符

在条形码制中定义了校验符。有些码制的校验字符是必需的，有些码制的校验符则是可选的。校验符是通过对数据字符进行一种算术运算而确定的。解码器对各字符进行同一种算术运算，将结果与校验符比较，两数相同，说明输入信息有效。

5. 终止符

条形码符号的最后一位字符是终止符，它的特殊条、空结构用于识别一个条形码符号的结束，阅读器识别终止符。便可知道条形码符号已扫描完毕。若条形码符号结束，阅读器就向计算机传送数据，并向操作者提供"有效读入"的反馈。终止符的使用，避免了不完整信息的输入。当采用校验符时,终止符还指示阅读器对数据字符实施校验计算。起始字符和终止符的条、空结构通常是不对称的二进制序列,这一非对称性允许扫描器进行双向扫描。当条形码符号被反向扫描时,阅读器会在进行校验计算和传送信息前把条形字符号重新排列成正确的顺序。

4.2.2 二维条形码

由于一维条形码在使用中只能表达字母和数字,而不能表达图像和汉字,且一维条形码携带信息量较小,必须通过连接数据库的方式提取信息才能明确条形码表达的信息。由于一维码具有一定的局限性,不能满足物流过程中需要携带大量信息的要求,因此二维条形码应运而生。

二维条形码是用某种特定的几何图形按一定规律在平面(一维方向上)分布的黑白相间的图形记录数据符号信息。在代码编制上巧妙地利用构成计算机内部逻辑基础的 0、1 比特流的概念,使用若干与二进制相对应的几何形体来表示文字数值信息,通过图像输入设施或光电扫描设施自动识读以实现信息自动处理。二维条形码能在横向和纵向两个方位同时表达信息,因此具备了在很小的面积内表达大量信息的功能。

在目前的几十种二维条形码中,常用的码制有 PDF417 二维条形码、Datamatrix 二维条形码、Maxicode 二维条形码、QR code、Code 49、Code 16K、Code one 等。

4.2.3 条形码的识别原理

条形码扫描器是根据不同颜色的物体,其反射的可见光的波长不同来识别条形码的。白色物体能反射各种波长的可见光,黑色物体则吸收各种波长的可见光。白条、黑条的宽度不同,相应的电信号持续时间长短也不同。当条形码扫描器光源发出的光经光阑及凸透镜后,照射到黑白相间的条形码上时,反射光经凸透镜聚焦后,照射到光电转换器上,于是光电转换器接收到与白条和黑条相应的强弱不同的反射光信号,并转换成相应的电信号输出到放大整形电路。整形电路的脉冲数字信号经译码器译成数字、字符信息。译码器通过识别起始字符、终止字符判别出符号的码制及扫描方向;通过测量脉冲数字电信号 0、1 的数目来判别条和空的数目,通过测量 0、1 信号持续的时间来判别条和空的宽度。这样便得到了被辨读的条形码符号的条和空的数目及相应的宽度和所用码制。根据码制所对应的编码规则,便可将条形符号转换成相应的数字、字符信息,通过接口电路传送给计算机系统进行数据处理与管理,以完成条形码辨读的全过程。

4.2.4 条形码阅读器

条形码阅读器也称为条形码扫描枪、条形码扫描器或扫描枪,主要用于读取条形码所包含信息的阅读设施。条形码阅读器其本身没有内存,只是通过阅读器实现了即时的传输。当条形码阅读器连接上计算机后,扫描出来的数据会直接显示在光标定位处。无线的扫描枪也可在不连计算机的情况下工作，但其扫描的距离会受到较大的限制。条形码阅读器的结构通常包括光源接收装置、光电转换部件、译码电路、计算机接口。

根据条形码阅读器采用技术的不同，可将其划分为光笔条形码阅读器、CCD 条形码阅读器和激光条形码阅读器。

1. 光笔条形码阅读器

光笔条形码阅读器是最先出现的一种手持接触式条形码阅读器，也是最为经济的一种条形码阅读器。光笔条形码阅读器是一种轻便的条形码读入装置。在光笔内部有扫描光束发生器和反射光接收器。光笔条形码阅读器的操作如同用笔画一条线，只要将笔头的小窗口对准条形码，在其表面匀速移动，条形码信号便可通过电缆进入计算机。

目前，市场上出售的这类扫描器品种多样，不同的产品主要在发光的波长、光学系统结构、电子电路结构、分辨率、操作方式等方面存在不同。然而，光笔类条形码阅读器不论采用何种工作方式，从使用上都存在一个共同点，即阅读条形码信息时，要求阅读器与待识读的条形码之间需要接触或离开一个极短的距离（一般为 0.2~1 毫米）。

光笔条形码阅读器的优点主要有：光笔条形码阅读器与条形码接触阅读，能明确哪个是被阅读的条形码；阅读条形码的长度不受限制；与其他的条形码阅读器相比成本较低；内部没有移动部件，比较坚固；体积小，重量轻。其主要缺点有：有一些场合不适合接触阅读条形码，使用光笔会受到各种限制；光笔条形码阅读器只有在比较平坦的表面上阅读指定密度的、打印质量较好的条形码时，才能发挥它的作用；操作人员需要经过一定的训练才能使用；如果阅读速度、阅读角度以及使用的压力不当都会影响它的阅读性能；由于它必须接触阅读，当条形码在因保存不当而产生损坏，或者上面有一层保护膜时，光笔都不能使用；首读成功率低且误码率较高。

2. CCD 条形码阅读器

CCD 条形码阅读器是利用光电耦合原理，对条形码印刷图案进行成像，然后再译码，比较适合近距离和接触阅读。

CCD 条形码阅读器使用一个或多个 LED，发出的光线能覆盖整个条形码，条形码的图像被传到一排光探测器上，被每个单独的光电二极管采样，由邻近的探测器的探测结果为"黑"或"白"来区分每个条或空，从而确定条形码的字符。换言之，CCD 条形码阅读器不是简单地阅读每个"条"或"空"，而是阅读条形码的整个部分，并将其转换为可译码的电信号。

CCD 条形码阅读器的优点有：与其他条形码阅读器相比，价格较便宜；它的重量比激光条形码阅读器轻，而且容易使用；并不像光笔条形码阅读器一样只能接触阅读。CCD 条形码阅读器的缺点有：在需要阅读印在弧形表面的条形码（如饮料罐）时会有困难；在一些需要远距离阅读的场合不适合使用，如仓库领域等。

3. 激光条形码阅读器

激光条形码阅读器的基本工作原理为：激光扫描仪通过一个激光极管发出一束光线，照射到一个旋转的棱镜或来回摆动的镜子上，反射后的光线穿过阅读窗照射到条形码表面，光线经过条或空的反射后返回阅读器，由一个镜子进行采集、聚焦，通过光电转换器转换成电信号，该信号将通过阅读器或终端上的译码软件进行译码。

激光条形码阅读器内部一般装有控制扫描光束的自动扫描装置。由于它所能提供的各项功能指标最高，因此在各个行业中都被广泛采用。激光条形码阅读器的扫描头与条形码标签的距离，短的只有 0~20 毫米，而长的可达到 500 毫米。

激光条形码阅读器的优点有：可用于非接触扫描，通常情况下，在阅读距离超过 30 厘米时，激光条形码阅读器是唯一的选择；激光阅读条形码密度范围广，并可阅读不规则的条形码表面，或透过玻璃、透明胶纸阅读；因为激光条形码阅读器是非接触阅读，因此不会损坏条形码标签；由于有较先进的阅读及解码系统，首读识别成功率高、识别速度相对光笔及 CCD 更快；激光条形码阅读器对印刷质量不好或模糊的条形码识别效果好；激光条形码阅读器误码率极低（约为三百万分之一）；激光条形码阅读器的防震防撞性能好。其缺点有：激光条形码阅读器的价格相对较高，但如果从购买费用与使用费用的总和计算，与 CCD 条形码阅读器并没有太大的区别。

激光条形码阅读器根据使用方式的不同，可分为手持与固定两种形式。手持式激光条形码阅读器连接方便简单，使用灵活；固定式激光条形码阅读器是指条形码阅读设施安装在固定的位置上，适合于不便使用手持式扫描方式阅读条形码信息的场合，也适合于阅读量较大、条形码较小的场合。如果工作环境不允许操作者一只手处理标附有条形码信息的物体，而另一只手操纵条形码扫描枪，即可选用固定式激光条形码阅读器自动扫描。目前很多生产车间或运输车间将这种阅读器安装在生产流水线传送带旁的某一固定位置，等待标附有条形码标签的待测物体以平稳、缓慢的速度进入扫描范围，对自动化生产流水线进行控制。

4.2.5 条形码数据采集器

条形码数据采集器（或称盘点机、掌上电脑）具有一体性、机动性、体积小、重量轻、高性能及可手持等特点。条形码数据采集器具备实时采集、自动存储、即时显示、即时反馈、自动处理、自动传输功能。为现场数据的真实性、有效性、实时性、可用性提供了保证。条形码数据采集器本身带有内存，扫描出来的数据是存储在采集器的内存里面的，然后通过传输底座将数据传输到计算机实现批处理，这种采集方式十分方便，在不连接计算机的情况下也可高效地工作。条形码数据采集器在产品出入库、物流快件管理、固定资产管理、抄表系统、图书管理系统等领域应用非常广泛。

条形码数据采集器根据数据传输的方法可分为两种类型：批处理型与无线实时型。

批处理型条形码数据采集器本身配有数据存储器，通常由电池供电，可脱机使用，被广泛应用于仓库管理、商品盘点以及多种野外作业上。当数据搜集完毕后，先把数据存储起来，利用和计算机连接的通信座把采集的条形码信息用文件的方式传输到计算机。

无线实时型数据采集器被称为无线，是因为它不需要依靠通信座和计算机进行数据交换，而可直接通过无线网络和计算机、服务器进行实时数据通信。操作员在无线数据采集器上所有操作后的数据都在第一时间进入后台数据库，即无线数据采集器将数据库信息系统延伸到每个操作员的手中。

4.2.6 条形码技术在物流中的应用

条形码技术是物流自动跟踪的最有力工具。由于条形码技术具有制作简单、信息收集速度快、准确率高、信息量大、成本低和条形码设施方便易用等特点，被广泛应用于仓储、运输、配送以及生产过程中。具体来看，作为物流管理的工具，条形码的应用主要集中在以下环节。

1. 物料管理

将物料进行编码，并且打印条形码标签，不仅便于物料跟踪管理，而且也有助于做到合理的物料库存准备，提高生产效率，便于企业资金的合理运用。

2. 分拣运输

应用物流标识技术，可将预先打印好的条形码标签贴在发送的物品上，并在每个分拣点装一台条形码扫描器，使包裹或产品自动分拣到不同的运输机上。

3. 生产线物流管理

条形码生产线物流管理是产品条形码应用的基础。在生产中，应用产品识别码监控生产，采集生产测试数据和生产质量检查数据、进行产品完工检查、建立产品识别码和产品档案、有序地安排生产计划并监控生产及流向，提高产品下线合格率。

4.2.7 条形码技术在工业生产线中的应用

在工业生产线中，需要批量跟踪和记录制造流程中使用的部件或组件，以保障产品的质量。但在工厂生产线中，有相当一部分使用原始的操作，就是每个产品在上生产线前，手工记载生成这个产品所需的工序和零件。当领料员按记载分配好物料后，才能开始生产。使用这种原始操作方法时，容易记错信息，并且浪费时间，零件组件成品得不到有效的跟踪和控制，因此，需要引入条形码和工业扫描平台系统进行批量跟踪并记录制造流程使用的部件或组件，保证生产线更顺利地运转，更快地向客户提交产品。

在工业生产线上的每个工序点要记录信息的地方，设立工业条形码扫描平台。当贴有条形码的组件或成品经过工业条形码扫描平台时，自动扫描条形码并把信息传送到计算机中，实现完整的库存可视化。在工业生产线上应用条码技术可使生产流程同步化，成功地协调需求和生产。条形码技术应用于生产线具有如下优势。

1. 跟踪制造流程

自动记录整个生产装配过程中所使用的零部件，因此如果遇到问题需要把产品召回检查或提醒客户，就可确切地知道成品中所使用的零部件。同时，通过自动扫描流程控制统计数据和填写电子报告，工程师可节约大量时间，提高工作效率。

2. 库存管理

实现生产流程自动化，员工无须停止工作即可发送补货信息。原料处理人员也可更快地寻找和交付需要的部件。由于补货数据每分钟都会更新，这样操作大大提高了库存的准确率，保证库存量满足客户订货或生产计划的需要。

3. 节约成本，提高效率

使用工业扫描平台阅读出来的条形码，能达到近乎为零的出错率，减少人为书写的错误输入。安装成功后，工业扫描平台不需要人手去控制干预，能自动运作，节省人力和时间。

4. 仓储管理

采用条形码可对商品的采购、保管和销售进行管理，其优势在立体仓库管理方面得到更好的体现。立体仓库是现代工业生产中的一个重要组成部分，利用条形码技术，可完成仓库货物的导向、定位、入格操作，加快识别速度，减少人为差错，从而提高仓库管理水平。

5. 货物通道

全方位扫描器能识读任意方向（上下、前后和左右）、任意面上的条形码。无论包裹有多大，运输机的速度有多快，包裹间的距离有多小，所有制式的扫描器都可以一起工作，识别出当前哪些条形码需要识读，然后把一个个信息传送给主计算机或控制系统。

4.3 无线射频识别技术——RFID

无线射频识别（RFID）技术是20世纪90年代开始兴起的一种自动识别技术，简称射频技术。无线射频识别技术是一种非接触式的自动识别技术，它通过射频信号自动识别目标对象并获取相关数据。识别工作无须人工干预，且识别距离比光学系统远，不受人眼视线局限，可在各种恶劣环境下工作。由于射频识别的距离可达几十厘米至几米，且具有读写能力，可携带大量数据，且这些数据难以被伪造等优点，被广泛应用在物流等行业，如物料跟踪、运载工具、货架识别、门禁管制、停车场管制、生产线自动化和物料管理等方面。

RFID按应用频率的不同分为低频（LF）、高频（IF）、超高频（UHF）、微波（MW），一般来说读取器的输出功率越高，天线尺越大，通信距离就越长。较常见的应用有无线射频识别，常称为感应式电子晶片或近接卡、感应卡、非接触卡、电子标签、电子条形码等。

4.3.1 射频系统的组成和工作原理

RFID 系统由电子标签、阅读器和天线三部分组成。在 RFID 的实际应用中,电子标签附着在被识别的物体上(表面或内部)。当带有电子标签的被识别物品通过其可识读范围时,阅读器自动以无接触的方式将电子标签中的约定识别信息取出来,从而实现自动识别或自动收集物品标志信息的功能。

1. 电子标签

电子标签(射频卡)由耦合元件及芯片组成。标签含有内置天线,用于和射频天线间进行通信。电子标签中一般保存有约定格式的电子数据。在实际应用中,电子标签附着在待识别物体的表面。

2. 阅读器

阅读器是读取或写入电子标签信息的设施,在 RFID 系统中起着举足轻重的作用。首先,阅读器的频率决定了射频识别系统的工作频率;其次,阅读器的功率直接影响到射频识别的距离。根据应用系统的功能需求,以及不同设施制造商的生产习惯,阅读器具有各种各样的结构与外观。

3. 天线

天线在标签和读取器间传递射频信号。RFID 系统的阅读器必须通过天线来发射能量,形成电磁场。同时通过电磁场对电子标签进行识别,天线所形成的电磁场范围就是射频系统的可读区域。

RFID 系统的基本工作流程如图 4.2 所示。阅读器通过发射天线发送一定频率的射频信号,当射频卡进入发射天线工作区域时产生感应电流,射频卡获得能量被激活。射频卡将自身编码等信息通过卡内置发送天线发送出去。然后,系统天线接收到从射频卡发送来的载波信号,经天线调节器传送给阅读器,阅读器对接收的信号进行解调和解码,传送到后台主系统进行相关处理。RFID 主系统根据逻辑运算判断该卡的合法性,针对不同的设定做出相应的处理和控制,发出指令信号控制执行机构动作。

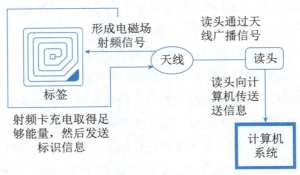

图 4.2　RFID 系统的基本工作流程

4.3.2　RFID 技术的优点

RFID 技术具有条形码所不具备的防水、防磁、耐高温、使用寿命长、读取距离远、标签上数据可加密，存储数据容量更大、存储信息更改自如等优点。和传统条形码识别技术相比，RFID 有以下优势。

1. 快速扫描

传统条形码识别技术一次只能扫描一个条形码，而 RFID 辨识器可同时读取数个 RFID 标签。

2. 体积小型化、形状多样化

RFID 在读取上并不受尺寸大小与形状限制，不需为了保证读取精确度而调整纸张的固定尺寸和印刷品质。此外，RFID 标签可往小型化与多样形态发展，以应用于不同的产品。

3. 抗污染能力和耐久性

传统条形码的载体是纸张，因此易受到污染。但 RFID 标签对水、油和化学药品等物质具有很强的抵抗性。此外，由于条形码附于塑料袋或包装纸箱上，所以特别容易受到折损，而 RFID 可避免这些问题。

4. 可重复使用

现今的条形码，印刷上去之后就无法更改，而 RFID 标签则可重复新增、修改、删除 RFID 卷标内储存的数据，方便信息的更新。

5. 穿透性和无屏障阅读

在被覆盖的情况下，RFID 能穿透纸张、木材和塑料等非金属或非透明的材质，并能进行穿透性通信，而条形码扫码器必须在近距离而且没有物体阻挡的情况下，才能辨读条形码。

6. 数据的记忆容量大

随着记忆载体的发展，RFID 数据容量也有不断扩大的趋势。未来物品所需携带的资料量会越来越大，因此，对 RFID 所能扩充容量的需求也相应增加。

7. 安全性

由于 RFID 承载的是电子式信息，其数据内容由密码保护，因此不易被伪造及修改。近年来，RFID 因其所具备的远距离读取、高储存量等特性而备受关注。RFID 不仅可帮助一个企业大幅提高货物安全、信息管理的效率，还可让销售企业和制造企业互联，从而更加准确地接收反馈信息，控制需求信息，优化整个供应链。

综上所述，射频识别卡的优点在于非接触性能；识别工作时无须人工干预；可识别高速运动物体，并可同时识别多个射频卡；操作快捷、方便、短距离射频识别卡不怕油渍、灰尘污染等恶劣环境，因此可适应于多领域，如用于在工厂的流水线上跟踪物体等、交通运输管理的自动收费或识别车辆身份等方面。

4.3.3 RFID 频段的特点

对一个 RFID 系统来说，它的频段概念是指读写器通过天线发送、接收并识读的标签信号频率范围。从应用概念来说，射频标签的工作频率也就是射频识别系统的工作频率，直接决定系统应用的各方面特性。在 RFID 系统中，系统动作就像平时收听调频广播一样，射频标签和读写器也要调制到相同的频率才能工作。

射频标签的工作频率不仅决定射频识别系统工作原理（电感耦合还是电磁耦合）和识别距离，还决定着射频标签及读写器实现的难易程度和设施成本。RFID 应用占据的频段或频点在国际上有公认的划分，即位于 ISM 波段。典型的工作频率有 125kHz、133kHz、13.56MHz、27.12MHz、433MHz、902~928MHz、2.45GHz、5.8GHz 等。

按照工作频率的不同，RFID 标签可分为低频（LF）、高频（HF）、超高频（UHF）和微波等不同种类。不同频段的 RFID 工作原理不同，LF 和 HF 频段 RFID 电子标签一般采用电磁耦合原理，而 UHF 及微波频段的 RFID 一般采用电磁发射原理。目前国际上广泛采用的频率分布于 4 种波段，即低频（125kHz）、高频（13.54MHz）、超高频（850~910MHz）和微波（2.45GHz）。每种频率根据它的特点，被应用在不同的领域，因此要正确选择合适的频率。

低频段射频标签，简称为低频标签，其工作频率范围为 30~300kHz，典型工作频率有 125kHz 和 133kHz。低频标签一般为无源标签，其能通过电感耦合方式从阅读器耦合线圈的辐射近场中获得。低频标签与阅读器之间传送数据时，低频标签需立于阅读器天线辐射的近场区内。低频标签的阅读距离一般情况下小于 1 米。低频标签的典型应用有动物识别、容器识别、工具识别、电子闭锁防盗（带有内置应答器的汽车钥匙）等。

中高频段射频标签的工作频率一般为 3~30MHz，典型工作频率为 13.56MHz。该频段的射频标签，因其工作原理与低频标签完全相同，即采用电感耦合方式工作，所以宜将其归为低频标签类中。另外，根据无线电频率的一般划分，其工作频段又称为高频，所以也常将其称为高频标签。鉴于该频段的射频标签可能是实际应用中最多的一种射频标签，因而只要将高、低理解成为一个相对的概念，即不会造成理解上的混乱。为了便于叙述，将其称为中频射频标签。中频标签一般也采用无源设主，其工作能量同低频标签一样，也是通过电感（磁）耦合方式从阅读器耦合线圈的辐射近场中获得。标签与阅读器进行数据交换时，标签必须位于阅读器天线辐射的近场区内。中频标签的阅读距离一般情况下小于 1 米。中频标签由于可方便地做成卡状，因此被广泛应用于电子车票、电子身份证、电子闭锁防盗（电子遥控锁控制器）、小区物业管理、大厦门禁系统等。

超高频与微波频段的射频标签简称为微波射频标签，其典型工作频率有 433.92MHz、902~928MHz、2.45GHz、5.8GHz。微波射频标签可分为有源标签与无源标签两类。工作时，射频标签位于阅读器天线辐射场的远区场内，标签与阅读器之间的耦合方式为电磁耦合。阅读器天线辐射场为无源标签提供射频能量，将有源标签唤醒。相应的射频识别系统阅读距离一般大于1米，典型情况为4~6米，最大可达10米。阅读器天线一般均为定向天线，只有在阅读器天线定向波束范围内的射频标签可被读写。由于阅读距离的增加，应用中会出现在阅读区域中同时出现多个射频标签的情况，从而提出了多标签同时读取的需求。目前，先进的射频识别系统均将多标签识读问题作为系统的一个重要特征。超高频标签主要用于铁路车辆自动识别、集装箱识别，还可用于公路车辆识别与自动收费系统中。

不同频率的标签有不同的特点，例如，低频标签比超高频标签便宜，节省能量，穿透废金属物体力强，工作频率不受无线电频率管制约束，最适合用于含水成分较高的物体，例如水果等。超高频作用范围广，传送数据速度快，但是比较耗能，穿透力较弱，作业区域不能有太多干扰，适用于监测港口、仓储等物流领域的物品。高频标签属中短距识别，读写速度也居中，产品价格也相对便宜，比如应用在电子票证一卡通上。从目前技术水平上看，无源微波射频标签比较成功的产品相对集中在902~928MHz工作频段上。2.45GHz和5.8GHz射频识别系统多以半无源微波射频标签产品面世。半无源标签一般采用纽扣电池供电，具有较远的阅读距离。微波射频标签的典型特点主要集中在是否可以无源无线读写距离、是否支持多标签读写、是否适合高速识别应用，读写器的发射功率容限，射频标签及读写器的价格等方面。对于可无线读写的射频标签而言，通常情况下写入距离要小于识读距离，其原因在于写入要求更大的能量。微波射频标签的数据存储容量一般限定在2Kbits以内，再大的存储容量似乎没有太大的意义。从技术及应用的角度看，微波射频标签并不适合作为大量数据的载体，其主要功能在于标识物品并完成无接触的识别过程。典型的数据容量指标有1Kbits、128bits、64bits等。由Auto-IDCenter制定的产品电子代码EPC的容量为90bits。微波射频标签的典型应用包括移动车辆识别、电子闭锁防盗（电子遥控锁控制器）、医疗科研等行业。

目前，在实际应用中，比较常用的是13.56MHz、860~960MHz、2.45GHz等频段。近距离RFID系统主要使用125kHz、13.56MHz等LF和HF频段，其技术最为成熟。远距离RFID系统主要使用433MHz、860~960MHz等UHF频段，以及2.45GHz、5.8GHz等微波频段。不同国家对于相同波段，使用的频率也不尽相同。欧洲使用的超高频是868MHz，美国则是915MHz，而日本则不允许将超高频用到射频技术中。我国在LF和HF频段RFID标签芯片设计方面的技术比较成熟，HF频段方面的设计技术接近国际先进水平，已经自主开发出符合ISO 14443 Type A、Type B和ISO 15693标准的RFID芯片，并成功地应用于交通一卡通和第二代身份证等项目中。

4.3.4　RFID射频标签

电子标签是一种非接触式的自动识别技术。它通过射频信号自动识别目标对象并获取相关数据。每个标签含有一个储存数据的小集成电路和一个像天线一样从阅读器收发信号的微型铜线圈。在实际应用中,电子标签附着在被识别的物体上(表面或者内部),当带有电子标签的被识别物品通过读写器的可识读区域时,读写器自动以无接触的方式将电子标签中的约定识别信息读出,从而实现自动识别物品或自动收集物品标识信息的功能。

例如,在仓库管理和汽车定位等需要定位的场合,使用电子标签通信,通过远距离读写器或者便携式阅读器使电子标签的 LED 灯闪烁可用于产品查找和定位。将车辆电子标签放置在车辆驾驶室中,作为车辆的全球唯一号码自动识别和存储车辆相关信息,配合读写设施能完成对车辆的自动识别和信息的自动交换。车辆电子标签可用于智能小区、大厦、企事业单位等对车辆自动进出进行管理;也可作为城市机动车的电子牌照,实现政府职能部门对车辆更灵活、高效的严格监管。

按不同的标准,车辆电子标签有如下分类方式。按照校调制和供电方式分为无源标签和有源标签两种;按照载波频率又分为低频射频卡、中频射频卡、高频射频卡;按照作用距离可分为密耦合卡(作用距离小于 1 厘米)、近耦合卡(作用距离小于 15 厘米)、疏耦合卡(作用距离小于 1 米)和远距离卡(作用距离为 1~10 米甚至更远)。

1. 无源标签和有源标签

无源标签借助阅读器发出的信号发送信息被称作被动标签。无源标签没有内装电池,在阅读器的读出范围之外时,电子标签处于无源状态,在阅读器的读出范围之内时,电子标签从阅读器发出的射频能量中提取其工作所需的电源。

有源标签借助自带电池则能主动持续发出比无源标签更强的信号,也被称作主动标签。标签的工作电源完全由内部电池供给,同时标签电池的能量供应可部分地转换为电子标签与阅读器通信所需的射频能量。使用电子标签搜集产品数据时,阅读器无须对准标签,可节省人工扫描的麻烦。通常,无源标签的信号范围为 6~10 米,而有源标签的信号范围则为 50 米左右。

2. 低频射频卡、中频射频卡、高频射频卡

低频射频卡主要有 125kHz 和 134.2kHz 两种。低频系统主要用于短距离、低成本的应用中,如多数的门禁控制、校园卡、动物监管、货物跟踪等。

中频射频卡主要为 13.56MHz。中频系统用于门禁控制和需传送大量数据的应用系统。

高频射频卡主要为 433MHz、915MHz、2.45GHz(微波)、5.8GHz(微波)等。高频系统应用于需要较长的读写距离和高读写速度的场合,其天线波束方向较窄且价格高,在火车监控、高速公路收费等系统中应用较多。

3. 密耦合卡、近耦合卡、疏耦合卡和远距离卡

密耦合卡作用距离小于 1 厘米;近耦合卡作用距离小于 15 厘米;疏耦合卡作用距离

小于 1 米，远距离卡作用距离 1~10 米甚至更远。

4.3.5　RFID 射频阅读器

根据不同的分类标准，RFID 阅读器可分为低频、高频和超高频阅读器；无源、有源阅读器；只读阅读器和 RFID 读写器等。在实际应用中，按照使用方式的不同，也可分为固定式、车载式和便携式 RFID 阅读器。

1. 固定式 RFID 阅读器

固定阅读器一般安装在货物流通量较大的地方。许多固定读写器都装在金属盒子里，也可安装在墙上，固定读写器一种为内部有天线，另外一种是内部没有天线但有供外部天线接入的插口。为防止受损，固定天线一般用塑料或金属制品封装起来。装在盒子里的读写器和天线可免受叉车的损害和灰尘的污染。

2. 车载式 RFID 阅读器

在仓库作业、制造业、生产流程管理中，需采用工业级 RFID 阅读器。工业级 RFID 阅读器大多数具备标准的现场总线接口，可方便地集成到现有的设施中。此外，这类读写器可在各种恶劣的工业环境中工作，可满足多种不同的防护需要，密封性能和抗冲击震动能力较强，有些甚至带有防爆保护的功能。

3. 便携式阅读器

便携式阅读器可在内部文件系统中记录读取到的 RFID 标签信息，也可在读取的同时将信息通过无线网络进行发送。因为便携式阅读器带有电池，用来在读取时发送电波，所以需要考虑充电的问题。通常为了延长使用时间，便携式阅读器的电波功率设置得比较小，这也导致了便携式阅读器有通信距离比较短的倾向。

便携式阅读器由于价格便宜，因而被广泛使用。便携式阅读器主要有两种形式，一种是带条形码扫描器的 RFID 阅读器，这种阅读器既可扫描条形码也可读取 RFID 标签；另一种是安装在 PC 卡上的 RFID 阅读器，PC 卡一般嵌入在手提电脑或掌上电脑的 PCMCIA 中。

4.3.6　RFID 技术的应用

RFID 技术在物料跟踪、运载工具和货架识别等要求非接触数据的采集和交换以及频繁改变数据内容的场所尤为适用。在实际应用中，射频技术在其他物品的识别及自动化管理方面也得到了较广泛的应用。

根据 RFID 系统完成的功能不同，可将 RFID 系统分成四种类型：便携式数据采集系统、EAS 系统、物流控制系统、定位系统。

1. 便携式数据采集系统

便携式数据采集系统使用带有 RFID 阅读器的手持式数据采集器，采集 RFID 标签上的数据。这种系统具有一定的灵活性，适用于不宜安装固定式 RFID 系统的应用环境。便携式阅读器（数据输入终端）可在读取数据的同时，通过无线电波数据传输方式实时地向主计算机系统传输数据，也可暂时将数据存储在阅读器中，一批一批地向主计算机系统传输数据。

2. EAS 系统

EAS（electronic article surveillance，电子商品防盗）系统是一种设置在需要控制物品出入的门口的 RFID 技术。这种技术的典型应用场合是商店、图书馆、数据中心等地方，当未被授权的人从这些地方非法取走物品时，EAS 系统就会发出警告。在应用 EAS 技术时，首先在物品上粘贴 EAS 标签，当物品被正常购买或者合法移出时，在结算处通过一定的装置使 EAS 标签失活，物品就可取走。物品经过装有 EAS 系统的出入口时，EAS 装置能自动检测标签的活动性。EAS 技术的应用可有效防止物品的被盗，使得物品不用在所在玻璃橱柜里，便可让顾客自由地观看、检查。典型的 EAS 系统一般由三部分组成。

（1）附着在商品上的电子标签，即电子传感器。
（2）电子标签灭活装置，以便授权商品能正常出入。
（3）监视器放置在出口，造成一定区域的监视空间。

EAS 系统的工作原理是：在监视区，发射器以一定的频率向接收器发射信号。发射器与接收器一般安装在零售店、图书馆的出入口，形成一定的监视空间。当具有特殊特征的标签进入该区域时，EAS 系统会对发射器发出的信号产生干扰，这种干扰信号也会被接收器接收，再经过微处理器的分析和判断，就会控制警报器的鸣响。

3. 物流控制系统

在物流控制系统中，RFID 阅读器分散布置在给定的区域并且阅读器直接与数据管理信息系统相连。信号发射装置一般安装在移动的物体上，或由人随身携带当物体、人经过阅读器时，阅读器会自动扫描标签上的信息并把数据信息输入数据管理信息系统存储、分析、处理，达到控制物流的目的。

4. 定位系统

定位系统用于自动化加工系统中的定位以及对车辆、轮船等进行运行定位支持。阅读器放置在移动的车辆、轮船上或者自动化流水线中移动的物料、半成品、成品上。信号发射机嵌入操作环境的地表下面，并在信号发射机上存储位置识别信息。阅读器一般通过无线或者有线的方式连接到主信息管理系统。

4.4 EDI 技术

4.4.1 EDI 技术简介

EDI（electronic data interchange，电子数据交换）是一种利用通信协议和计算机进行商务处理的新方法，它将贸易、运输、保险、银行和海关业的信息，用一种国际公认的标准格式，通过计算机网络使各有关部门、公司和企业之间进行数据交换和处理，并完成以贸易为中心的全部业务过程。电子数据交换减少甚至取消了纸张、票据等书面文件的来往，因而也被称为"无纸贸易"。EDI 文件结构、语法规则等方面的标准化是实现 EDI 技术的关键。目前 EDI 技术已形成两大标准体系：一个是广泛应用于北美地区的，由美国国家标准化协会制定的 ANSIX.12；另一个是欧洲经济共同体制定的 UN/EDIFACT。我国已明确采用 UN/EDIFACT 标准，支持 ITU-T、EDIFACT 标准，并向社会开放 EDI 平台。

物流企业应用 EDI，可实现快速响应，减少商场库存量与空架率，加速商品资金周转，降低成本。建立物资配送体系，还可完成产、存、运、销一体化的供应线管理。目前 EDI 应用获益最大的是零售业、制造业和配送业，EDI 技术在这些行业的供应链上的应用使传输发票、订单的过程达到了很高的效率。

4.4.2 EDI 的功能特点

EDI 具有快速、即时、价廉、安全可靠、使用方便以及不受时空限制等诸多优点。其通信机制是在 EDI 系统中，通信双方申请各自的信箱，把相关文件传到对方的信箱中。EDI 中文件的交换由计算机自动完成，用户只需进入自己的信箱，即可完成信息的接、发、收全过程。同时，EDI 用户将订单、发票、提货单、海关申报单、进出口许可证等日常往来的"经济信息"，按照协议，通过通信网络对标准化文件进行传送。报文接收方按国际统一规定支持系统，对报文进行处理，通过信息管理系统和支持作业管理以及决策功能的决策支持系统，完成综合的自动互换和处理。

物流 EDI 的优点：基于标准化的信息格式和处理方法，供应链组成各方通过 EDI 共同分享信息，可提高流通效率、降低物流成本。例如，对零售商来说，应用 EDI 系统可大大降低进货作业的出错率，节省进货商品检验的时间和成本，并能迅速核对订货与到货的数据，更易于发现差错。

物流 EDI 的缺点：物流 EDI 成本较高，一是通过增值网尽管 EDI 可给企业带来诸多好处，但是它并没有得到广泛应用，因为应用传统的 EDI 通信的成本高；二是制定和满足 EDI 标准较为困难，因此过去仅仅大企业得益于规模经济能从利用 EDI 中得到利益。近年来，互联网的迅速普及，为物流信息活动提供了快速、简便、廉价的通信方式，从这个意义上说互联网将为企业进行有效的物流活动提供坚实的基础。

4.4.3 EDI 在物流中的应用

EDI 最初由美国企业应用于企业间的订货业务活动中，其后 EDI 的应用范围从订货业务向其他的业务扩展，如 POS 销售信息传送业务、库存管理业务、发货送货信息和支付信息的传送业务等。近年来，EDI 在数字物流中应用广泛，被称为数字物流 EDI。

以数字物流 EDI 应用为例，介绍一个由发送货物业主、物流运输业主和接收货物业主组成的物流 EDI 的实施流程。

（1）发送货物业主（如生产厂家）在接到订货后制订货物运送计划，并把运送货物的清单及运送时间安排等信息通过 EDI 发送给物流运输业主和接收货物业主（如零售商），以便物流运输业主预先制订车辆调配计划和接收货物业主制订货物接收计划。

（2）发送货物业主依据顾客订货的要求和货物运送计划下达发货指令、分拣配货。打印出物流条形码的货物标签，即 SCM（shipping carton marking）标签。将其贴在货物包装箱上，同时把运送货物的品种、数量、包装等信息通过 EDI 发送给物流运输业主和接收货物业主。

（3）物流运输业主在向发送货物业主取运货物时，利用车载扫描读数仪读取货物标签的物流条形码，并与先前收到的货物运输数据进行核对，确认运送货物。

（4）物流运输业主在物流中心对货物进行整理、集装，制作送货清单并通过 EDI 向收货业主发送发货信息。在货物运送的同时进行货物跟踪管理，并在货物交给收货业主之后，通过 EDI 向发送货物业主发送完成运送业务信息和运费请示信息。

（5）收货业主在货物到达时，利用扫描仪读取货物标签的物料信息，并与先前收到的货物运输数据进行核对确认，开出收货发票，货物入库。同时，通过 EDI 向物流运输业主和发送货物业主发送收货确认信息。

4.4.4 案例分析——上海联华超市集团的 EDI 应用

1. 应用现状

上海联华超市集团成立于 1991 年，随着经营规模越来越大，管理工作越来越复杂，公司领导意识到必须加强高科技的投入，搞好计算机网络的应用。从 1997 年开始，公司成立了总部计算机中心，完成经营信息的汇总和处理。

配送中心也完全实现了订货、配送、发货的计算机管理，各门店的计算机应用由总部统一配置、统一开发、统一管理。配送中心与门店之间的货源信息传递通过商业增值网以文件方式完成，如图 4.3 所示。

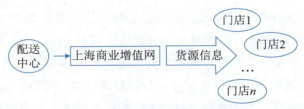

图 4.3　上海联华超市计算机系统结构应用图

每天中午 12 点，配送中心将商品的库存信息以文件形式发送到增值网上，各门店计算机系统从自己的增值网信箱中取出库存信息，然后根据库存信息和自己门店的销售信息制作"要货单"。但由于要货单信息没有通过网上传输，而是从计算机中打印出来，通过传真形式传送到配送中心，配送中心的计算机工作人员需将要货单信息输入计算机系统。这样做不仅导致了数据二次录入可能发生的错误和人力资源的浪费，也体现不出网络应用的价值和效益。

2. EDI 应用规划

采用 EDI 之后，配送中心直接根据各门店的销售情况和要货情况产生订货信息，并发送给供货厂家。供货厂家供货后，配送中心根据供货厂家的发货通知单直接去维护库存，向门店发布存货信息。应用 EDI 后，使得信息流在供应商、配送中心、门店之间流动，所有数据只有一个入口，保证了数据传递的及时、准确，降低了订货成本和库存费用。信息流的运转如图 4.4 和图 4.5 所示。

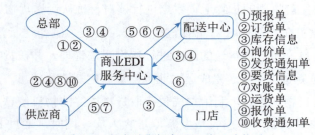

图 4.4　上海联华超市 EDI 应用结构图

图 4.5　上海联华超市 EDI 应用信息流程图

4.5　GPS 技术

4.5.1　GPS 技术简介

全球定位系统（global positioning system，GPS）是美国从 20 世纪 70 年代开始研制，历时 20 年，耗资 200 亿美元，于 1994 年全面建成，具有在海、陆、空进行全方位、实时三维导航与定位能力的新一代卫星导航与定位系统。

GPS 以全天候、高精度、自动化、高效益等显著特点，赢得广大测绘工作者的信赖，并成功地应用于大地测量、工程测量、航空摄影测量、运载工具导航和管制、地壳运动监测、工程变形监测、资源勘察、地球动力学等多种学科，从而给测绘领域带来一场深刻的技术革命。

GPS 具有以下特点：

（1）全球、全天候工作。为用户提供连续、实时的三维位置、三维速度和精密时间，且不受天气的影响。

（2）定位精度高。单机定位精度优于 10 米，采用差分定位，精度可达厘米级和毫米级。

（3）功能多、应用广。随着人们对 GPS 认识的加深，GPS 不仅在测量、导航、测速、测时等方面得到更广泛的应用，而且其应用领域也在不断扩大。

4.5.2　GPS 的构成

GPS 由三部分组成，即空间部分（GPS 卫星星座）、地面控制部分（地面监控系统）和用户设施部分。

1. GPS 卫星星座

GPS 工作卫星及其星座由 21 颗工作卫星和 3 颗在轨备用卫星组成，记作（21+3）GPS 星座。24 颗卫星均匀分布在 6 个轨道平面内。轨道倾角为 55°，各个轨道平面之间相距 60°，每条轨道上有 4 颗卫星。

位于地平线以上的卫星颗数随着时间和地点的不同而不同，最少可见到 4 颗，最多可见到 11 颗。卫星的分布使得在全球任何地方、任何时间都可观测到 4 颗以上的卫星，并能保持良好定位解算精度的几何图像，这就提供了在时间上连续的全球导航能力。

2. 地面监控系统

地面监控系统包括 4 个监控站、1 个上行注入站和 1 个主控站。

监控站设有 GPS 用户接收机、原子钟、收集当地气象数据的传感器和进行数据初始处理的计算机。监控站的主要任务是取得卫星观测数据并将这些数据传送至主控站。

上行注入站设在美国范登堡空军基地。其任务主要是在每颗卫星运行至上空时把这类导航数据及主控站的指令注入卫星。它对地面监控站实行全面控制。主控站的主要任务是利用收集到的各监控站对 GPS 卫星的观测数据计算每颗 GPS 卫星的轨道。

3. 用户设施部分

全球定位系统的用户设施部分，包括 GPS 接收机硬件、数据处理软件和微处理机及其终端设施等。

GPS 接收机是用户设施部分的核，一般由主机、天线和电源三部分组成。其主要功能是跟踪接收 GPS 卫星发射的信号并进行变换、放大、处理，以便测量出 GPS 信号从卫星到接收机天线的传播时间，解译导航电文，实时计算出测站的三维位置，甚至三维速度和时间。

GPS 接收机一般用蓄电池做电源，同时采用机内机外两种直流电源。设置机内电池的目的在于更换机外电池时不中断连续观测。在用机外电池的过程中，机内电池自动充电。关机后，机内电池为 RAM 存储器供电，以防止数据丢失。

4.5.3 GPS 定位方式

GPS 定位采用空间被动式测量原理，即在测站安置 GPS 用户接收系统，以各种可能的方式接收 GPS 卫星系统发送的各类信号，并由计算机求解站星关系和测站的三维坐标。GPS 定位的方法多种多样，依据不同的分类标准有不同的分类方法，用户可根据不同的用途采用不同的定位方法。目前，全球卫星定位系统已广泛用于军事和民用等众多领域。

1. 根据定位的模式分为绝对定位和相对定位

绝对定位又称为单点定位，这是一种采用一台接收机进行定位的模式，它所确定的是接收机天线的绝对坐标。绝对定位优点是只需用一台接收机即可独立确定待求点的绝对坐标，且观测方便，速度快，数据处理也较简单。绝对定位主要缺点是精度较低，目前仅能达到米级的定位精度。

相对定位又称为差分定位，这种定位模式采用两台以上的接收机同时对一组相同的卫星进行观测，以确定接收机天线间的相互位置关系。相对定位是目前 GPS 测量中精度最高的一种定位方法，它广泛用于高精度测量工作中。

2. 根据待定点的状态分为静态定位和动态定位

静态定位是指待定点的位置在观测过程中固定不变，如 GPS 在大地测量中的应用。静态定位中，GPS 接收机在捕获和跟踪 GPS 卫星的过程中固定不变，接收机高精度地测量 GPS 信号的传播时间，利用 GPS 卫星在轨的已知位置，计算出接收机天线所在位置的三维坐标。静态相对定位的精度一般在几毫米至几厘米范围内。

动态定位是指待定点在运动载体上，其位置在观测过程中是变化的，如 GPS 在船舶导航中的应用。动态定位则是用 GPS 接收机测定一个运动物体的运行轨迹。GPS 信号接收机所位于的运动物体叫作载体（如航行中的船舰、空中的飞机、行走的车辆等）。载体上的 GPS 接收机天线在跟踪 GPS 卫星的过程中相对地球而运动，接收机用 GPS 信号实时测量运动载体的状态参数（瞬间三维位置和三维速度）。动态相对定位精度一般在几厘米到几米范围内。

3. 根据信号的处理时间分为实时处理和后处理

实时处理就是一边接收卫星信号一边进行计算，获得目前所处的位置、速度及时间等信息。后处理是指把卫星信号记录在一定的介质上，回到室内统一进行数据处理。一般来说，静态定位用户多采用后处理，动态定位用户多采用实时处理。

4.5.4 GPS 在物流中的应用

三维导航是 GPS 的首要功能，飞机、轮船、地面车辆以及步行者都可利用 GPS 导航器进行导航。GPS 导航系统与电子地图、无线电通信网络、计算机车辆管理信息系统相结合，可实现车辆跟踪和交通管理等许多功能。

GPS 的诸多功能在物流领域尤其是在货物配送领域已被广泛应用。由于货物配送过程是实物空间位置的转移过程，所以在货物配送过程中，对可能涉及的货物的运输、仓储、装卸、送递等处理环节，对各个环节涉及的问题，如运输路线的选择、仓库位置的选择、仓库的容量设置、合理装卸策略、运输车辆的调度和投通路线的选择，都可通过运用 GPS 的导航、车辆跟踪、信息查询等功能进行有效的管理和决策分析。目前 GPS 在货物配送中主要运用了下列功能。

1. 车辆跟踪

利用 GPS 和电子地图可实时显示出车辆的实际位置，并可任意放大、缩小、还原、换图；利用 GPS 可随目标移动，使目标始终保持在屏幕上；还可实现多窗口、多车辆、多屏幕同时跟踪，利用该功能可对重要车辆和货物进行跟踪运输。

2. 提供出行路线规划和导航

提供出行路线规划是汽车导航系统的一项重要辅助功能，主要包括自动线路规划和人工线路设计。自动线路规划是由驾驶者确定起点和目的地，由计算机软件按要求自动设计最佳行驶路线，包括最快的路线、最简单的路线、通过高速公路路段次数最少的路线的计算。人工线路设计是由驾驶员根据自己的目的地设计起点、终点和途经点等，自动建立路线库。线路规划完毕后，显示器能在电子地图上显示设计路线，并同时显示汽车运行路径和运行方法。

3. 信息查询

车用 GPS 可为用户提供主要物标，如旅游景点、宾馆、医院等。用户能在电子地图上根据需要进行查询，查询资料可以文字、语言及图像的形式显示，并在电子地图上显示其位置。同时，监测中心可利用监测控制台对区域内的任意目标所在位置进行查询，车辆信息将以数字形式在控制中心的电子地图上显示出来。

4. 话务指挥

指挥中心可监测区域内的车辆运行状况，对被监控车辆进行合理调度。指挥中心也可随时与被跟踪目标通话，实行管理。

5. 紧急援助

通过 GPS 定位和监控管理系统对有险情或发生事故的车辆进行紧急援助。监控台的电子地图显示求助信息和报警目标，规划最优援助方案，并以报警声光提醒值班人员进行应急处理。

4.6 GIS 技术

4.6.1 GIS 技术简介

地理信息系统（geographic information system，GIS）是一种以地理空间数据库为基础，在计算机硬件、软件环境支持下，对空间相关数据进行采集、管理、操作、分析、模拟和显示，并采用地理模型分析方法，适时提供多种空间和动态的地理信息，为地理研究、综合评价、科学管理、定量分析和决策服务而建立的一类计算机应用系统。

GIS 作为对地球空间数据进行采集、存储、检索、建模、分析和表示的计算机系统，不仅可管理以数字、文字为主的属性信息，而且可管理以可视化图形图像为主的空间信息。它通过各种空间分析方法对各种不同的空间信息进行综合、分析、解释，确认空间实体之间的相互关系，并分析在一定区域内的各种现象和过程。GIS 提供了在计算机辅助下对信息进行集成管理的能力、灵活的查询检索能力。GIS 系统应用由计算机系统、地理数据和用户组成，通过对地理数据的集成、存储、检索、操作和分析，生成并输出各种地理信息，从而为水利利用、资源评价与管理、环境监测、交通运输、经济建设、城市规划以及政府部门行政管理提供新的知识，为工程设计和规划、管理决策服务。

地理信息系统的主要计算机硬件是工作站和微机。地理信息系统的计算机应用软件是 ARC/INFO、MGE、GeoMedia、GenaMap、Mapinfo、AutoDesk Map、ArcView、MapObjects、MapX、Maptitude、MapGIS、Geostar、MapEngine 等。

4.6.2 GIS 的功能

地理信息技术具有数据搜集、数据管理和数据分析等方面的强大功能。其中 CIS 软件是用于建立、编辑图形和地理数据库并对其进行空间分析的工具集合，是十分重要而又特殊的信息系统。GIS 最大的优点在于它对空间数据的操作功能，并使用户可视化地进行人机对话；具有采集、管理、分析和输出多种地理空间信息的能力，具有空间性和动态性。GIS 以地理空间数据库为基础，采用地理模型分析方法，适时提供多种空间的和动态的地理信息，为地理研究和地理决策服务的计算机技术系统，其具体功能如下：

（1）数据采集与编辑功能。数据采集与编辑功能包括图形数据采集与编辑和属性数据编辑与分析。

（2）地理数据库管理系统的基本功能。地理数据库管理系统的基本功能包括数据库定义、数据库的建立与维护、数据库操作、通信功能等。

（3）制图功能。根据 GIS 的数据结构及绘图仪的类型，用户可获得矢量地图或栅格地图。地理信息系统不仅可为用户输出全要素地图，而且可根据用户需要分层输出各种专题地图，如行政区划图、土壤利用图、道路交通图、等高线图等。还可通过空间分析得到某些特殊的地学分析用图，如坡度图、坡向图、剖面图等。

（4）空间查询与空间分析功能。空间查询与空间分析功能包括拓扑空间查询、缓冲区分析、叠置分析、空间集合分析、地学分析。

（5）地形分析功能。地形分析功能包括数字高程模型的建立、地形分析。

4.6.3　GIS 技术在物流分析中的应用

GIS 物流分析软件包括为交通运输分析所提供的扩展数据结构、分析建模工具和一次开发工具以及若干物流分析模型，包括网络物流模型、分配集合模型、车辆路线模型、最短路径模型、设施定位模型、车辆定位导航等。这些模型既可单独使用，用来解决某些实际问题，也可作为进一步开发适合不同需要的应用程序的基础。这些模型的有效使用，说明 GIS 在物流分析中的应用水平已经达到了一个新的高度。下面就这些模型分别加以介绍。

1. 网络物流模型

网络物流模型用于解决如何寻求最有效地分配货物路径问题，也就是物流网点布局问题。在现实生活中，常会遇到这样的问题：企业有 m 个仓库和 n 个商店，为满足正常的商业运营，现要求从仓库运送货物到商店。一般情况下，每个商店都有固定的需求量，因此，需要确定由哪个仓库提资送给哪个商店，所耗费的运输代价最小，此时可利用 GIS 软件进行空间分析，求出最短的路径。

2. 分配集合模型

分配集合模型用来根据各个要素的相似点把同一层上的所有或部分要素分为几个组，以解决确定服务范围和销售市场范围等问题。如某一公司要设立 n 个分销点，要求这些分销点要覆盖某地区，而且要使每个分销点的顾客数目大致相等。可利用 GIS 软件，将某地区划分为无数的小区域，利用已知的空间数据进行模糊分类，以确定最佳的分销地点。

3. 车辆路线模型

车辆路线模型用于解决在一个起点、多个终点的货物运输问题中，如何降低操作费用并保证服务质量，包括决定使用多少车辆、每个车辆经过什么路线的问题。

在物流分析中，在一对多收发货点之间存在多种可供选择的运输路线的情况下，应该以物资运输的安全性、及时性和低费用为目标，综合考虑，权衡利弊，选择合理的运输方式并确定费用最低的运输路线。例如，一个公司只有一个仓库，而零售店却有 30 个，并分布在各个不同的位置上，每天用卡车把货物从仓库运到零售商店，每辆卡车的载重量或者货物尺寸是固定的，同时每个商店所需的货物重量或体积也是固定的，因此，需要多少车辆以及所有车辆所经过的路线就是一个最简单的车辆路线模型。

4. 设施定位模型

设施定位模型用来确定零售商店、仓库、医院、加工中心等设施的最佳位置，其目的是降低操作费用，提高服务质量以及使利润最大化等。

设施定位模型可用于确定一个或多个设施的位置。在物流系统中，仓库和运输线共同组成了物流网络，仓库处在网络的节点上，运输线就是连接各个节点的线路。也就是说，节点决定着线路，仓库的位置直接决定了运输线路，并影响运输的费用。具体地说，在一个具有若干资源点及若干需求点的经济区域内，物资资源要通过某一个仓库的汇集中转和分发才能供应各个需求点，因此，根据需求，在既定区内设立多少仓库，每个仓库的地理位置在什么地方，每个仓库应有多大规模（包括吞吐能力和存储能力），这些仓库间的物流关系如何等，这些重要问题运用设施定位模型均能很容易地得到解决。

5. 空间查询模型

利用 GIS 的空间查询功能，可以查询以某一商业网点为圆心某半径内配送点的数目，以此判断哪一个配送中心距离最近，为安排配送做准备。

6. 车辆定位导航

借助 GIS 技术，还可在车辆定位导航等方面得到车辆在三维空间中的运动轨迹，不但可获得车辆的准确位置，还可得到车辆的速度、运动方向等数据，为交通运输管理提供了动态检测和导航的工具。

4.6.4 案例分析

1. 京东商城可视化配送跟踪（GIS）系统

2011 年 2 月 28 日起，京东商城的 GIS 包裹实时跟踪系统正式上线。所有的京东商城配送员已经全部配备了 PDA 设施，通过京东配送员配备的 PDA 设施的实时定位，用户通过快递单号所查询到的物流信息不再仅仅是几个转站点的扫描情况，而是可清楚地在地图上看到自己的包裹在道路上移动等投递情况。目前，用户只需在订单的详情里点击"订单轨迹"即可实现这项可视化的查询。

据京东商城有关负责人介绍，现在用户可在网站地图上实时地跟踪自己的包裹在道路上的移动等投递情况。消费者不用再疑惑自己的货物已经被送到哪里，什么时候才可送达等细碎的问题，直接在网上即可查阅到包裹当时的地理位置以及行进速度，甚至可根据配送员即时服务系统，实现现场价格保护返还，无须和呼叫中心确认，京东商城配送员就可现场实现"价格保护"服务。而且在送货过程中，网购消费者可无须任何页面操作，快捷地实现退换货服务。GIS 跟踪系统还能实现现场订单状态的即时完成，以便客户更快地进行产品评价、晒单。

GIS 包裹实时跟踪服务，让京东商城又一次在服务上拔得头筹，成为 B2C 行业第一个将 GIS 系统实际应用到物流配送服务的企业。

2. 国家基础地理信息系统数据库

国家基础地理信息系统是以形成数字信息服务的产业化模式为目标，通过对各种不同技术手段获取的基础地理信息进行采集、编辑处理、存储，从而建成多种类型的基础地理信息数据库,并建立数据传输网络体系,为国家和省(市、自治区)各部门提供基础地理信息服务。它是一个面向全社会各类用户,应用面最广的公益型地理信息系统,是一个实用化的、长期稳定运行的信息系统实体,是我国国家空间数据基础设施(NSDI)的重要组成部分,是国家经济信息系统网络体系中的一个基础子系统。

国家基础地理信息数据库是存储和管理全国范围多种比例尺、地貌、水系、居民地、交通、地名等基础地理信息,包括栅格地图数据库、矢量地形要素数据库、数字高程模型(DEM)数据库、地名数据库和正射影像数据库等,国家测绘局于1994年建成了全国1:100万地形数据库(注:含地名)、数字高程模型数据库、1:400万地形数据库等;1998年完成全国1:25万地形数据库、数字高程模型和地名数据库建设;1999年建设七大江河重点防范区1:1万数字高程模型数据库和正射影像数据库;2000年建成全国1:2万数字栅格地图数据库;2002年建成全国1:5万数字高程模型数据库,并更新了全国1:100万和1:25万地形数据库;2003年建成1:5万地名数据库、土地覆盖数据库、TM卫星彩像数据库。现正在建立全国1:5万矢量要素数据库、正射影像数据库等,各省正在建立本辖区1:1万地形数据库、数字高程模型数据库、正射影像数据库、数字栅格地图数据库等,并正在进行省、市级基础地理信息系统及其数据库的设计和试验研究。

4.7 产品电子代码

产品电子代码(electronic product code,EPC)概念的提出源自1999年美国麻省理工学院的一位天才教授提出的EP(electronic product)开放网络(物联网)构想,在国际条形码组织(EAN)、宝洁公司(P&G)、吉列公司(Gillette Company)、可口可乐、沃尔玛、联邦快递、雀巢、英国电信、SAP、SUN、PHILIPS、IBM等全球83家跨国公司的支持下,开始了这个发展计划。2003年完成了技术体系的规模场地使用测试,2003年10月国际上成立EPC GLOBLE全球组织,以推广EPC和物联网的应用。欧、美、日等发达国家全力推动符合EPC技术电子标签应用。全球最大的零售商美国沃尔玛宣布,从2005年1月开始,前100名供应商必须在托盘中使用EPC电子标签,2006年必须在产品包装中使用EPC电子标签。美国国防部以及美国、欧洲、日本的生产企业和零售企业都制定了在2004年到2005年实施电子标签的方案。

EPC技术是一种新兴的物流信息管理技术,是条形码技术的延续和发展。它可对供应链中的对象(包括物品、货箱、货盘、位置等)进行全球唯一的标识。EPC存储在RFID标签上,这个标签包含一块硅芯片和一根天线。读取EPC标签时,它可与一些动态数据连接,例如该贸易项目的原产地或生产日期等。这与全球贸易项目代码(GTIN)和车辆鉴定码(VIN)十分相似,EPC就像是一把钥匙,用以打开EPC网络上相关产品信息这把锁,与目前许多编码方案相似,EPC包含用来表示制造厂商的代码以及用来表示产品类型的代码。但 EPC 使用额外的一组数字——序列号来识别单个贸易项目，EPC 所标识产品的信息保存在 EPCglobal 网络中，而 EPC 是获取有关信息的一把钥匙。

1. EPCglobal

EPCglobal 是国际物品编码协会 EAN 和美国统一代码委员会（UCC）两大标准化组织联合成立的一个中立、非营利性标准化组织。EPCglobal 的主要职责是在全球范围内对各个行业建立和维护 EPC 网络，保证供应链各环节信息能快速、自动、实时、准确地识别，同时采用全球统一标准，通过发展和管理 EPC 网络标准来提高供应链上贸易单元信息的透明度与可视性，以此来提高全球供应链的运作效率。EPCglobal 继承了 EAN 和 UCC 与产业界近 30 年的成功合作传统。

2004 年 12 月 16 日，EPCglobal 批准发布了第一个标准 UHF Gen2，使 EPC 的实施迈出了里程碑的一步。

2. EPCglobal China

EPCglobal 于 2004 年 1 月 12 日授权中国物品编码中心（ANCC）为全球产品电子代码管理中心（EPCglobal）在中华人民共和国境内的唯一代表，并在 2004 年 4 月 23 日正式成立 EPCglobal China，负责全球产品电子代码管理在中国范围内的注册、管理和业务推广。

中国物品编码中心是我国 EPC 系统管理的工作机构，统一组织、协调、管理全国产品电子代码工作，配合国家主管机构制定我国 EPC 的发展规划，负责我国有关 EPC 系统标准的制订、修订工作，负责贯彻执行 EPC 系统工作的方针、政策、法规和标准，开展相关的国际交流与合作，负责全国范围内 EPC 应用领域的拓展、推广，负责 EPC 的注册、续展、变更和注销，负责统一组织、管理全国 EPC 标签芯片制造商、只读器生产商的资格认定工作，组织协调各部门开展一致性检测工作，参与制订我国 EPC 产业发展规划，建立 EPC 技术应用示范系统，加强培训，提供教育支持，推动 EPC 技术在我国国民经济各领域的应用。

4.8 PML

以现有的成熟的互联网技术为基础，人们新建立的更为庞大的物联网，可自动地、实时地对物体进行识别、追踪、监控并触发相应事件。正如互联网中 HTML 语言已成为描述语言标准一样，物联网中所有的产品信息也都是在 XML 基础上发展的 PML（physical markup language，物理标记语言）来描述的。PML 被设计成用于人及机器都可使用的自然物体的描述标准，是物联网网络信息存储、交换的标准格式。

4.8.1 PML 的概念及组成

未来的 EPC 物联网将会庞大无比，而附着的 EPC 标签里面也只是存储了 EPC 代码的一串数字字符而已。如何利用 EPC 代码在物联网中实时传输这些 EPC 代码所代表的自然物体所发生的事件信息，EPC 物联网以现有的 XML Schema 语言为基础的。在数据传送之前，使用 tags（标签，不同于 RFID 标签）来格式化数据。tags 是编程语音中的标签概念。同时，PML 被所有的 EPC 网络节点（如 ONS、EPCIS）理解，使得数据传送更流畅，建立系统更容易。

4.8.2 PML 设计

作为描述物体信息载体的 PML，其设计有着独特的要求：

1. 开发技术

PML 首先使用现有的标准（如 XML、TCP/IP）来规范语法和数据传输，并利用现有工具来设计编制 PML 应用程序。PML 需提供一种简单的规范，通过使用默认的方案，使方案无须进行转换，即能可靠传输和翻译。PML 对所有的数据元素提供单一的表示方法，如有多个对数据类型编码的方法，PML 仅选择其中一种，如日期编码。

2. 数据存储和管理

PML 只是用在信息发送时对信息区分的方法，实际内容可以任意格式存放在服务器（SQL 数据库或数据表）中。企业应用程序将以现有的格式和程序来维护数据，如 Applet 可从互联网上通过 ONS 来选取必需的数据。为便于传输，数据将按照 PML 规范重新进行格式化。这个存储过程与 DHTML 相似，同样按照用户的输入重新生成一个 HTML 页面。此外，一个 PML 文件是多个不同来源的文件和传送过程的集合，由于物理环境所固有的分布式特点，使得 PML 文件可在实际中从不同位置整合多个 PML 片段。

3. 设计策略

将 PML 分为 PML Core（PML 核）与 PML Extension（PML 扩展）两个主要部分，用统一的标准词汇将 PLM 文件从 Auto-ID 底层设施获取的信息分发出去，比如：位置信息、成分信息和其他感应信息等。由于此层面的数据在自动识别前不可用，所以必须通过研发 PML Core 表示这些数据。PML Extension 用于将 Auto-ID 底层设施所不能产生的信息和其他来源的信息进行整合，通过多样化的编排和流程标准，使数据交换在组织内部和组织间发生。

PML Core 专注于直接由 Auto-ID 底层设施所生成的数据，其主要描述包含特定实例和独立于行业的信息。特定实例是条件与事实相关联，事实（如位置）只对一个单独的可自动识别对象有效，而不是对一个分类下的所有物体均有效，即 PML Core 不依赖于指定对象所参与的行业或业务流程。

PML 商业扩展提供的大部分信息对于一个分类下的所有物体均可用，大多数信息内容高度依赖于实际行业，例如高科技行业组成部分的技术数据表都远比其他行业要通用。PLM Extension 在很大程度上是针对用户特定类别并与它所需的应用相适应。目前 PML

Extension 框架的焦点集中在整合现有电子商务标准上，扩展部分可覆盖到不同领域。

至此，PML 设计便提供了一个描述自然物体、过程和环境的统一标准，可供工业和商业中的软件开发、数据存储和分析工具之用，同时还提供种动态的环境，使与物体相关的静态的、暂时的、动态的和统计加工过的数据实现互相交换。

4.9 云计算

4.9.1 云计算的产生和发展

亚马逊（Amazon）网站曾经遇到过这样一个难题：作为最大的网络零售商，其网站服务器的访问量会在圣诞节前夕成倍激增。为了应付这短间的、激增的访问量，则需要成倍地扩大和升级服务器。但是，在节日过后，访问量又回到平日的水平，成倍地扩大和升级服务器就会闲置浪费，如何将这些计算资源有效地利用呢？

Google 也曾经遇到这样一个难题：在 Google 成立的早期，作为搜索引擎服务提供者，Google 服务器必须做到快速、安全可靠，而这需要成倍地扩大和升级服务器，需要投入更多的资金。如何利用价格低廉的、性能较低的计算机搭建 Google 服务器群，提供高性能、快速、安全可靠的服务呢？

在 Web 2.0 时代，Flickr、MySpace、YouTube 等网站的访问量，已经远远超过传统门户网站。用户数量多以及用户参与程度高，是这些网站的特点。因此，如何有效地为巨大的用户群体服务，让他们参与时能享受方便、快捷的服务，成为这些网站不得不解决的一个问题。

随着计算模式的出现，网格计算（grid computing）、分布式计算（distributed computation）、并行计算（parallel computing）、效用计算（utility computing）、网络存储技术（network storage technologies）、虚拟化（virtualization）、负载均衡（load balancing）等传统计算机技术和网络技术发展融合为解决上述问题提供了技术基础。

在此机遇下，亚马逊为公众提供 EC2 服务，这项 Amazon EC2 服务即可看成是云计算的一个系统，它能为用户提供大规模的计算能力，有效地降低响应时间，同时在经济上也比用户自己搭建这样的系统要便宜许多。

Google 凭借先进的技术和文件系统搭建起来 Google 服务器群，为 Google 提供强大的搜索速度与处理能力。同时，有效利用这些技术和 Google 拥有的巨大服务器资源，可为更多的企业或个人提供强大的计算能力与多种多样的服务。

对于企业来说，建立一套 IT 系统不仅仅需要购买硬件等基础设施，还需要购买软件的许可证，后期还需要专门的人员来维护。而且，当企业的规模扩大时还要继续升级各种软硬件设施以满足企业需求。然而，计算机等硬件和软件本身并非企业真正需要的，它们仅仅是完成工作、提高效率的工具而已。

对个人而言，正常使用计算机需要安装许多软件，而许多软件是收费的，对不经常使用该软件的用户来说购买是非常不划算的。这时如果有在用时付少量"租金"即可"租用"到这些软件的服务，便可节省许多购买软硬件的资金。

人们每天都要用电，但不是每家都自备发电机，而是由电厂集中提供；人们每天都要用自来水，但不是每家都有井，而是由自来水厂集中提供。这种模式极大地节约了资源，方便了人们的生活。面对计算机给人们带来的困扰，人们可不可以像使用水和电一样使用计算机资源？

所有这些想法最终促使云计算的产生。云计算的最终目标是将计算、服务和应用作为一种公共设施提供给公众，使人们能像使用水、电、煤气和电话那样使用计算机资源。

这时用户的计算机会变得十分简单，较小的内存、不需要硬盘和各种应用软件。就像连接显示器和主机的电线无限长，显示器被放在使用者的面前，主机放在较远的地方，甚至计算机使用者本人也不知道的地方。云计算把连接显示器和主机的电线变成了网络，把主机变成云服务提供商的服务器集群。

用户从"购买产品"转变到"购买服务"，他们不再直接面对复杂的硬件和软件，而是最终的服务。企业不需要拥有硬件设施，也不再为机房支付设施供电、空调制冷、专人维护等费用，并且不需要等待漫长的供货周期、项目实施等冗长的时间，只需要把钱支付给云计算服务提供商，即可得到需要的服务。

4.9.2 云计算的概念和定义

目前，对于云计算的认识在不断地发展变化，云计算（cloud computing）仍没有普遍一致的定义。

狭义的云计算指的是厂商通过分布式计算和虚拟化技术搭建数据中心或超级计算机，以免费或按需租用方式向技术开发者或者企业客户提供数据存储、分析以及科学计算等服务，比如亚马逊数据仓库出租业务。

广义的云计算指厂商通过建立网络服务器集群，向各种不同类型客户提供在线软件服务、硬件租借、数据存储、计算分析等不同类型的服务。广义的云计算包括了更多的厂商和服务类型，例如用友、金蝶等管理软件厂商推出的在线财务软件、Google发布的Google应用程序套装等。

通俗的理解是，云计算的"云"就是存在于互联网服务器集群上的资源，它包括硬件资源（服务器、存储器、CPU等）和软件资源（如应用软件、集成开发环境等），本地计算机只需要通过互联网发送需求信息，远端就会有成千上万的计算机为你提供需要的资源并将结果返回到本地计算机，这样，本地计算机几乎不需要做什么，所有的处理都由云计算提供商所提供的计算机群来完成。

4.9.3 云计算的主要服务形式

云计算正在风起"云"涌,蓬勃发展,各类厂商都在开发不同的云计算服务,它的表现形式多种多样,简单的云计算在人们日常网络应用中随处可见,如腾讯 QQ 空间提供的在线制作 Flash 图片,Google 的搜索服务 Google Search 等。目前,云计算的主要服务形式有 SaaS、PaaS、IaaS。

1. 软件即服务(SaaS)

SaaS 服务提供商将应用软件统一部署在自己的服务器上,用户根据需求通过互联网向厂商订购应用软件服务。服务提供商根据客户所订软件的数量、时间的长短等因素收费,并且通过浏览器向客户提供软件。这种服务模式的优势是,由服务提供商维护和管理软件、提供软件运行的硬件设施,用户只需拥有能接入互联网的终端,即可随时随地使用软件。这种模式下,客户不再像传统模式那样在硬件、软件、维护人员方面花费大量资金,只需要支出一定的租赁服务费用,通过互联网就可享受到相应的硬件、软件和维护服务,这是网络应用最具效益的营运模式。对于小型企业来说,SaaS 是采用先进技术的最好途径。

以企业管理软件来说,SaaS 模式的云计算 ERP 可让客户根据并发用户数量、所用功能多少、数据存储容量、使用时间长短等因素的不同组合按需支付服务费用,而支付软件许可费用,采购服务器等硬件设施费用,购买操作系统、数据库等平台软件费用,软件项目定制、开发、实施费用,IT 维护部门开支费用等都不需要支付。实际上,云计算 ERP 正是继承了开源 ERP 免许可费用只收服务费用的最重要特征,为产品在很大程度上增加了服务价值。

目前,Salesforce.com 是提供这类服务最有名的公司,Google、Docs、Apps 和 Zoho office 也属于这类服务。

2. 平台即服务(PaaS)

PaaS 把开发环境作为一种服务来提供。厂商通过这种分布式平台服务,为客户提供开发环境、服务器平台、硬件资源等服务。用户在其平台基础上定制开发自己的应用程序并通过其服务器和互联网传递给其他客户。PaaS 能给企业或个人提供应用程序开发、数据库、应用服务器、试验、托管及应用服务。

Google App Engine、Salesforce 的 foree.com 平台,八百客的 800 App 都是 PaaS 的代表性产品。以 Google App Engine 为例介绍 PaaS 的实施平台。它是一个由 python 应用服务器群、BigTable 数据库及 GFS 组成的平台,为开发者提供一体化主机服务器及可自动升级的在线应用服务。用户编写应用程序并在 Google 的基础架构上为互联网用户提供服务。

3. 基础设施服务(IaaS)

IaaS 即把厂商的多台服务器组成的"云端"基础设施,作为计量服务提供给客户。它将内存、IO 设施、存储和计算能力整合成一个虚拟的资源池，为整个业界提供所需要的存储资源和虚拟化服务器等。这种托管型硬件方式，可使用户免费使用厂商的硬件设施，如 Amazon Web 服务（AWS）、IBM 的 BlueCloud 等均是将基础设施作为服务出租。

IaaS 以 Google 云应用最具代表性，其优点是用户使用硬件的成本较低，可以按需租用相应的计算能力和存储能力，大大降低了用户在硬件上的开销。

4.9.4 云计算的核心技术

云计算系统运用了许多技术，其中以编程模型、海量数据分布存储技术、海量数据管理技术、虚拟化技术、云计算平台管理技术最为关键。

1. 编程模型

MapReduce 是 Google 开发的 Java、Python、C++ 编程模型，它是一种简化的分布式编程模型和高效的任务调度模型，用于大规模数据集（大于 1TB）的并行运算。严格的编程模型使云计算环境下的编程十分简单。MapReduce 模式的思想是将要执行的问题分解成 Map（映射）和 Reduce（化简）的方式，先通过 Map 程序将数据切割成不相关的区块，分配（调度）给大量计算机处理，达到分布式运算的效果，再通过 Reduce 程序将结果汇整输出。

2. 海量数据分布存储技术

云计算系统由大量服务器组成，同时为大量用户服务，因此云计算系统采用分布式存储的方式存储数据，用冗余存储的方式保证数据的可靠性。云计算系统中广泛使用的数据存储系统是 Google 的 Google 文件系统（Google file system，GFS）和 Hadoop 团队开发的 Hadoop 分布式文件系统（Hadoop distributed file system，HDFS）。

GFS 是一个可扩展的分布式文件系统，用于大型的、分布式的、对大量数据进行的访问。GFS 是针对大规模数据处理和 Google 应用特性而设计的，它运行于廉价的普通硬件上，但可提供容错功能，可给大量的用户提供总体性能较高的服务。

一个 GFS 集群由一个主服务器（master）和大量的块服务器（chunk server）构成，并被许多客户（lien）访问。主服务器存储文件系统所有的元数据，包括名字空间、访问控制信息、从文件到块的映射以及块的当前位置。它也控制系统范围的活动，如块租约（chunk lease）管理、孤儿块的垃圾收集、块服务器间的块迁移。主服务器定期通过 HeartBeat 消息与每个块服务器通信，给块服务器传递指令并收集它的状态。GFS 中的文件被切分为 64MB 的块并以冗余存储，每份数据在系统中保存三个以上备份。

客户与主服务器的交换只限于对元数据的操作，所有数据方面的通信都直接和块服务器联系，这大大提高了系统的效率，防止主服务器负载过重。

3. 海量数据管理技术

云计算需要对分布的、海量的数据进行处理、分析，因此，数据管理技术必须能高效地管理大量的数据。云计算系统中的数据管理技术主要是 Google 的 BT（big table）数据管理技术和 Hadoop 团队开发的开源数据管理模块 HBase。BT 是建立在 GFS、Scheduler、Lock Service 和 MapReduce 之上的大型分布式数据库，与传统的关系数据库不同，它把所有数据都作为对象来处理，形成一个巨大的表格，用来分布存储大规模结构化数据。

Google 的很多项目都使用 BT 来存储数据，包括网页查询、Google Earth 和 Google Finance。这些应用程序对 BT 的要求各不相同：数据大小（从 URL 到网页到卫星图像）不同，反应速度不同（从后端的大批处理到实时数据服务）。对于不同的要求，BT 都成功地提供了灵活高效的服务。

4. 虚拟化技术

通过虚拟化技术可实现软件应用与底层硬件相隔离，它包括将单个资源划分成多个虚拟资源的裂分模式，也包括将多个资源整合成一个虚拟资源的聚合模式。虚拟化技术根据对象可分成存储虚拟化、计算虚拟化、网络虚拟化等，计算虚拟化又分为系统级虚拟化、应用级虚拟化和桌面虚拟化。

5. 云计算平台管理技术

云计算资源规模庞大，服务器数量众多并分布在不同的地点，同时运行着数百种应用，如何有效地管理这些服务器，保证整个系统提供不同新的服务是巨大的挑战。云计算系统的平台管理技术能使大量的服务器协同工作，方便地进行业务部署和开通，快速发现和恢复系统故障，通过自动化、智能化的手段实现大规模系统的可靠运营。

4.9.5 云计算技术发展面临的问题

尽管云计算模式具有许多优点，但也存在一些问题，如数据隐私、数据安全性、用户使用习惯、网络传输等。

1. 数据隐私

如何保证存放在云服务提供商的数据隐私，保证数据不被非法利用。数据隐私问题，不仅需要技术的改进，也需要法律的进一步完善。

2. 数据安全性

有些数据是企业的商业机密，数据的安全性关系到企业的生存和发展。云计算数据的安全性问题正是解决企业数据问题的安全性。

3. 用户使用习惯

如何改变用户的使用习惯，使用户适应网络化的软硬件应用是一个长期性的挑战。因为通过改变用户的使用习惯，才能提高云计算的客户拥有量。

4. 网络传输

云计算服务依赖网络。由于目前网速低且不稳定，导致云应用的性能不高、传输质量差。

4.9.6 物联网与云计算技术

物联网可将数量庞大的物品建立起信息连接，可为商业、物流、仓储、生产、家庭等提供更为先进的信息化管理手段。物联网的实现无疑把物流信息化提高到极高的水平，即提高了物联网供应链管理过程中的物流信息处理能力和水平。物联网通过在物流各个环节应用信息技术来实现连接，主要是为产品生产和分销服务。

物联网强调的是所有物品（包括物流管理过程中的物品和不在物流管理过程中的物品）的联网。物联网是在互联网的基础上，通过 RFID、嵌入式智能、无线传感器网络等技术的标准化、广泛化应用来实现。物联网可为物流信息化提供近乎完美的物品联网环境，同时，物流信息化水平高低还取决于它对供应链管理要求的满足度，即物品，包括原材料、零部件、成品和半成品等信息的应用和管理水平。这种联网给人类社会生产生活带来了智能化和便利化的方便，以此形成了一个无处不在的网络社会。

物联网有两种存在形式：

（1）networks of things（内网和专网）；

（2）internet of things（外网或公网）。

与之对应的两种业务模式如下：

（1）MAI（M2M Application Integration），内部 MaaS；

（2）MaS（M2M as a service），MMO，Multi-Tenants。

随着物联网业务量的增加，对数据存储和计算量的需求将带来对"云计算"能力的要求。在物联网的初级阶段，从计算中心到数据中心，COWs（牛计算）即可满足需求。在物联网高级阶段，MVNO/MMO 营运商（国外已存在多年），需要虚拟化云计算、SOA 等技术的结合以实现物联网的广泛服务。

4.10 习题

1. 请阐述物流信息的定义。
2. 请做出包含自己个人信息的二维码。
3. 请用思维导图描述我国北斗卫星的发展历程。
4. 请列举企业应用云计算的实施情况。
5. 请阐述物联网与其他技术之间的关系。
6. 请做出××超市条形码设计系统（至少 15 类的物品），并要求实现。

第 5 章 数字化物流设施规划与设计

设施规划与设计是在企业经营策略的指导下,针对企业个体中的生产或服务系统的生产和转换活动,从投入到产出的全部过程中,将人员、物料及所需的相关设施等,做最有效的组合与规划,并与其他相关的设施协调,以期获得安全、效率与经济的操作,以满足企业的经营需求。同时更进一步对企业长期的组织功能和发展产生更积极的影响。

5.1 设施规划与设计的发展

设施规划与设计起源于制造学科的工厂设计(plant design)。主要经历了如下三个阶段:

第一阶段:第二次世界大战前,从泰勒的科学管理开始,人们开始注重"人"的工作测定、动作研究分析等操作法工程(methods-engineering)。同时也开始注意涉及"机""物"规划的工厂布置(plant layout),如厂内物料搬运路线的优化设计,原料、半成品、制成品的物流活动控制,机器、设备、运输通道和场地的合理配置等。操作法工程和工厂布置这两项活动被统称为"工厂设计"。其中,工厂布置方面的内容主要采用定性分析方法和经验设计。

第二阶段:第二次世界大战后,工业工程学科有了很大发展,在方法上逐渐由定性向定量转变,在工作领域上也由重点在制造业扩大到其他工业和服务业,设计对象向非工业设施扩大。由此"工厂布置设计"发展为"设施规划设计"。20 世纪 60 年代以后由 Richard.Muther 倡导的系统化设施布置规划(SLP)方法,SLP 采用理性化的推理方法和系统化的规划设计方法,使设施规划设计向前迈进了一大步。但是这一方法的推理还比较粗略,系统化工作内容也比较烦琐,还有待于方法的进一步优化。

第三阶段:20 世纪 80 年代以来,随着计算机及其技术的飞速发展,许多学者研究了各种设施布置的模型以及算法。伴随着 CAD 绘图技术的自动完成,出现了各种商品化的设施布置软件包,使设施规划设计跃上了一个新的台阶。随着二次分配问题(quadratic assignment problem,QAP)模型的建立,即把 n 个设施分配到 s 个位置上,引起了学者们对布置设计问题的研究兴趣,随即出现了大量新建型和改进型计算机布置设计程序,如著名的

CRAFT（computerized relative allocation of facilities technique）和 CORELAP（computerized relationship layout planning）。CRAFT 是计算机设施相对定位技术。该技术以运输费用最小化为目标函数，用位置变换方式探索最小费用时各单元的位置的设计程序。此方法从现有初始平面布置方案出发，通过交换两两单元之间的相互位置，搜寻最小运输费用布置方案，因此称为"改进布置型"算法。CORELAP 是计算机关系平面布置法，该方法按单元之间关系密切程度，计算各单元的总接近度构成平面布置图的方法。

数字化物流设施规划与设计所涉及的范围非常广泛。从物流学科角度来讲，数字化设施规划与设计包括数字化设施选址和设施设计两个组成部分。随着工业工程应用领域的进一步扩大，数字化设施规划与设计的原则和方法逐步扩大到了非工业设施，如机场、医院、超级市场等各类社会服务设施。

5.2　数字化物流设施选址

5.2.1　设施选址概述

1. 设施的定义

设施是指一个企业生产系统或服务系统为满足某种需要或进行某项工作而成立的机构、组织、建筑、系统等。设施可分为以下四部分。

（1）实体建筑。实体建筑是相对而言的，相对于施工前的可行性研究、各种设计等，施工完成后的建筑实体就是实体建筑。不论企业规模大小，其所拥有设施中最重要的部分之一就是建筑本身。建筑物的规划设计与现行的设施需求具有密切的关联性。设计良好的实体建筑不仅其内部设施得以发挥其正常的作业功能，更是一个企业对外印象的体现。

（2）机器设备。按照企业不同的经营属性，机器设备的需求也常有不同，而机器设备的数量、安置、排列、作业弹性和空间配置等安排，对生产或服务系统的整体运行都产生了关键性的影响。

（3）物品资料。对于制造业或服务业而言，物品物料是设施的一部分，其进出控制方式、储存方式、移动方式等，均与设施布局密切联系。

（4）工作人员。完整的设施规划将工作人员纳入设施的内容中。设施工作人员具有弹性度最大和活动面最广的特征，同时也是上述三种设施资产类型的使用者和管理者。

2. 设施选址的意义

设施选址是指运用科学的方法确定在何处建厂或建立服务设施，以此来决定设施的地理位置，使之与企业的整体经营运作系统有机结合，以便有效、经济地达到企业的经营目的。

设施选址包括两个层面的内容。

（1）选位。即选择在什么地区（区域）设置设施，沿海还是内地、南方还是北方。在当前经济全球化的大趋势之下，还要考虑在国内还是在国外选址。

（2）定址。即在选定的地区内选定一片土地作为设施的具体位置。

设施选址常常需要其他有关人员（如环保部门）的共同参与，不能仅由设计人员单独完成。决策者在选址规划时经常会考虑以下两类问题：

（1）单一设施的选址。根据确定的产品（服务）、规模等目标为一个独立的设施选择最佳位置。单一设施选址无须考虑竞争力、设施之间需求的分配、设施成本与数量之间的关系，主要考虑运输成本。

（2）复合设施的选址。为一个企业（或服务业）的若干下属工厂、仓库、销售点、服务中心等选择各自的位置，并使设施的数目、规模和位置达到最佳化。

3. 扩张企业当前的设施

如果有足够的空间可供扩展，特别是这个地点有着其他地点所不具有的优点时，这种选择是有吸引力的，因此扩张费用比较低。

（1）保留当前设施，同时在其他地方增建新设施。通常服务设施会采用这种方式，它可维持市场份额或防止竞争对手进入市场，或者是为了更好地为顾客服务。

（2）放弃现有地点。将设施关闭后，放弃现有的地点，迁移至其他地方。

4. 设施选址的意义

设施选址是设施规划的重要内容之一。一个工厂设施或服务设施建在何处，将关系到该设施在今后长期生产运行中的合理性、可靠性和经济性。一座设施选址选得好，不但可缩短建设工期，降低造价，同时还会对当地的政治、经济、文化、环保等领域产生深远的影响。

设施的位置对生产力布局、城镇建设、企业投资、建设速度及建成后的生产经营状况都具有重大影响。对一个新建企业来说，设施选址是建立和管理企业的第一步，也是事业发展的第一步。设施选址对设施建成后的设施布置以及投产后的生产经营费用、产品和服务质量以及成本都有重要的影响。

就单个企业而言，它决定了整个物流网络及其他层次的结构。反过来，该物流网络其他层次（库存、运输等）的规划又会影响选址决策。因此，选址与库存、运输成本之间存在着密切联系。一个物流网络中设施的数量增大，库存及由此引起的库存成本往往会增加，如图5.1所示；同时，设施数量与运输成本之间的关系如图5.2所示，随着设施数量，如配送中心数量的增加，可减小运输距离，降低运输成本。确定设施的合理数量，也是选址规划的主要任务之一。

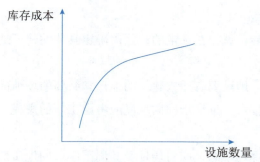

图 5.1　设施数量与库存成本之间的关系

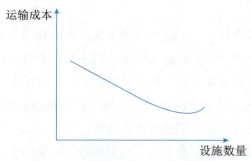

图 5.2　设施数量与运输成本之间的关系

5.2.2　设施选址的影响

1. 地区选址考虑的因素

地区选址要从宏观的角度考虑地理位置与设施特点的关系。一般情况下，地区选址应考虑以下基本因素。

（1）市场条件。要充分考虑地区的市场条件，如企业的产品和服务的需求情况、消费水平及同类企业的竞争能力等。要分析在相当长的时期内，企业是否有稳定的市场需求及未来市场的变化情况。

（2）资源条件。要充分考虑该地区是否可使企业得到足够的资源，如原材料、水、电、燃料等。例如，发电厂、化工厂等需要大量的水；制药厂、电子厂需要高度纯净的水；电解铝厂需要大量的电，最好接近电厂选址。

（3）运输条件。大型工业企业往往需要具有运量大、原燃料基地多、进出厂货物品种复杂等特点。选择厂址时，应考虑该地区的交通运输条件、能提供的运输途径以及运力、运费等条件。铁路运输效率高，但建设费用高；水路运输费用低，但速度较慢。在选择地区时还要考虑是否可利用现有的运输线路。

（4）社会环境。要考虑当地的法律规定、税收政策等情况是否有利于投资。如当前国内很多地区大力开展招商引资活动，对投资的企业有若干年的免税政策。

2. 地点选址考虑因素

在完成了地区选址后，就要在选定的地区内确定具体的建厂地点。地点选择应考虑的主要因素如下。

（1）地形地貌条件。地址要有适宜建厂的地形和必要的场地面积，要充分合理利用地形，尽量减少土方石工程。厂址地形横向坡度应考虑工厂的规模、基础埋设深度、土方工程量等因素。

（2）地质条件。选择场址时，应对场址及其周围区域的地质情况进行调查和侦探，分析获得资料，查明场址区域的不良地质条件，对拟选场址的区域稳定性和工程地质条件做出评价。

（3）占地原则。厂址选择时，应注意节约用地，尽量利用荒地和劣地。位于城市或工业区的厂区、施工区、生活区、交通运输线路、供水及工业管沟、水源地应与城市或工业化的规划相协调，场址不应设在有开采价值的矿藏上，应避开重点保护的文化遗址。

（4）施工条件。在选址时，要注意调查当地可能提供的建筑材料，如矿石、砖、瓦、钢材等条件。同时，场址附近应有足够的施工场所。

（5）供排水条件。供水水源要满足工厂既定规模用水量的要求，并满足水温、水质要求。在选择场址时，要考虑工业废水和场地雨水的排除方案。

3. 影响设施选址的经济因素和非经济因素

影响设施选址的因素有很多，有些因素可进行定量分析，并以货币的形式加以反映，称为经济因素，也称为成本因素；有些因素只能是定性的非经济因素，也称为非成本因素。表 5.1 列出了设施选址时的经济因素和非经济因素。

表 5.1 设施选址时的经济因素和非经济因素

经 济 因 素	非经济因素
运输费用	当地政策法规
土地成本和建设费用	经济发展水平
原材料供应价格	环境保护标准
燃料价格	人文环境
水、电等资源成本	气候条件
劳动力价格	

5.2.3 设施选址方法

科学的设施选址离不开模型和方法的运用，特别是一些数学模型和计算机模型，现代设施选址越来越重视科学模型方法的使用。更多的是将数学模型与实际问题相结合。通过多因素的科学规划，进行设施选址。设施选址的模型主要包括单设施选址模型、多设施选址模型和动态仓库选址模型。

1. 单设施选址模型

单设施选址模型,又称重心法模型。该模型较常用,可用于工厂、车站、仓库或零售服务设施选址。单设施选址模型选址因素一般只包括运输费率和货物运输量,所以方法相对简单。数学上,该模型可被归为静态连续选址模型,它是一种最常用的模型,可解决连续区域直线距离的单点选址问题。

单设施选址问题包括以下几种情况。

(1) 新成立企业或新增加独立经营单位的设施选址。在这种情况下,设施选址基本不受企业现有经营因素的影响,在进行选址时要考虑的主要因素与一般企业设施选址考虑的因素相同。

(2) 企业扩大原有设施的选址。这种情况下可首先考虑两种选择:原地扩建和另选新址。原地扩建的益处是便于集中管理,避免生产运作的分离,充分利用规模效益,但也可能带来一些不利之处,如失去原有的生产运作方式的特色,物流变得复杂,生产控制也变得复杂,在某些情况下,还有可能失去原来的最佳经济规模。另选新址的主要益处是,企业可不依赖于唯一的设施厂地,便于引进、实施新技术,可使生产组织方式特色鲜明,还可在更大范围内选择高质量的劳动力等。

(3) 企业迁址的选址。通常是小企业发展到一定的规模后才有可能考虑这种方式。一个从白手起家的小企业,随着事业的发展,可能会感到原有的空间太小,而考虑重新选择一处更大的设施空间。这种情况下的新选位置会离原有位置很近,以便仍能利用现有的人力资源。但在某些特殊情况下,也会遇到一些大企业迁址的问题。

单设施选址的优点是显而易见的,它有助于寻找选址问题的最优解,而且因为这些模型能充分真实地体现实际问题,因而问题的解决管理层很有意义。需要注意,任何模型在应用于实际问题时都会表现出一定的缺陷,但并不意味着模型没有实用价值,重要的是选址模型的结果对现实问题的敏感程度。

2. 多设施选址模型

一般来说,多数企业可能都有几处物流设施,可能要同时决定两个或多个设施的选址,由于不能将这些物流设施看成经济上相互独立的要素,因此多设施选址问题就变得比较复杂。多设施选址的模型方法有网络覆盖模型、线性规划模型和系统仿真模型。

(1) 网络覆盖模型。所谓网络覆盖模型,就是对于已知的一些需求点,确定一组服务设施来满足这些需求点。模型需要确定服务设施的最小数量和合适的位置,它并不适用于企业物流网络,而是适用于商业物流网络,如零售点的选址、加油站的选址、配送中心的选址等问题。通常,根据解决问题的方法不同,将网络覆盖模型分为两种不同的模型:一是集合覆盖模型,即用最小数量的设施区覆盖所有的需求带;二是最大覆盖模型,即在给定数量的设施下,覆盖尽可能多的需求点。

(2) 线性规划模型。物流网络设计中通常包含许多大型、复杂的选址问题,有些问题求解很难,为了寻找求解选址问题的有效方法,数学家们做出了不懈的努力。他们提出了目标规划法、树形搜索法、动态规划法及其他方法等。其中,最有前景的是混合—整数线性规划法。混合—整数线性规划法是商业选址模型中最受欢迎的方法,其主要原因是能把固定成本以最优的方式考虑进去,费用也相当可观。

(3) 系统仿真模型。物流管理系统与外部环境之间或其各环节之间存在着一定的数学或逻辑关系。可运用定性分析和定量分析的方法,通过一定的数学逻辑模型去描述这些关系,反映系统的本质。如果这些数据逻辑关系较为简单,那么,所建立的相应数学模型可采用数学解析方法求解。但是,许多数学模型十分复杂,很难运用数学解析方法得到解析解。这时可借助系统仿真方法来解决实际问题,辅助系统的决策。系统仿真就是建立在数学逻辑模型的基础上,通过计算机实验,对一个系统按照一定的作业规则由一个状态变换为另一个状态的动态行为进行描述和分析。通过仿真实验,能对所研究的系统进行类似物理、化学等类似的实验。它和现实系统实验的主要差别在于仿真实验依据的不是现实系统本身及所存在的实际环境,而是作为现实系统的映象的系统模型以及相应的"人工"环境。显然,系统仿真结果的正确程度完全取决于输入的数据和模型是否客观、正确地反映了现实系统。图 5.3 是系统仿真过程流程图。

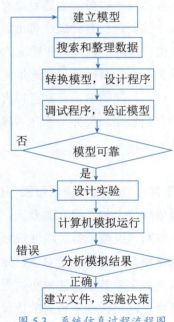

图 5.3　系统仿真过程流程图

3. 动态仓库选址模型

以上方法的研究经常被用来帮助物流管理者解决实际仓库选址问题。虽然人们对这些模型做了很多改进，以使其更具有代表性，计算更有效率，但模型本质上仍然是静态的，它们无法提供随时间而变化的最优选址模式。

由于需求和成本模式会随时间变化而改变，因此选址模型根据静态数据得出的解在未来经济环境下使用会被证明是次优的。最优化的网络布局方法不是简单地寻找规划期内各年仓库的最优数量、最佳规模和最佳位置，而是保证在任何时间，网络布局都是最优的。因此，最优化的网络布局方法被广泛使用。

最优化的网络布局方法是指在一个规划期内从一种布局形式转换到另一种布局形式。如果该网络使用公共仓库，那么经常改变网络布局或许是可行的，因为关闭一家仓库，把存货转到另一家仓库并开始营业的成本并不是很高；反之，如果从一种布局形式转换到另一种布局形式的成本很高（比如仓库是自有的或租赁的），就不应该经常改变网络布局。这样，一开始就实施最优设计会变得非常重要。

以下三种方法可帮助使用者找到随时间变化的最优布局。

（1）可使用现期条件和未来某年的预期情况找出仓库的最佳位置。网络根据现年与未来年份之间的平均条件进行布局。

（2）找出当前最优网络布局并实施。随后，在旧的方案布局基础上，当可以得到每年的数据时找出新的最优布局。如果新旧布局转换带来的成本节约大于搬迁成本，就应该考虑改变布局。该方法的好处是使用实际数据而不是预测的数据。

（3）可找到一个随时间变化的最优布局变化轨迹，精确地反映什么时候需要转换为新布局和应该转换成什么样的布局。在仓库静态选址分析中已经讨论过的那些方法也可用到动态规划中，以找出最优的布局路径。

5.2.4　设施选址评价

长期以来，我国场址选择一直采用定性的经验分析方法。这些方法很大程度上依赖于设计者个人的经验和直觉，使其在决策时，有些重要因素被忽视，因此给企业造成难以弥补的损失。经过多年的发展，目前国内外形成了成本因素评价和综合因素评价两类方法。

1. 成本因素评价法

在场址选择的各种因素中，有些因素可用货币的形式体现出来，可采用比较不同地点的经济成本的方法确定最佳场址。下面将介绍最常用的几种方法，使读者对设施选址的定量方法有基本的认识。

（1）盈方点平衡法。盈方点平衡法属于经济学范畴，其着眼点在于通过确定产量的临界点来寻求成本最低的设施选址方案，下面举例介绍这一方法。

例 5-1　某外资企业拟在国内新建一条生产线，确定了三个备选场址。由于各场址土地费用、建设费用、原材料成本不尽相同，从而生产成本也不相同。三个场址的生产成本如表 5.2 所示,试确定最佳场址。

表 5.2 不同场址的生产成本

生产成本 \ 场址	A	B	C
固定费用/元	800 000	1 500 000	4 000 000
可变费用/(元/件)	60	36	18

解 先求 A、B 两个场址方案的临界产量。设 G_0 表示固定费用,B_0 表示单件可变费用,Q 为产量,则总费用为 G_0+QB_0。

① 设 Q_1 表示 A、B 点的临界产量。则有下列方程

$$800\,000+60Q_1 \leqslant 1\,500\,000+36Q_1$$

$$Q_1 \leqslant 2.9 \text{ 万件}$$

② 设 Q_2 表示 B、C 两点的临界产量,同理有

$$4\,000\,000+18Q_2 \leqslant 1\,500\,000+36Q_2$$

$$Q_2 \leqslant 13.9 \text{ 万件}$$

结论:以生产成本最低为标准,当产量 Q 小于 2.9 万件时选 A 场址为佳,产量 Q 介于 2.9 万~13.9 万件时选 B 场址成本最低,当 Q 大于 13.9 万件时,则需选择 C 场址。所以要根据不同的建厂规模确定相应的场址。

(2)重心法。当产品成本中运输费用所占比重较大,企业的原材料由多个原材料供应地提供或其产品运往多个销售点,可考虑用重心法选择运输费用最少的场址。

重心法是一种布置单个设施的方法,这种方法要考虑现有设施之间的距离和要运输的货物量。它经常用于中间仓库的选择。在最简单的情况下,这种方法假设运入和运出成本是相等的,不需要考虑在不满载的情况下增加的特殊运输费用。

重心法首先要在坐标系中标出各个地点的位置,目的在于确定各点的相对距离。坐标系可随便建立。在国际选址中,经常采用经度和纬度建立坐标。然后,根据各点在坐标系中的横纵坐标值求出成本运输最低的位置坐标 X 和 Y,重心法使用的公式为

$$C_x = \frac{\sum D_{ix} V_i}{\sum V_i}$$

$$C_y = \frac{\sum D_{iy} V_i}{\sum V_i}$$

其中,
- C_x——重心的 x 坐标;

- C_y——重心的 y 坐标；
- D_{ix}——第 i 个地点的 x 坐标；
- D_{iy}——第 i 个地点的 y 坐标；
- V_i——运到第 i 个地点或从第 i 个地点运出的货物量。

最后，选择求出的重心点坐标值对应的地点作为要布置设施的地点。

例 5-2 某公司拟在某城市建设一座化工厂，该厂每年要从 A、B、C、D 四个原材料供应地运来不同的原料。各地与城市中心的距离和年运输量如表 5.3 所示。假定各种材料运输费率相同，试用重心法确定该厂的合理位置。

表 5.3 场址坐标及年运输量表

原材料供应地	A		B		C		D	
供应地坐标/千米	X_1	Y_1	X_2	Y_2	X_3	Y_3	X_4	Y_4
	40	50	70	70	15	18	68	32
年运输量/吨	1800		1400		1500		700	

解 根据上述公式有

$$x=\frac{40\times1800+70\times1400+15\times1500+68\times700}{1800+1400+1500+700}\text{km}=44.5\text{km}$$

$$y=\frac{50\times1800+70\times1400+18\times1500+32\times700}{1800+1400+1500+700}\text{km}=44.0\text{km}$$

说明：场址的选择涉及多反面的因素，不可能通过简单的数学计算就确定场址，由重心法计算出的场址，不一定是合理的地点。比如，计算出的位置已有建筑物或有河流经过则不能建厂等。另外，重心法确定的距离是直线距离，这在大多数情况下是不合理的。所以用重心法求出的解比较粗糙，它的实际意义在于能为选址人员提供一定的参考。比如，不同选址方案其他方面差不多，可考虑选择哪个与计算结果较接近的方案。

（3）线性规则—运输问题。运输问题是运筹学的主要课题之一，也是设施规划课程的典型问题。运输问题的一般性描述如下：

设有 m 个工厂向 n 个销售点供货，工厂的总产量为 P_i，供货地 j 的需求量为 S_j，其中 $i=1,2,\cdots,m$；$j=1,2,\cdots,n$，且产销平衡。设 X_{ij} 为从工厂 i 到销售点 j 的运输量，C_{ij} 为单位产品运输成本，运输问题就是求适合的 X_{ij}，使总运输费用最低。

写成函数式为

$$\min(Z)=\sum_{i=1}^{m}\sum_{j=1}^{n}C_{ij}X_{ij}$$

约束条件为

$$\sum_{j=1}^{n}X_{ij}=P_i \quad i=1,2,\cdots,m$$

$$\sum_{i=1}^{m} X_{ij} = S_j \quad j=1,2,\cdots,n$$

$$X_{ij} \geqslant 0$$

且

$$\sum_{i=1}^{m} P_i = \sum_{j=1}^{n} S_j$$

该问题当然可采用运筹学的单纯形法求解,但由于其约束条件为等式,所以有更简便的方法。此法一般称为表上作业法,也称最小元素法。

例 5-3 某公司有两家工厂向三个销售点配货,单位运价及产需量如表 5.4 所示,求最佳配货方案。

表 5.4 单位运价及产需量表

产量\需求量		A	B	C
		6	8	6
工厂 1	13	③ 31 (5)	① 28 (8)	50 (0)
工厂 2	7	④ 39 (1)	45 (0)	② 29 (6)

最小元素法的基本思想是将产品优先分配给运输费用最少的销售点,如表 5.4 所示。

① 选择最小运价为 28(工厂 1 至售货点 B),将工厂 1 的 13 个产品分配 8 个到售货点 B,还剩 5 个,B 的需求量已得到满足,不需要工厂 2 提供,则同列对应工厂 2 的位置补 0。将收货点 B 划去,不需要再讨论了。

② 选择剩下的运价中最小的为 29(工厂 2 至售货点 C)。将工厂 2 的 7 个分配 6 个到售货点 C,同列对应于工厂 1 的位置补 0。工厂 2 还剩 1 个产品。将 C 划去,不再讨论。

③ 在剩下的运价中选最小的为 31(工厂 1 至售货点 A)。将工厂 1 剩下的 5 个产品分给售货点 A,A 需 6 个产品,还缺 1 个。

④ 将工厂 2 剩下的一个产品分给售货点 A,至此所有产品分配完毕。

则最小运费为

$$Z = 5 \times 31 + 8 \times 28 + 0 \times 50 + 1 \times 39 + 0 \times 45 + 6 \times 29 = 592$$

对于分配过程,需要说明以下两点:

① 当产量 P_i 不等于需求量 S_j 时,按 P_i、S_j 中小者进行分配。若按 S_j 分配,与 S_j 同列其余位置补 0;若按 P_i 分配,与 P_i 同行的其他位置补 0;

② 当产量 P_i 等于需求量 S_j 时,则因此完成产销分配,或在行上补 0,或在列上补 0,但不能同时补 0。

对于复合选址问题，即由多个工厂向多个销售点供货，有几个待选场址，要确定一个场址使生产运输费用最小可转化成上面的问题进行求解。

例 5-4 某企业通过两家工厂 F1、F2 向 A、B、C、D 四个售货点供货。现欲设另一工厂，可供选择场址的地点为 F3、F4，产品的生产成本与运输费用如表 5.5 所示，试确定最佳场址。

表 5.5 生产成本与运输费用表

工　厂	运输费用 / 万元				年产量 / 箱	生产成本 / 万元
	A	B	C	D		
F1	0.48	0.29	0.41	0.33	6000	7.7
F2	0.39	0.44	0.39	0.19	6500	7.2
F3	0.22	0.65	0.25	0.62	10 500	7.4
F4	0.56	0.37	0.80	0.77	10 500	7.5
年需求量 / 箱	3000	7000	8000	5000	—	—

该问题是要求生产费用和运输费用最小，所以要将生产费用加到运输费用上，得到总费用，如表 5.6 所示。

表 5.6 总费用表

工　厂	运输费用 / 万元				年产量 / 箱
	A	B	C	D	
F1	8.18	7.99	8.11	8.03	6000
F2	7.5	7.64	7.59	7.39	6500
F3	7.62	8.05	7.65	8.02	10 500
F4	8.06	7.87	8.30	8.27	10 500
年需求量 / 箱	3000	7000	8000	5000	—

将表 5.6 分为两个表，如表 5.7 和表 5.8 所示。

表 5.7 F1、F2、F3 工厂生产与运输费用表

工　厂	运输费用 / 万元				年产量 / 箱
	A	B	C	D	
F1	8.18	7.99	8.11	8.03	6000
F2	7.59	7.64	7.59	7.39	6500
F3	7.62	8.05	7.65	8.02	10 500
年需求量 / 箱	3000	7000	8000	5000	—

表 5.8　F1、F2、F4 工厂生产与运输费用表

工　厂	运输费用 / 万元				年产量 / 箱
	A	B	C	D	
F1	8.18	7.99	8.11	8.03	6000
F2	7.5	7.64	7.59	7.39	6500
F4	8.06	7.87	8.30	8.27	10 500
年需求量 / 箱	3000	7000	8000	5000	—

将场址选择问题转化为两个运输费用，用例 5-3 的方法分别求出 F1、F2、F3 和 F1、F2、F4 的生产运输费用，费用少者为佳。

（4）启发式方法。服务系统经常会面临在一个城市内建立几家销售点等类型的问题，比如在全市范围内建几家超市，该问题比较复杂，可通过启发式方法求解。下面通过例题加以说明。

例 5-5　某公司拟在某市建立两家连锁超市，该市共有 4 个区，记为甲、乙、丙、丁。各区可能到超市购物的人数权重已经给出，求该超市设置于哪两个区内，使居民到超市购物最方便即总距离成本最低。各区距离与权重如表 5.9 所示。

表 5.9　各区距离与权重表

各区名称	距离 /km				各区人口数 / 千人	人数权重
	甲	乙	丙	丁		
甲	0	21	15	22	15	1.4
乙	21	0	18	12	13	1.3
丙	15	18	0	20	28	1.0
丁	22	12	20	0	22	1.2

解题过程：

① 将社区人口数与人数权重相乘再乘以各区之间的距离，得到总距离成本，并将各列相加，结果如表 5.10 所示。

表 5.10　总距离成本

场　址	甲	乙	丙	丁
甲	0	441	315	462
乙	355	0	304	203
丙	420	504	0	560
丁	581	317	528	0
总　计	1356	1262	1147	1225

从表 5.10 可看出，社区丙所在列总成本最低为 1147，所以一处超市适合建于丙区内。

② 甲、乙、丁各列数字与丙列对应数字相比较，若小于丙列同行数字，则将其保留；若大于丙列数字，则将原数字改为丙列数字。如甲与丙相比，0<315，取 0；355>304，则取 304；420>0，则取 0；581>528，则取 528。得新表 5.11 并将同列数字相加。

表 5.11　距离成本新表

场　　址	甲	乙	丙	丁
甲	0	315	315	315
乙	304	0	304	203
丙	0	0	0	0
丁	528	317	528	0
总　计	832	632	1147	518

如表 5.11 所示，丁区所在列总成本最低，则选丁区为另一超市地点。

③ 若要建三家超市，还需要再选一场址，则将丙列数字去掉，将甲、乙所在列数字与丁所在列数字相比，方法同步骤②，得新表 5.12。

表 5.12　距离成本新表

场　　址	甲	乙	丁
甲	0	315	315
乙	203	0	203
丙	0	0	0
丁	0	0	0
总　计	203	315	518

甲列所对应总成本为 203 最小，则甲为第三个候选区。

2. 综合因素评价法

综合因素评价法要通过一定的方法进行量化，并按一定规则和经济因素进行整合。

（1）加权因素法。对非经济因素进行量化时，一般采用加权因素法。

① 对场址选择设计的非经济因素赋以不同的权重，权重大小为 1~10。

② 对各因素的每个备选场址进行评级，共分为五级，用五个元音字母 A、E、I、O、U 表示。各个级别分别对应不同的分数，A 为 4 分、E 为 3 分、I 为 2 分、O 为 1 分、U 为 0 分。

③ 将某因素的权重乘以其对应的级别，得到该因素所得分数，将各因素所得分数相加，分数最高者为最佳场址方案。

（2）因次分析法。因次分析法是将经济因素（成本因素）和非经济因素（非成本因素）按照相对重要程度统一起来。设经济因素和非经济因素重要程度之比为 $m:n$，经济因素的相对重要性为 M，则 $M=\dfrac{m}{m+n}$，相应非经济因素的相对重要性为 $N=\dfrac{n}{m+n}$，且有 $M+N=1$。

（3）层次分析法（AHP法）。层次分析法是一种将定性分析与定量分析相结合的系统分析方法，是分析多目标、多准则的复杂大系统的有力工具。它最适宜及解决那些难以完全用定量方法进行分析的决策问题。将 AHP 法引入决策，是决策科学化的一大进步。用层次分析法分析问题一般要经过以下四个步骤。

① 建立层次结构模型。在深入分析实际问题的基础上，将有关的各个因素按照不同属性自上而下地分解成若干层次，同一层的诸因素从属于上一层的因素或对上层因素有影响。同时又支配下一层的因素或受到下层因素的作用。最上层为目标层，通常只有一个因素，最下层通常为方案或对象层。中间可有一个或几个层次，通常为准则或指标层。当准则过多时应进一步分解出子准则。

② 构造成对比较矩阵。从层次结构模型的第二层开始，对于从属于或影响上一层每个因素的同一层诸因素，用成对比较法和1~9比较尺度构建成对比较矩阵，直到最下层。其中，1~9比较尺度是指两两相比的比值去除1、3、5、7、9或其倒数。

③ 计算权重向量并作一致性检验。对于每个成对比较矩阵计算最大特征根及对应特征向量，利用一致性指标、随机一致性指标和一致性比率做一致性检验。若检验通过，特征向量（归一化后）即为权向量；若不通过，需重新构建成对比较矩阵。

④ 计算组合权重向量并作组合一致性检验。计算最下层对目标的组合权向量，并根据公式作组合一致性检验，若检验通过，则可按照组合权向量表示的结果进行决策；否则需要重新考虑模型或重新构造那些一致性比率大的成对比较矩阵。

5.3 习题

1. 阐述数字化物流设施的选址发展历程。
2. 阐述物流设施选址的各种方法。

应 用 篇

第 6 章　物流中心的规划与设计

物流中心是物流系统的重要组成部分，是整个物流网络的支撑点。物流中心在现代商品流通中的作用极大，为现代物流提供了承载平台，已成为连接生产与消费，化解供需矛盾，在空间和时间上都能产生经济效益的主要机构和场所。物流中心通过对商品的运输、保管、装卸、搬运、流通加工、配送、订单处理和信息处理等工作的统一运作与管理，能压缩流通环节，减轻作业劳动强度，减少商品损耗，提高库存周转率，加速商品流通，降低流通成本，提高物流系统效率，保障服务质量。

物流中心也是社会流通领域中的重要组成部分，其拓展了流通产业的空间，为企业高效地配置了流通资源，不仅对优化物流网络起着重要作用，而且对整个社会的流通基础设施发挥着衔接、协调、枢纽的作用。任何一个地区的物流要素，如空港、码头、铁路、陆路、货运中心及各种商业网点流通基础设施能否发挥作用，能否实现预期的设计能力，都取决于该地区所建立的现代物流中心的实施。因为只有现代物流中心的中转和集散功能支持，才能放大流通基础设施的功用，切实降低物流的成本，改善物流状况，提高物流效率。

6.1　配送的概念

所谓配送（distribution）是指在经济合理区域范围内，根据用户要求，对物品进行拣选、加工、包装、分割、组配等作业，并按时送达指定地点的物流活动。

从定义来讲，配送是物流中一种特殊的、综合的活动形式。它将商流与物流紧密结合，包含了商流活动和物流活动，也包含了物流中若干功能要素。

从物流来讲，配送几乎包括了所有的物流功能要素，是物流的一个缩影或在某个小范围中物流全部活动的体现。一般的配送集装卸、包装、保管、运输于一身，通过这一系列活动完成将货物送达的目的。特殊的配送则还要以加工活动为支撑，所以包括的方面更广。但是，配送的主体活动与一般物流却有不同，一般物流是运输及保管，而配送则是运输及分拣配货。其中，分拣配货是配送的独特要求，也是配送中特有的活动。运输货物则是配送的最后节点。在很多的环节中，常常将配送简化地看成运输中的一种。

从商流来讲，配送和物流的不同之处在于，物流是商流分离的产物，而配送本身就是一种商业形式，是商物合一的产物。虽然配送具体实施时，也有以商物分离形式实现的，但从配送的发展趋势看，商流和物流越来越紧密的结合，是配送成功的重要保障。

下面从经济学资源配置和配送的实施形态两方面进行讲解。

1. 经济学资源配置的角度

从经济学资源配置的角度来看，可对配送在社会再生产过程中的位置和配送的本质行为予以表述。配送是以现代送货形式实现资源的最终配置的经济活动。主要包括以下四点。

（1）配送是资源配置的一部分。根据经济学家的理论知识，配送是经济体制的一种形式。

（2）配送的资源配置作用是"最终配置"。接近顾客是经营战略至关重要的内容。美国兰德公司对《幸福》杂志所列的500家大公司的一项调查表明"经营战略和接近顾客至关重要"，这也说明了接近顾客这种配置方式的重要性。

（3）配送的主要经济活动是送货。分析我国旧式送货与现代送货的区别，其区别以"现代"两字概括，即依托现代生产力，以劳动手段为支撑，依靠现代科技进步技术，实现"配"和"送"有机结合的一种方式。

（4）配送在社会再生产过程中的作用是处于接近用户的那一端流通领域，因而有其局限性。配送是一种重要的方式，有其战略价值，但是它并不能解决流通领域的所有问题。

2. 配送的实施形态角度

从配送的实施形态角度来看，配送是按用户订货要求，在配送中心或其他物流节点进行货物配备，并以最合理的方式送交用户。这种描述可概括为以下六点。

（1）整个概念描述了接近用户资源配置的全过程。

（2）配送实质是送货。配送是一种送货，但和一般送货有区别：一般送货是一种偶然的行为，而配送却是一种固定的形态，甚至是一种有确定组织、确定渠道，有一套装备和管理力量、技术力量，有一套制度的体制形式，所以，配送是高水平的送货形式。

（3）配送是一种"中转"形式。配送是从物流节点至用户的一种特殊送货形式。从送货功能看，其特殊性表现为从事送货的是专职流通企业，而不是生产企业；配送是"中转"型送货，而一般送货尤其从工厂至用户的送货往往是直达型；一般送货是生产什么、有什么送什么，配送则是企业需要什么送什么，所以，要做到需要什么送什么，就必须在一定的中转环节中筹集这种需要，从而使配送必然以中转形式出现。当然，广义上，许多人也将非中转型送货纳入配送范围，将配送外延从中转扩大到非中转，仅以"送"为标志划分配送外延。

（4）配送是"配"和"送"有机结合的形式。配送与一般送货的重要区别在于，配送利用有效的分拣、配货等理货工作，使送货达到一定规模，以利用规模优势取得较低的送货成本。如果不进行分拣、配货，有一件运一件，这就会大大增加动力的消耗，使送货并不优于取货，所以，追求整个配送的优势、分拣、配货等项工作是必不可少的。

（5）配送以用户要求为出发点。在定义中强调"按用户的订货要求"明确了用户是主导地位。配送是从用户利益出发、按用户要求进行的一种活动，因此，在观念上必须明确"用户第一""质量第一"，配送企业的地位是服务地位而不是主导地位，因此不能从本企业利益出发而应从用户利益出发，在满足用户利益的基础上取得本企业的利益。

（6）配送概念中"以最合理方式"的表述是基于以下考虑：过分强调"按用户要求"是不妥的。用户要求受用户本身的局限，有时实际会损失自我或双方的利益。而对于配送者来讲，必须以"要求"为依据，但是不能盲目，要追求合理性，进而指导用户，实现共同受益的商业原则。

6.2 配送中心概述

6.2.1 配送中心的定义

20世纪70年代石油危机过后，为了挖掘物流过程中的经济潜力，企业开始对物流过程进行细分。由于市场经济体制下的买方市场逐渐形成，所以服务质量的优劣便成为企业能否取得成功的关键，这就出现了营销重心下移、贴近顾客的营销战略，而贴近顾客的一端的末端物流便受到了重视。配送中正是为了适应这一新的经济环境，在仓库的基础上不断进化和演变而成的创新性物流设施。物流配送中心是以组织配送性销售或供应，以实物配送为主要职能的流通型节点。

配送中心是物流配送网络中的枢纽，也是流通企业实施供应链管理的重要设施之一。配送中心是物流领域在社会分工、专业分工进一步细化之后产生的。在现代配送中心没有建立起来之前，其承担的某些职能是在转运型节点中完成的。现代配送中心建成以后，这类职能中的一部分向纯粹转运站发展，以衔接不同的运输方式和不同规模的运输，而另一部分则增强了"送"的职能，并会向更高级的"配"的方向发展。如果说集货中心、分货中心、加工中心的职能还是较为单一的话，那么配送中心的功能则较为全面、完整。可以说，配送中心实际上是集货中心、分货中心、加工中心功能的综合，并达到配与送的更高水平。

对配送中心的含义，不同国家、不同领域、不同行业的学者们对配送中心的理解和描述还存在着一定的差异。

日本《市场用语词典》对配送中心的解释是："是一种物流节点，它不以贮藏仓库的这种单一的形式出现，而是发挥配送职能的流通仓库。配送中心也称作基地、据点或流通中心。配送中心的目的是降低运输成本、减少销售机会的损失,为此建立设施并开展经营、管理工作。"

《物流手册》对配送中心的定义是:"配送中心是从供应者手中接收多种大量的货物,进行倒装、分类、保管、流通加工和情报处理等作业,然后按照众多需要者的订货要求备齐货物,以令人满意的服务水平进行配送的设施。"

王之泰在《物流学》中的定义如下:"配送中心是从事货物配备的集货、加工、分货、拣选、配货和组织对用户的送货,以高水平实现销售或供应的现代流通设施。"

牛鱼龙在《货运物流实用手册》中对配送中心的解释为:配送中心是实现配送业务的现代化流通设施。配送中的"货物配备"是配送中心的主要业务,而送货既可完全由配送中心承担,也可利用社会货运企业来完成。

《中华人民共和国国家标准:物流术语》中规定,从事配送业务的物流场所和组织,应符合下列条件:

(1) 主要为特定的用户服务;
(2) 配送功能健全;
(3) 完善的信息网络;
(4) 辐射范围小;
(5) 多品种,小批量;
(6) 以配送为主,储存为辅。

配送中心与传统的仓库有着根本性的不同。传统的仓库更多地强调货物静态的仓储管理,而配送中心则更关注货物的动态配送管理。越来越多的人将配送中心放到供应链中或企业的整个物流系统中去考虑,更加强调配送中心在企业配送活动中所起到的作用。

本书给出配送中心的定义:配送中心是从事货物配备(集货、分货、拣选、配货)和组织对用户的送货,以高水平实现销售和供应服务的现代流通设施。具体地说,配送中心是接受并处理末端用户的订货信息,对上游运来的多种货物进行分拣,根据用户订货要求进行拣选、流通加工、储备等作业,并进行送货的设施和机构。配送中心不仅作为一个设施来承担储存、选货、送货的任务,而且作为货流的汇集点,承担着更加复杂的功能,是经济、信息、价值的结合点。

6.2.2 配送中心的功能

配送中心是专门从事货物配送的经济组织,也是集加工、理货、送货等诸多功能于一体的物流据点,综合了集货中心、分货中心和加工中心的功能。从理论上说,配送中心具备基本功能和增值功能。

1. 基本功能

(1) 集货功能。为了能按照用户要求配送货物,尤其是多品种、小批量的配送,首先必须根据各用户的需求数量和品种进行备货。配送中心凭借其在物流网络中的枢纽地位和拥有的各种先进设施，将分散在各地生产厂商的产品集中到一起，经过分拣、配装后向众多用户发送。与此同时，配送中心也可把各个用户所需的多种货物进行有效的组合、配载，形成经济合理的货运批量。这是配送中心取得规模优势的基础。

（2）储存功能。储存功能是配送中心的主要内容之一。一定的库存储备是配送的资源保证。但与一般的仓库不同，其建筑形式、平面布置、设施组成等要有利于拣选作业。为了充分利用库区面积和空间，提高作业效率，货架向高层化、作业向自动化发展，作业机械向小通道或无通道发展。和传统仓储相比，配送中心的储存周期一般很短。

（3）分拣、理货功能。分拣理货是配送中心区别于一般仓库的标志之一。为了将多种货物向多个客户按不同要求、种类、规格、数量进行配送，配送中心必须有效地将储存货物按用户要求分拣出来，并按配送计划进行理货，这是配送中心的核心功能之一。

（4）装卸搬运功能。这是配送中心的基础性功能。配送中心的集货、理货、装货、加工都需要辅之以装卸搬运，有效的装卸搬运能大大提高配送中心的效率。

（5）流通加工功能。为促进销售、便利物流或提高资源利用率和配送效率，按用户要求并根据合理配送的原则对商品进行下料、打孔、解体、分装、贴标签、组装等初加工活动，将货物加工成一定规格、尺寸和形状。因而配送中心一般应该具备一定的加工能力。

（6）包装功能。配送中心的包装作业目的不是要改变商品的销售包装，而是通过对销售包装进行组合、拼配、加固，形成适于物流和配送的组合包装单元。

（7）送货功能。送货属于配送中心的末端职能。在规定的时间内将客户的货物送达指定地点。虽然送货过程已超出配送中心的范畴，但配送中心仍对送货工作的管理起决定性作用。

（8）信息功能。配送中心也是一个信息中心。配送中心本身的各环节作业需要信息系统的支持和协调。另外，配送中心能为其本身及上下游企业（部门）提供各式各样的信息情报，以供配送中心营运管理政策和商品销售推广政策的制定。例如，某个客户订多少产品、哪种产品比较畅销，从系统数据资料中可以非常清楚地查询。配送中心便可将这些资料提供给上游的制造商及下游的零售商作经营管理的决策参考。

2. 增值性功能

从一些发达国家和地区的配送中心具体实践来看，现代化的配送中心除了具备上述的基本功能外，还具有以下增值性功能。

（1）结算功能。配送中心的结算功能是配送中心对物流功能的一种延伸。配送中心的结算不仅包括物流费用的结算，更包括替货主向收货人结算货款等。

（2）需求预测功能。配送中心是连接下游市场（客户）和上游生产商的纽带，是产品市场需求信息的最佳反馈渠道。它通过处理大量的货物进货、出货信息，可准确预测未来一段时间某种（类）产品的市场需求情况，并且将这些信息及时地反馈给生产企业。

由于配送中心的经营主体、定位和服务对象等差异，以上两类功能中，有的配送中心可能只提供基本功能，或基本功能中的部分功能，有的配送中心还提供不同层次的增值功能。设计配送中心功能时要考虑各种影响因素，以确定配送中心的基本功能和增资功能。基本功能可能会使配送中心在做物流的基础上，还可能做商流、信息流、资金流，实现其增值的功能。这些增值性物流服务是配送中心基本功能的合理延伸，其作用主要是加快物流过程、降低物流成本、提高物流作业效率、增加物流的透明度等。

6.3　配送中心的规划与设计

由于配送中心的服务范围和功能扩展到整个物流系统的各个环节，包括收验货、库存保管、拣选分拣、流通加工、装卸搬运、配送信息服务和组织货源等基本功能，以及物流结算、需求预测、物流服务方案的设计咨询和物流教育与培训等增值功能。配送中心的总体规划设计首先要确定总体规模，进行总体规模规划时，在对各种基本数据分析后，要根据业务量、业务性质及内容、作业要求，同时考虑到企业发展，使其未来仍处于计划区域中心配送的地位，以此来确定新建配送中心的总体规模。

1. 总体规模规划设计

目前国际上还没有一套较为成熟的配送中心规模确定方法。由于配送中心的规模与配送中心的物流需求量关系密切，一般都是通过横向对比国内外已有的配送中心建设规模的方法来确定新建配送中心的建设规模。

（1）目前物流需求量。目前物流需求量是配送中心规划设计的主要依据，因此在规划配送中心之前需要根据物流需求量确定其总体规模。

目前物流需求量需要确定的主要参数是配送的订单数、货物数量、品项数、客户分布以及时间需求等多方面。对于数据需要进行一定的处理，以避免波动性带来的影响。相关的其他参数还包括入库峰值系数、商品的在库系数、出库峰值系数等。

（2）未来的物流量要求。规划需要具有一定的前瞻性，要满足未来一定时间内的物流需求。一般应考虑各类影响因素，如各种配送商品需求量的年增长率等。作为配送中心需要具备一定的中长期规划，以确认未来的服务水平，如十年后的综合水平，以保证配送中心建成后能在很长一段时间内具有足够的作业能力。

（3）确定占地面积。一般来说，配送中心可分为物流生产区、辅助生产区和办公生活区等。在总和规模设计时，可根据以下指标来概算物流生产区的建筑面积。

储存保管作业区——单位面积作业量：0.7~0.9 吨 / 平方米

收验货作业区——单位面积作业量：0.7~0.9 吨 / 平方米

拣选作业区——单位面积作业量：0.2~0.3 吨 / 平方米

配送集货作业区——单位面积作业量：0.2~0.3 吨 / 平方米

其中，辅助生产建筑面积为配送中心建筑面积的 5%~8%。另外，还有办公、生活建筑区面积为配送中心的 5% 左右。再根据城市规划部门对建筑覆盖率和建筑容积率的规定，可基本上估算出配送中心的占地面积。

（4）制订细目计划。细目计划是根据项目立项和总体规模确定的方案，编制具体的实施计划。细目计划的研究主要包括作业流程的规划、区域功能规划、作业区域能力规划和作业区域布置规划等内容。

2. 配送中心设施规划要求

在预定的区域内，合理布置好各功能模块的相对位置是有效利用空间、设施、人员和能源的科学方法。通过合理布置能最大限度地减少物料搬运，不仅简化了作业流程，缩短了生产周期，而且为工人提供了方便、舒适、安全和卫生的工作环境。

配送中心设施规划与设计根据系统的概念，运用系统分析的方法求得整体优化，以流动的观点作为设施规划的出发点，并贯穿在设施规划的始终。通过配送中心设施规划与设计减少或消除了不必要的作业流程，不仅在时间上缩短了作业周期，空间上减少了占有面积，物料上减少了停留、搬运和库存周期；而且保证了投入的资金最少、生产成本最低。配送中心设施规划与设计，实际是人—机—环境的综合设计，为配送中心人员提供了一个良好、舒适的工作环境。

在配送中心的设施规划设计时，相邻的道路交通、站点设置、港口和机场的位置等环境条件非常重要。物流设施与道路过近可能影响道路利用率，过远则可能造成运距过长、物流成本增高，此外，物流设施与道路的距离还与配送中心的类型有关。因此，如何与中心内的道路、物流路线相衔接，形成内外一体、圆滑通畅的物流通道，是需要重点考虑的问题。

3. 配送中心选址的目标

物流配送中心选址是指在一个具有若干供应点及若干需求点的经济区域内，选择一个地点设置物流中心的过程。一般来讲，物流配送中心位置的选择，将显著影响其实际营运的效率和成本，以及日后仓储规模的扩充与发展。较佳的物流配送中心选址方案使商品通过物流中心的会聚、中转、分发，直至输送到需求点的全过程的效益最好。物流中心拥有众多建筑物、构筑物及固定机械设施。因此在决定物流配送中心设置的位置方案时，必须谨慎参考相关因素，因此物流配送中心的选址是物流中心规划中至关重要的一步，其主要目标包括：

（1）提供优质物流服务。在激烈的竞争中，作为销售的战略一环，优质的物流服务是不可缺少的。如果没有完善的物流系统，将无法把订货迅速、准确地送出，企业就难以在销售竞争中取胜。作为提供专业物流服务的物流中心，必须适应客户需求小批量、多品种、交货期缩短、多频率配送的要求。也就是说，按期保质保量交货，提高物流服务效率，在销售战略上是非常重要的。

（2）降低物流总成本。配送中心可集中库存，实现规模化采购，同时实现集中仓储，使运输计划化。大型化配送可扩大多品种货物配送范围，通过协调降低配送费用。通过集中仓储，可减少土地购买费、建设费、机器设备费、人力费用等物流中心费用，从而减少物流总成本。过去，若要使物流网点集中，则必然要延长运输距离、增加运输时间，办理订货、下达发货指令、向外订货、处理商品、拣选商品等都将消耗过多的时间。如今由于高速公路更加完善，时间和距离都已不是障碍，而且已开发出处理多批次、小批量的系统，作业速度更快。同时，由于信息化的发展，各处网点均已联网，可及时联系。正是由于信息和作业速度的提高，集中物流网点已成为合理和可能，这也是物流行业的趋势和现实。

（3）发展潜力最大化。由于配送中心投资大，服务周期长，因此，在选址时，不仅要考虑将来发展的潜力，包括物流节点生产扩展的可能性及顾客需求增长的潜力，还要通过与市政部门的沟通，了解所建物流配送中心周边的未来规划，从而预测未来的需求增长幅度。

物流配送中心选址的焦点集中在选择配送中心的数目与坐标位置。在这方面，典型的管理问题如下：

① 应建设几座配送中心，它们应该坐落在何处？
② 每个物流配送中心应该服务于哪些客户或市场领域？
③ 在每个物流配送中心应该存储哪些产品线？
④ 应该结合哪些公共和私人物流设施？

由此可见，物流配送中心的选址是一项复杂的系统工程，必须有一个总体规划。要从空间和时间上对物流配送中心的新建、改建、扩建进行全面系统的规划。规划合理与否，对物流配送中心的设计、施工与应用，对其作业质量、安全、作业效率和供应保证，对节省投资的运用费用等，都会产生直接和深远的影响。

4. 配送中心区域布置规划的程序

配送中心区域布置规划的程序如下。

（1）定义规划设施的目标并确定为实现目标所需要执行的主要与辅助性作业。

（2）分析问题。决定所有作业之间的相互关系。在指定设施的范围内，建立作业之间的互动关系，定义出作业之间定性与定量的关系；决定所有作业的空间需求；同时考虑设施、物料与人员的作业需求。

（3）发展方案。根据作业联系、作业空间需求做出设施平面布局设计、结构设计与物料搬运系统设计方案。

（4）评估方案。对每个可行方案，决定其所涉及的评估因素，并评估这些因素将如何影响设施表现与操作绩效,并基于可接受的评估标准,将可行方案予以排序。

(5) 选择方案。决定最能满足企业目标的方案。在评估设施规划设计方案的过程中,常会发现成本不是唯一的主要因素,市场占有率或顾客满意度等都是评估的重点。

(6) 执行方案。一旦选定某个方案,在实际构筑一项设施或进行布局之前,从布局的准备实施、实际开始施行、施行中与方案修正等每个环节都要进行监督,不断修正,不断修改。

配送中心布局规划程序如图 6.1 所示。

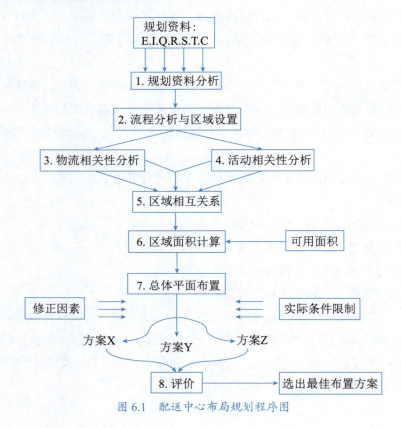

图 6.1 配送中心布局规划程序图

6.4 配送中心选址决策

1. 配送中心选址决策的原则

配送中心科学合理选址的目标是提高物流行业的服务质量,最大限度地增加物流系统的经济效益。而配送中心提高经济效益的一个最重要的途径就是降低成本。结合配送中心的职能,其科学合理选址的原则应从经济效益和社会效益两方面进行分析,在坚持社会效益的前提下取得最大的经济效益。因而,物流配送中心的选址过程应同时遵守以下四项原则。

（1）适应性原则。物流配送中心的选址应与国家或地区的经济发展方针、政策相适应；与我国物流资源分布和需求相适应；与国民经济和社会发展相适应，才能实现高效益的投资，避免资源的浪费。

（2）协调性原则。物流配送中心的选址应将国家或地区的物流网络作为一个大系统来考虑，使物流配送中心的功能定位、设施的地域分布、物流作业生产力、技术水平等方面与整个物流系统相协调，从而促进社会宏观物流系统与企业微观物流系统的协调发展。

（3）经济性原则。在物流配送中心的发展过程中，有关选址的费用主要包括建设费用及物流费用（经营费用）两部分。不管是市区还是近郊区或远郊区，对于物流中心的选址中涉及的未来物流活动辅助设施的建设规模及建设费用以及运费等物流费用是不同的，因此，应以总费用最低作为物流配送中心选址的经济性原则。但很多时候为了提高竞争力，也要考虑响应顾客需求速度的因素，从而选择总费用并不是最优的方案。

（4）战略性原则。物流配送中心的选址应具有战略眼光，一要考虑全局，二要考虑长远。局部要服从全局，眼前利益要服从长远利益，既要考虑目前的实际需要，又要考虑日后发展的可能。企业发展要服务于区域经济和城市发展战略规划。

2. 配送中心选址决策的程序

物流配送中心的选址首先要选择合适的地理区域，在地理区域选择时要对各地理区域进行审慎评估。选择一个适当的范围为考虑对象，如华南地区、华北地区等，同时还须结合物流配送中心的物品特性、服务范围及企业的运营策略而定。物流配送中心的地理区域确定以后，就须确定具体的建设地点。具体可按照图 6.2 中所示程序进行。

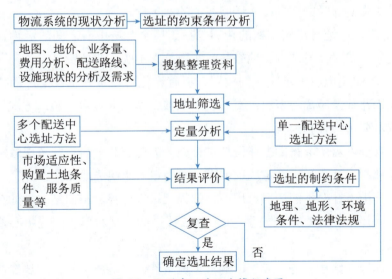

图 6.2　配送中心选址决策程序图

选址具体分以下六个步骤。

（1）选址约束条件分析。选址时，首先要明确建立配送中心的必要性、目的和意义，然后根据物流系统的现状进行分析，制订物流系统的基本计划，确定所需要了解的基本条件，以缩小选址范围。

① 需要条件。包括配送中心的服务对象——顾客的当下分布情况及未来分布情况的预测、货物作业量的增长率及配送区域的范围。

② 运输条件。靠近铁路货运站、港口和公共卡车终点站等运输节点，同时靠近运输业者的办公地点。

③ 配送服务的条件。向顾客报告到货时间、发送频度，根据供货时间计算从顾客到配送中心的距离和服务范围。

④ 用地条件。即考虑是用现有的土地还是重新取得地皮，如果重新取得地皮那么地价有多贵，地价允许范围内的用地分布情况如何等问题。

⑤ 法规制度。根据指定用地区域的法律规定，考虑有哪些地区不允许建立配送中心。

⑥ 流通职能条件。即考虑商流职能是否要与物流职能分开，配送中心是否也有流通加工的职能，如果需要，从保证职工人数和通行方便出发，要不要限定配送中心的选址范围等问题。

⑦ 其他。不同的物流类别有不同的特殊需要，可视情况而定。

（2）搜集整理资料。一般是通过成本计算，也就是将运输费用、配送费用及物流设施费用模型化，根据约束条件及目标函数建立数学公式，从中寻求最小的方案。

① 掌握业务量。选址时，业务量包括工厂到配送中心之间的运输量；向顾客配送的货物数量；配送中心保管的数量；配送路线上的业务量。

② 掌握费用。选址时，应掌握的费用包括工厂至配送中心之间的运输费；配送中心到顾客之间的配送费；与设施、土地有关的费用及人工费、业务费等。

③ 其他。用缩尺地图表示顾客的位置、现有设施的设置方位及工厂的位置，并整理各候选地的配送路线及距离等资料；对必备车辆数、作业人员数、装卸方式、装卸机械费用等，要与成本分析结合起来考虑。

（3）地址筛选。对所取得的上述资料进行充分的整理和分析后，考虑各种因素的影响并对需求进行预测，就可初步确定选址范围，即确定初始候选地点。

（4）定量分析。针对不同情况选用不同的模型进行计算，得出结果。如对多个配送中心选址时，可采用鲍勃—瓦尔夫模型、CFLP法等；如果是对单一配送中心选址时，就可采用重心法等。

（5）结果评价。结合市场适应性、购置土地条件、服务质量等，对计算所得结果进行评价，看其是否具有现实意义及可行性。

（6）复查。分析其他影响因素对计算结果的相对影响程度，分别赋予它们一定的权重。通常采用加权法对计算结果进行复查。如果复查通过，则原计算结果即为最终计算结果。但是所得解不一定为最优解，可能只是符合条件的满意解。

选择物流节点地址时，需要从总体上进行平衡和分析，既要考虑宏观又要兼顾微观。对于一定区域来说，服务于该区域的物流节点应该与其他物流节点协调配合形成有机整体。所以，在综合考虑以上因素后可定性地确定物流节点的地址，之后则要忽略这些其他因素，以运输距离最短或成本最低等因素为基本原则，采用定量分析的方法选取地址。

3. 选址的决策方法

（1）头脑风暴法。头脑风暴法出自"头脑风暴"一词。所谓头脑风暴（brain storming）最早是精神病理学上的用语，指精神病患者的精神错乱状态而言的，现在转而为无限制的自由联想和讨论，其目的在于产生新观念或激发创新设想。在群体决策中，由于群体成员心理相互作用影响，易屈于权威或大多数人意见，形成所谓的"群体思维"。群体思维削弱了群体的批判精神和创造力，损害了决策的质量。为了保证群体决策的创造性，提高决策质量，管理上发展了一系列改善群体决策的方法，头脑风暴法是其中较为典型的一个。

头脑风暴法又可分为直接头脑风暴法（通常简称为头脑风暴法）和质疑头脑风暴法（也称反头脑风暴法）。前者是在专家群体决策的基础上尽可能激发创造性，产生尽可能多的设想的方法；后者则是对前者提出的设想、方案逐一质疑，分析其现实可行性的方法。采用头脑风暴法组织群体决策时，要集中有关专家召开专题会议，主持者以明确的方式向所有参与者阐明问题，说明会议的规则，尽力创造融洽轻松的会议气氛，参与人一般不发表意见，以免影响会议的自由气氛。

（2）德尔菲法。德尔菲法（delphi method）是在 20 世纪 40 年代由 O. 赫尔姆和 N. 达尔克首创，经过 T.J. 戈尔登和兰德公司进一步发展而成的。德尔菲这一名称起源于古希腊有关太阳神阿波罗的神话。传说中阿波罗具有预见未来的能力。因此，这种预测方法被命名为德尔菲法。1946 年，兰德公司首次用这种方法用来进行预测，后来该方法被迅速广泛采用。

德尔菲法是为了克服专家会议法的缺点而产生的一种专家预测方法。在预测过程中，专家彼此互不相识、互不往来，这就克服了在专家会议法中经常发生的专家们不能充分发表意见、权威人物的意见左右其他人的意见等弊病。德尔菲法使各位专家能真正充分地发表自己的预测意见。

德尔菲法依据系统的程序，采用匿名发表意见的方式，即专家之间不得互相讨论，不发生横向联系，只能与调查人员发生关系，通过多轮次调查专家对问卷所提问题的看法。经过反复征询、归纳、修改，最后汇总成专家基本一致的看法，形成最终预测的结果。德尔菲法具有广泛的代表性，较为可靠。

6.5 配送中心规划的方案评估

评价指标体系介绍如下。

1. 配送中心选址规划影响因素分析

（1）交通条件。交通的顺畅性、公铁的协调性、道路等级等。

（2）经济因素。土地价格、建设总投资、运输费用等。

（3）社会因素。环境保护程度、对地区经济发展的影响、对规划地居民生活的影响等。

（4）政策因素。城市用地规划、相关税费标准等。

2. 评价指标体系的建立

配送中心规划的影响因素可抽象与归纳为社会效益、经济效益、技术效能三个层面，每层又可分为更多因素，且各影响因素的评价标准不同。结合各指标的特点以及在规划方案评价过程中的实用性，最终确定配送中心评价指标体系，如表6.1所示。

表6.1 配送中心评价指标体系

一级指标	二级指标	评价标准
社会效益	对城市居民的影响	尽量减轻对居民出行、生活的干扰
	环境保护程度	尽量减少对环境的污染
	对区域经济发展的贡献	最大限度地促进整个区域的经济发展
	服务范围	服务范围越大越好
经济效益	单位生产能力占地面积	单位生产能力占地面积越小越好
	单位生产能力投资项目	单位生产能力投资数目越少越好
技术效能	公铁协调性	与铁路衔接方便、简洁
	规模合理性	规模大小应合理
	交通顺畅性	交通状况良好

3. 评价指标权重系数的确定

实际评价过程中，各个评价因素的重要程度是各不相同的。为反映这一事实，在进行方案评价时，应根据实际情况确定出各指标的权重系数。采用逐对比较法确定各指标的权重系数，具体方法为：将评价指标进行两两循环组队，对每队之中的两个指标进行评价，相对重要的指标得1分，另外一个得0分。然后将所有指标的得分汇总，并进行归一化处理，得到每个指标的权重系数。按照此方法计算得到的评价指标得分及权重值如表6.2所示。

表 6.2　评价指标得分及权重值

评价指标	得 分	权重系数
对城市居民的影响	4	0.11
环境保护程度	6	0.17
对区域经济发展的贡献	4	0.11
服务范围	1	0.03
单位生产能力占地面积	5	0.14
单位生产能力投资项目	6	0.17
公铁协调性	0	0.00
站场规模合理性	8	0.22
交通顺畅性	2	0.06
合计	36	1.00

4. 评价指标权重系数的确定

关联矩阵法是一种常用的综合评价技术。它主要是用矩阵形式表示各种方案的有关评价指标及其重要程度与方案关于价值评定量之间的关系。设 $A_1, A_2, \cdots, A_m$ 为某评价对象的 m 个替代方案；$X_1, X_2, \cdots, X_n$ 为评价替代方案的 n 个评价指标；$W_1, W_2, \cdots, W_n$ 为 n 个评价指标的权重；$V_{i1}, V_{i2}, \cdots, V_{in}$ 为第 i 个替代方案。相应的关联矩阵表如表 6.3 所示。

表 6.3　关联矩阵表

替代方案	$\dfrac{X_1 X_2 \cdots X_j \cdots X_n}{W_1 W_2 \cdots W_j \cdots W_n}$	V_i 加权和
A_1	$V_{11} V_{12} \cdots V_{1j} \cdots V_{1m}$	$V_1 = W_1 V_{11} + W_2 V_{12} + \cdots + W_m V_{1m}$
A_2	$V_{21} V_{22} \cdots V_{2j} \cdots V_{2m}$	$V_2 = W_1 V_{21} + W_2 V_{22} + \cdots + W_m V_{2m}$
⋮	⋮	⋮
A_m	$V_{m1} V_{m2} \cdots V_{mj} \cdots V_{mm}$	$V_m = W_1 V_{m1} + W_2 V_{m2} + \cdots + W_m V_{mm}$

应用关联矩阵评价方法的关键在于确定各评价指标的相对重要度，以及根据评价指标的评价尺度，确定方案关于评价指标的价值评定量。

6.6　物流园区的规划与设计

随着科技和科学管理理念的发展，企业通过采用机械化和自动化以及先进的管理方法，提高劳动生产率，从而降低了劳动力耗费，增加了利润。但现如今，技术发展遇到了瓶颈，管理方法也没有多少提升的空间，于是一些企业把服务行业作为自身发展的另一重要途径，物流园区也就应运而生了。

物流园区是近年来现代物流发展的产物，它是物流节点之一。在物流系统中，物流园区居于重要的枢纽地位，起着承上启下的作用。物流园区是指在几种运输方式衔接地形成的物流节点活动的空间集聚体，是在政府规划指导下多种现代物流设施和多家物流组织机构在空间上集中布局的大型场所，是具有一定规模和多种服务功能的新型物流行业载体。

6.6.1 物流园区概述

1. 物流园区的定义

物流园区（logistics park），也称物流基地，最早出现在日本东京。物流园区是指为了实现物流设施集约化和物流运作共同化，或出于城市物流设施空间布局合理化的目的，而在城市周边各区域集中建设的物流设施群与众多物流行业者在地域上的物理集结地。随着全国物流行业的蓬勃发展，全国各大城市都在规划建设物流园区，形成了一股物流园区规划建设的热潮。物流园区的建设对本土物流企业的发展、本土物流人才的培养以及物流管理技术的快速提升起到了巨大的推动作用。但物流园区作为新生事物，其规划与建设能否真正成为经济发展的推动力，是发展现代物流的关键，也是社会化开放型高效物流体系的重要体现。

物流园区将众多物流企业聚集在一起，实行专业化和规模化经营。通过物流园区的建设，使物流企业在发挥整体优势、促进物流技术和服务水平的提高、共享相关设施、降低运营成本及提高规模效益等方面，起到了重要的作用。物流园区的含义主要包括：

（1）物流园区提供包括运输、物流和配送等所有服务；

（2）运作者是物流及相关设施的拥有者和租赁者；

（3）遵守自由竞争的原则；

（4）物流园区必须具备完备的公共设施；

（5）物流园区能提供多样性的运输服务；

（6）物流园区是单一的经营主体。

2. 建设物流园区的意义

（1）物流园区由分布相对集中的物流组织设施和不同的专业物流企业构成。物流园区的功能除了一般的仓储、运输、加工（工业加工和流通加工）等功能外，还具有与之配套的信息、咨询、培训、维修、综合服务、信息处理等服务项目。物流园区的合理规划与建设，对本地区整体利益的提高起到了重要的推进作用。

（2）合理规划的物流园区，将分布于市区及城郊的物流企业聚集起来。通过功能整合、技术创新、规模化运作，减少物流对城市的发展造成的负面影响；改善城市交通、生态环境、城市景观和优化城市的功能布局，增强城市的综合竞争力。

（3）规划建设物流园区可促进第三方物流的发展，给企业提供必要的停歇中转空间，以减少物流在空间上的不合理流动，保证物流供应的顺畅和反应快速，以推进物流产业向社会化、现代化、集约化发展。

（4）物流园区为物流产业的发展营造了一个优良的环境。园区具有系统性和综合性，是现代物流技术、信息、设施、人才管理、资源、客户的集中地。物流园区使得物流技术的研究、开发、运用具有丰富的资源和实施的载体。

（5）物流园区建成后，工商、税务、海关、环保、交通等政府的职能部门进入并形成一条龙服务体系，这样有利于政府的宏观指导和企业的规范化运作。

3. 物流园区的发展历程

1999 年，深圳平湖物流基地的提出，标志着中国开始引入物流园区的概念，如今我国物流园区已走过了二十多年的风雨历程。

物流园区是区域经济和现代物流行业发展到一定阶段的必然产物，是区域经济产业集群的派生产物，也是产业集群空间聚集的一种表现。作为物流企业的载体，物流园区的产生、形成和发展有着极其深刻的内在规律性，是市场需求、产业关联、外部经济和比较优势等多种因素下的新兴物流行业形态。从系统论的角度看，物流园区的演化、发展规律是物流节点作为一个整体系统而具有的演变和发展规律。从一般演化规律来看，物流园区的发展分为如下四个阶段：

（1）初始发展阶段。初始阶段区域经济、交通状况、科技发展等外部环境处于较低水平，区域经济、商业贸易、物流密度不高。物流节点的所在腹地狭小，仅限于城市周边地区。

（2）地方性物流中心形成阶段。随着科技水平的提高，自然资源和劳动力资源在内的生产领域可挖掘的潜力越来越少，而物流资源以其巨大的潜力成为企业关注的焦点，地方性物流中心逐渐发展起来。在此阶段，地方性物流中心主要为本地区社会经济发展服务或是依托本地的制造企业、商贸企业，而地区之间的物流联系较少。

（3）区域竞争阶段。随着经济的发展，区域间的商品交换日益增强，供需双方对及时供货要求不断提高，专业化物流服务商不断涌现并开始在区域内聚集，因此，综合物流园区应运而生。物流园区采用供应链一体化管理模式以满足区域物流发展、高效物流服务的需要。在空间上，物流中心（园区）腹地逐渐拓展到整个区域空间，物流中心（园区）之间的物流交换与联系不断增强。在功能上，物流园区服务发展为多样化、一体化的全程服务；在物流市场竞争中，具有经济、交通、政策等优势的物流中心（园区）逐渐发展壮大，而处于劣势的物流中心则逐渐萎缩。

（4）"轴—辐"系统形成阶段。区域物流枢纽城市形成。随着经济全球化和区域经济一体化的发展，区域表现出旺盛的物流需求。区域物流已经成熟。物流政策、物流基础设施、物流信息平台不断完善，物流市场运作趋于规范。区域性物流园区在空间上科学布局，基本形成了以市场为导向的物流龙头企业，进而带动了整个区域的物流服务能力，增强了区域辐射范围以及经济拉动能力。

4. 物流园区的特征

（1）集合性。物流园区集合了不同的包装方式、不同的搬运工具与效果、不同的装卸模式、不同的运输方式、不同的存储能力与规模、不同的流通加工能力和先进的信息管理系统等多角度、多模式、多层次的物流环节与功能，对于完成园区内各项物流业务，具有良好的统一性和高效性。

（2）综合性。物流园区真正地把商流、物流、信息流、资金流等不同性质、不同文化背景的不同行业和企业联系在一起，综合管理、统一运作，有利于降低成本和提高效率。

（3）复杂性。由于集合性和综合性等原因，物流园区具有比一般的物流中心和工商企业更为复杂的内在因素，其管理与运作的难度相对更高。

（4）独立专业性。一般来讲，物流园区的独立专业性体现在以下两方面：一方面，在物流园区中，不单独发展制造业；另一方面，在物流园区服务半径内，不再发展分散的自用型物流行业。在充分发挥物流园区整体功能的条件下，尽可能地减少重复投资造成的浪费。

（5）公共公益性。公共公益性是物流园区不同于自用型物流中心的另一个特征。以公共公益性为特征的物流园区面对的客户更广泛，服务辐射的半径和规模更大，配套服务的综合性更强。从公共公益性角度看，物流园区的产生，不仅可提高物流增值服务的专业化水平，而且更有利于提高物流行业的资源利用效率。

在分析研究物流园区的特征时，有必要将物流园区与物流中心进行区分，物流园区是相对于微观运作的物流主体而言的，从功能和涵盖范围来说，它是介于流通区域和物流中心之间的物流节点。一般来说，一个大型的流通区域可包括一个或者多个物流园区（如东北区域、华东地区等），物流园区可包含多个具有不同功能和服务范围的物流中心，物流中心可包含或者服务于多个物流配送中心。物流园区除了具有物流的功能之外，还具有商流的功能，是物流节点和商流节点的综合。物流中心是处于枢纽或者重要地位的、具有比较完整的物流环节，并能将物流集散、信息和控制等功能实现一体化运作的物流节点。

5. 物流园区的功能和作用

现代物流园区主要具有物流组织与管理功能和依托物流服务的经济开发功能。

（1）物流组织与管理功能。物流园区的物流组织与管理的功能，一般包括货物运输、分拣包装、存储保管、集疏中转、市场信息、货物配载、业务受理等，而且多数情况下是通过不同节点将这些功能进行有机结合和集成而体现的，从而在园区形成一个社会化的高效物流服务系统。物流园区是物流组织活动相对集中的区域，在外在形态上与不同园区有相似之处，但是，物流的组织管理功能因园区的地理位置、服务地区的经济和产业结构及企业的物流组织内容和形式、区位交通运输地位及条件等存在较大差异，因此，不同的物流园区，其物流组织管理功能有不同的界定。

其次，开发和建设物流园区，物流园区因物流组织规模较大和管理水平较高等因素而对既有物流设施在功能上产生替代效应。在既有设施已客观存在局部过剩的情况下，物流园区并非简单的重复建设，而是通过在功能设计和布局上对当前及未来物流组织管理的适应，并通过规模化和组织化经营，从而实现对既有设施的合理整合。

（2）依托物流服务的经济开发功能。物流园区概念的提出，很重要的原因不是由于其物流发展和运作本身的作用，而在于其经济开发功能。

首先，物流园区一般从区域经济发展和城市物流功能区的角度进行建设，具有较大规模，国内目前较大的物流园区一般占地均在千亩之上，经济发达国家更有占地在数平方千米。因此，物流园区的开发和建设，会因为在局部地区的大量基本建设投入，而带动所在地区的经济增长。

其次，物流园区除了具有自身的经济开发功能外，还具有支持产业经济开发的功能，主要是因为物流园区在物流基础设施方面比较完善，物流服务功能较为齐全，从而确保了经济发展所必需的物流运作效率和水平，这也是经济发展再上新台阶的重要基础。作为开放式的物流节点，物流园区除了其自身的这两项功能外，还包括了集约互补综合运作和辐射带动等功能。

物流园区的作用是与其功能密不可分的，从功能的角度分析，物流园区的作用主要体现在对社会经济的促进；对物流系统及功能的完善；对社会物流效率和物流企业效益的提高。

6.6.2 物流园区的区位选择与布局规划

1. 物流园区的区位选择

物流园区的选址，主要取决于建立物流园区的目的性。比如，以解决市内交通拥挤、缓解城市压力为主要目的建立物流园区，应将其建在城乡连接处，但要防止物流园区离商品生产地、销售地和交通设施距离过远，造成运输距离长、运费增加；以经济效益为主要目的建设物流园区，则可将其建在交通枢纽地区或产品生产与销售的集散地区，便于综合利用交通运输设施，就地就近集散商品，降低物流成本。

对于综合物流园区的区位选择，主要遵循以下原则。

（1）靠近内外交通枢纽中心地带，如紧邻港口、机场、铁路编组站等，周围有高速公路网，内部至少由两种运输方式相连。

（2）靠近交通主要干道出入口，对外交通便捷。

（3）位于土地开发资源较好的地区，用地充足，成本较低。

（4）紧邻大型工业、商业企业，由于工、商企业是物流园区生存的基础，所以靠近市场、缩短运输距离、降低费用、迅速供货应该是物流园区选址首要考虑的因素。

（5）考虑物流通道网络的影响，由于道路网的通达性直接影响到运输的效率，因此在选址过程中应综合考虑道路网分布、通行能力和交通管制情况等因素。

（6）考虑环境因素，尽可能降低对城市生活的干扰，所以一般综合物流园区都应该设在城市中心区的边缘地区、城市道路网的外环线附近。

（7）周围有足够的发展空间，由于物流行业的发展与当地的产业结构、工业布局密切相关，所以园区的选址要为其发展留有余地。

2. 物流园区布局规划的影响因素

1）外部因素

（1）区位条件。区位条件是物流园区建设必须具备的基本经济地理位置条件。从区域经济和区域物流系统层次分析，物流园区与其腹地区域物流活动紧密相关，符合区域物流的经济地理位置要求，即物流园区的建设需要满足全区域物流运作成本与效率的要求，以及基础设施的布局及规模要与物流运作的现状与发展相适应的要求。因此，物流园区需要有良好的经济地理条件，以利于低成本、高效率地开展物流服务。

从区域角度来看，规划中的物流园区系统应尽量选择靠近服务区域中经济发展与未来增长的重心位置上，物流基础设施的位置也应选择区域内经济中心城市、商品集散地、工农业生产基地和重要的消费市场；充分利用经济中心城市的经济优势和物流组织条件，为未来物流系统的建设与运行提供服务需求与服务运作支持。物流园区区位条件效用的大小取决于以中心城市为核心构筑的区域物流系统提供的物流服务水平。

物流园区是物流企业或配送中心的集中场所，因此需要以市场经济的眼光科学选址，这是因为能否吸引足够的资金和企业是物流园区建设和运营成功与否的关键。在物流园区规划初期，选址也应将这点作为决策的重中之重来考虑。

（2）物流现状需求分析与预测。客观分析物流现状需求，预测未来发展趋势是物流园区规模确定的依据。用社会各行业的统计数据，对物流现状和未来发展进行定量、定性分析和预测，分析不同空间范围、不同功能类型的物流需求有助于对物流的分布及流向和结构有客观的认识，从而为确定物流园区规模提供可靠依据。物流需求的预测是对尚未发生或目前还不明确的货物流量、来源、流向、流速、货物构成等内容进行预先的估计和推测，是当前对这些项目将要发生的结果进行探讨和研究，它属于经济领域中市场预测的范畴，在此不做过多的分析。

（3）物流基础设施条件。物流基础设施条件是形成区域物流园区物流能力的基础设施支持条件。包括交通运输仓储、信息、包装以及流通加工、外贸通关条件等方面的综合性物流资源条件。要具体分析的方面包括综合运输体系的布局、分工、配合的合理和协调性，仓储管理的时效性以及现有信息系统的通畅性、可靠性和实用性等，以对未来建设与发展重点做出明确规划。

① 交通运输。交通运输是物流系统中最为重要的构成要素。它是由交通运输设施、运输工具、通行权以及在此基础上提供运输服务的承运人组织所构成，在其形成和发展过程确定了各种运输方式的运输系统或多式联运系统的经济特征。运输方式确定了运输的基本形式，物流系统要求交通运输具有良好通达性，能满足物流需求的可达性，同时在合理运输价格的基础上，实现运输系统的合理化布局、分工和协调运行。

② 仓储。仓储除具有场所功效外，因对产品需求具有调节功能，适应生产和消费之间的时间差异，从而构成物流系统中另一支撑要素。仓储基础结构是由库场设施、仓储设施以及在此基础上形成的仓储功能和仓库管理者构成，并由此形成了物流系统中的物流节点。对于城市物流系统仓储条件的要求是：通过合理的物流节点布局、高水平的库存管理和仓库管理，形成具备单一功能和多功能组合的物流节点系统，适应物流服务的可达性需求。

③ 信息。信息对实现优质物流服务的保障作用和对于现代企业产销决策的支持作用，使得通信基础设施及信息系统成为区域物流中心系统建设的重要保障条件，主要体现在以下两方面。

第一，城市物流园区应提供良好的通信基础设施和公共物流信息服务平台。

第二，企业物流信息系统不断适应社会物流需求变化的同时，通过在精确、及时、灵活、标准化方面得以改进，提供交易、管理控制、决策分析、制订战略计划等多层次物流信息服务。

此外，包装、装卸搬运、流通加工、国际贸易通关及其物流延伸服务等环节在物流活动中体现出保护、量化、便利、效率等功能，使这些环节的设施配套成为物流系统不可或缺的要素。因为物流基础设施建设具有建设周期长、投资规模大、投资回报周期长等特点，需要在重视物流基础设施新建的同时，加强既有设施的技术改造和物流资产整合。

2）内部因素

物流园区规划是物流系统在物流园区节点其业态发展情况的空间反映。明晰物流行业业态本身发展的问题是搞好物流园区规划的关键。下面从物流产业发展阶段、园区内部物流流程和物流基础设施三方面阐述物流行业发展对物流园区空间布局规划的影响。

（1）物流产业发展阶段。物流产业由原来传统的仓储运输业发展到以现代信息网络、通信技术为支撑的现代物流行业，其物流园区的形式也发生着相应的变化。日本等发达国家物流园区发展历程便说明了这一问题。日本、德国等发达国家物流园区建设先后经历了货物配送转运中心、物流中心、配送中心及物流园区的阶段。每阶段物流园区的特点都反映了当时物流产业发展的状况。例如日本大阪物流园区成立于1974年，当时物流园区的建设以单层标准仓库为主,其作用主要是仓储;随着物流行业的发展,至 1984 年园区的建设开始以配送中心为主,逐渐走上发展现代物流行业的道路。日本川崎 Kfaz 物流园区是在 20 世纪 90 年代建设的,此时物流系统规划与设计的物流园区建设就以大型立体仓库为主,充分运用了现代信息通信技术,并具备流通加工等功能。物流设施随物流行业业态的发展有大型化的趋势,其用地、容积率等指标也在逐渐升高。

我国物流产业发展现状决定了当前物流园区建设的特点:充分结合物流基础设施分散、专业化程度不高的现实,整合现有零散物流基础设施,以科学合理、适度超前的原则来制订物流园区规划。

(2) 物流园区内部物流流程。物流园区内部物流流程是整个物流系统在物流园区节点内物流运作过程的具体反映。弄清物流在物流园区内的运作过程便于物流园区功能分区、流线组织等工作的进行。物流流程可以说是货物运送流线,包含货物运达、验收、存储、配货发货等全过程。

不同的物流园区依据自身特点,其物流园区内部物流流程路线略有不同,大体是按流程进行的。在进行物流园区规划设计时,应结合具体物流园区特点,在明确物流园区内部物流流程的基础上,确定功能分区,组织车流、人流等具体路线。这也是保证物流园区功能合理的基本前提。

(3) 物流基础设施。物流基础设施是完成物流活动各环节的建(构)筑物及交通基础设施的统称。物流基础设施有广义和狭义之分。广义物流基础设施包括配送中心、仓库、货场、交通基础设施(货运场站、堆场)等综合性大型完成物流活动的设施;狭义物流基础设施包括物流设施、仓储设施、运输设施等具体完成物流活动的设施(备)。物流园区空间布局规划在一定程度上是对物流基础设施在空间上的统筹安排和部署。

物流基础设施的特点决定了物流园区规划的部分特点。如配送中心、立体仓库等设施体积较大,就需要较大的占地规模;标准仓库对货物装卸等有较高要求,就要求规划足够的装卸、回车等场地;运输设施中以货车为主且大小型均有,数量较多,就要求物流园区在路面设计、道路宽度、路网密度等方面,满足货运交通的需要。只有明确物流基础设计的特点,才能做好物流园区规划,保证物流活动的正常进行。

(4) 物流园区的选址方法。近年来,选址理论发展迅速,各种不同的选址方法也越来越多,大致可分为连续模型与离散模型两类。连续模型认为物流园区的地点可在平面上取任意点,代表性的方法是重心法;离散模型则认为物流园区的地点可是有限的几个可行点中的最优点,代表性模型有 Kuehn-Hamburger 模型、Baumol-wolfe 模型、Bison 模型。各模型的共同点是以各费用之和为目标函数,求使费用达到最小的解。除了数学模型外,现在又发展出计算机决策方法和模糊评价等方法。其中计算机决策方法主要有两种:计算机仿真法和控制法。

6.6.3 我国物流园区建设与运营模式

物流园区的建设与经营是一个巨大的系统工程。它涉及规划、交通、土地、商业、外贸、工商、物价、税务等部门，同时，它又是投资庞大的工程，包含征地、拆迁、市政基础设施配套等，所需资金巨大，而且投资回收期相对较长，单靠政府投资是难以解决的。各国物流园区的建设离不开政府和物流企业这两大主体，作为两大主体，政府和物流企业在物流园区的开发建设中各尽其职，各取所需。因此，在确定物流园区的地理位置、功能定位及内部规划等之后，还应对其运作方式进行总体的规划。从我国物流园区的开发模式来看，主要包括以政府为主导的自上而下的模式和以企业为主导的自下而上的模式。

1. 国外物流园区开发运营的经验

物流园区的出现和发展比物流发展的历史要短很多，即使在发达国家，物流园区的发展历史也不过短短十几年时间。目前，各个国家的物流园区大都在摸索中经营，尚未形成统一的开发经营模式。但不管何种模式，政府和企业都是开发建设的两大主体。他们在园区的开发运营中起到的作用不一样，各司其职，各取所需。在日本，政府不直接参与园区的开发建设，只从宏观上负责总体协调和宏观管理，并制定相应的政策法规，把具体业务全权委托给物流行业协会等公益组织或专业机构运作。在德国，由于对物流园区的定位不同于日本，政府不只负责各方面关系的协调，而且直接参与园区的投资建设。联邦政府负责总体的统筹规划，州、市政府具体负责园区的开发建设，并采取公司化的经营管理模式。

2. 我国物流园区当前存在的开发营运模式

我国物流园区目前开发建设的主体也是政府和企业，形成了以政府为主导和企业为主导的参与模式。近年来，我国物流园区开发与建设正呈现多元化的格局，不同园区具有不同的投资开发特点。

（1）政府主导的公共投资型物流园区。此种类型的物流园区借鉴了德国物流园区的建设经验，主要分为"政府开发—政府经营"模式和"政府开发—企业经营"模式。建设中，政府不但负责物流园区的统筹规划，而且通过土地优惠、设施资源整合置换等方式支持园区基础设施的建设，主要包括交通运输、商贸流通部门对园区及其附近的交通基础设施的投资建设。另外，政府牵头成立园区经营管理公司或委托专业公司负责园区配套设施的建设和园区的运营管理。

在这种模式下，政府扮演多重角色，既要制定园区开发的宏观政策，又要维护园区建设的运作秩序，还要把物流园区视为重要的基础设施投资项目，对其进行较大规模的资金支持。也就是说，政府既是园区发展政策的制定者，又是运作秩序的维护者，还是基础条件的创造者。可见，政府在园区建设中始终起着重要作用，甚至国有资本在一些园区的股东结构上占有很大比例，因此，政府意志可很好地得到贯彻。良好的社会效益是园区追求的主要目标之一。通过园区建设形成的产业聚集效应,不但可拉动相关产业的发展,在园区服务的辐射半径内创造良好的投资环境,而且有助于缓解城市交通拥挤和功能紊乱,有助于城市规划调整的合理化和加速升级产业布局,进而达到降低社会总成本、实现社会效益最大化的最终目的。

(2)以企业投资为主导的企业投资型物流园区。该模式是政府将土地、设施租赁或出让给企业,由企业进行物流园区的开发建设和经营管理。由于这种物流园区的投资建设完全或大部分由企业出资,缺乏公共资金甚至政府政策的有力支持,因此,这类物流园区具有回报率低、回收周期较长的特点。此类物流园区往往是具有雄厚实力的大型商贸流通控股企业、大型交运和储运企业或大型工业制造企业发起,独立出资或联合开发。通过龙头企业的辐射带动,吸引供应链或产业链上下游的原材料及零配件供应企业、运输仓储等专业物流服务企业的加盟。

此类物流园区的开发建设完全是企业行为,由市场自发形成,出资企业负责园区的投融资和经营管理,或设立专门的公司负责开发建设和营运管理,政府仅扮演政策引导和支持的角色。由于这些物流园区的发起企业往往具有丰富的市场运作经验,因此,该类物流园区一般具有较强的市场适应能力和管理经营能力,带有明显的营利性质。

(3)政府、企业合资型物流园区。由于物流园区的开发属于大型的物流基础设施建设,具有占有资金数量多、开发周期长、经营风险相对较大的特点,因此,在国内外,绝对的公共机构或绝对的私人企业独自出资开发建设的模式并不是主流的投资模式。政府主导,社会资本参与,多渠道、多主体投资开发与经营管理的"建造—经营—转让"综合模式比较普遍。该模式本着政企分开、各司其职的原则,按市场规律经营运作,即政府、企业等多方筹资,共同开发,共同经营,风险共担,收益共享。

3.物流园区开发运营模式中存在的理由

目前,物流园区投资开发模式中主要存在两个理由,即投资开发主体形式过于单一和政府可能过多地干预园区开发导致竞争机制的不健全。

首先,以政府为主导和以企业为主导的开发模式具有开发主体形式单一、抗风险能力差等问题。由于物流园区具有建设初期投资大、建设周期长、投资回报慢等特点,因此,不论是政府还是企业作为主要投资主体,都要承担较大的投资风险。一旦经济形势出现波动,当地物流需求不足,会导致过于单一的投资主体的资金链紧张,进而影响物流园区建设周期,造成入驻企业流失、经营管理脱节等现象。

其次,政企联合投资开发的模式虽然在一定程度上降低了投资主体的投资风险,但是这种模式易导致物流园区运作中的利润分配关系不清、风险收益不匹配等现象。这种模式存在的另外一个理由是土地的隶属关系混淆不清,政府由于牵扯到自身利益而有可能给予园区更多政策优惠和支持,进而导致市场的不公平竞争。

4. 物流园区开发运营模式的选择

鉴于不同的开发运营模式具有不同的特点，很难说哪种运营模式最为适合。需要围绕园区的发展目标、战略定位，结合当地城市物流发展规划，充分发挥园区的综合物流功能，兼顾效率与公平的原则，尽可能满足物流生产与消费的需求，实现市场效益和社会效益的统一与最大化。

（1）园区运营需引入市场机制，采取公司化运营。物流园区归根结底是市场经济下现代物流快速发展与聚合的产物。园区的发展运营、服务竞争离不开市场。因此，公司化运营是物流园区健康、高效、可持续发展的基础，应遵守市场经济的游戏规则，按照市场规律运作，实现政企分开，公平竞争。要把园区的发展目标纳入公司的发展战略，按照权、责、利相结合的原则明确各职能部门的目标与职责，才能实现园区的可持续发展。

（2）政府在职责范围内要加大对物流园区的支持力度与参与程度，进一步加强对园区开发运营的监管。体制的不健全使物流园区的开发运营离不开政府的支持与参与，更不能脱离政府的监管独立经营。首先，物流园区在追求经济效益的同时，还要兼顾社会效益。因此，政府不能做"甩手掌柜"，完全任由其发展。涉及物流园区的重大发展决策，应体现出政府意志。例如，物流园区的设立必须遵循政府对城市的发展规划和政府对物流行业的发展规划。其次，政府在物流园区的发展过程中，还要正确行使其行政监管职责，严厉打击部分地区和个人打着建设物流园区的幌子而大肆圈地，从事房地产、物业等与物流无关的项目建设的行为。最后，政府在园区的开发运营中以什么样的角色介入以及多大程度介入，关系到园区运营是否真正实现政企分开和企业化运营的关键理由。政府应正确履行监管的角色，但也不能事无巨细地插手过多，以免造成经营管理体制僵化，影响竞争的公平性。

6.6.4 我国物流园区的发展分析

现代物流园区以物流与供应链管理为核心，集仓储管理、运输配送、装卸搬运、流通加工、信息处理、分销服务、金融商贸、保险服务和后勤管理等功能于一体，其不仅是一种物流运营的发展状态和空间概念，更是一个高标准的物流节点，必将成为现代化物流服务的主要运作形式。根据不同的区位和城市需求，它可作为干线运输的枢纽和多式联运的支撑点，也可成为集仓储、调度、支持为一体的重要载体，服务于打通物流发展的"最后一公里"。其在促进物流行业技术、服务升级，提高物流集约化程度，改善物流运营环境，加快物流企业成长，整合现有资源、增加规模效益、减少浪费及缓解城市交通压力等方面发挥着非常重要的作用。

1. 物流园区的发展现状与问题

我国从 20 世纪 90 年代开始建设物流园区，第一个物流园区是深圳平湖物流基地。据不完全统计，总体上，我国物流园区建设呈急剧扩张的态势。到 2022 年底，我国物流园区数量已达到 2553 家。与此同时，我国物流园区的建设与发展也存在以下问题。

（1）物流园区规模名不副实。目前，我国物流园区多数占地规模不大，近一半物流园区占地为 150~1500 亩。一些地区为了招商引资，故意夸大园区占地面积，还有一些以圈地为目的，真正投入物流运营的面积只是实际占有面积的一部分。在全国第三次物流园区调查中甚至发现有"规划面积"为十几平方千米的物流园区实际占地还不到 1000 亩的情况。此外，我国物流园区建设投资规模基本集中在 1 亿~10 亿元，数量约占物流园区总量的 44%。投资规模在 10 亿元以上及 1 亿元以下的物流园区数量大约各占 28%。

（2）物流园区缺乏统一规划。目前物流园区规划主要存在"需求不清、定位不准、功能太泛、布局不顺、实施不力"五大软肋，这五大软肋很大程度是因为缺乏合理有效的规划造成的。在政府规划推动建设的物流园区中，通过省级政府审批的约占 32%，地市级政府审批的约占 59%，区县级政府审批的约占 9%。地市、区县一级政府审批建设的园区数量占比明显偏高。由于省级以下政府在区域经济发展的全局和大局方面关注度相对较弱，容易偏重地方发展和局部利益，因此常有同一区域范围内物流园区重复建设，多个园区并存的现象发生。同时，各地政府还出台不同的优惠政策，利用"政策洼地"吸引建设投资，导致严重的恶性竞争，影响了物流园区的市场化竞争和健康发展，主要表现在：一方面物流园区在宏观整体规划上缺乏充分的研究与谋划，对经济总量、产业基础和市场需求等因素考虑不充分，不仅形成了同质化物流园区遍地开花的局面，还因物流园区建设之初项目战略定位不明确、缺乏前期市场调研、发展目标和方向不清晰，导致物流园区规划建设与市场、专业脱节等问题；另一方面，从全国物流园区发展的角度看，我国物流园区的布局与规划还具有一定的不科学性和盲目性，在节点的设置、资源的联络与调配、重点战略物资与应急物资的储备等多方面还没形成整体的规划体系，难以较好地适应国家整体物流布局的需要，难以满足企业供应链运作的需求，因衔接不畅、配置不平衡，造成了一定程度的资源浪费。

（3）物流园区地域分布不均。物流园区的规划建设与区域经济发展息息相关，沿海经济区因经济发达，货物运输需求量大，具有便利的交通和先进的物流设施等优势，物流园区有充足的市场需求及建设条件。而国家西部大开发战略的提出与实施，对第三产业的鼓励及加工制造业逐步向中西部地区的转移等因素，使中西部地区物流园区的建设项目也在加速。从发展过程看，经济相对发达的沿海经济区对物流园区的建设已逐渐趋于理性，并开始思考物流园区运行的质量、效率与价值，在国家促进物流产业发展的背景下推进物流园区运营模式的变革，通过提高服务品质、优化整合，在竞争过程中优胜劣汰，以提升物流园区整体运营质量。

（4）物流园区战略规划不充分、定位不明确。调查表明，物流园区的发展受多种因素的影响。首先，区域经济发展水平是物流园区建设和运营要考虑的首要因素；其次，区域范围内物流企业群体的规模和个体业务能力对物流园区的招商和运营也会产生重要影响；再者，物流园区缺乏集聚能力，迁入费用昂贵，配套设施不健全，管理水平落后等原因也会影响企业入驻和物流园区运营的方式与规模。目前，规划不充分和战略定位不明确两项因素是阻碍很多物流园区发展的根本原因。部分物流园区在规划建设时缺乏明确的战略定位，造成物流园区招商困难，影响园区整体效益。此外，大部分物流园区服务内容单一，只能提供库房货场出租、车位出租和物流设施租赁等，远不能满足客户差异化的需求，无法对入驻园区企业的运作提供各种支持性配套服务和难以为客户提供高附加值服务，也导致了物流园区入驻率低、综合效益难以达到投资预期。

（5）物流园区土地问题成为发展瓶颈。近年来，全国物流园区虽有了很大发展，但不同区域间供求关系仍然各具差异。从一般情况看，一方面，一些三四线城市，脱离实际需求、盲目上马物流园区，由于需求不足、功能定位不准等所形成的先天缺陷，导致许多园区招商运营困难；另一方面，随着许多大城市扩容改造，仓储设施被迫外迁，新的建设用地十分紧缺，导致仓库租金不断上涨，甚至"一库难求"，这一现象在沿海经济发达地区尤为突出。调查显示，有41%的物流园区运营者认为现行的土地政策限制了物流园区的发展，很多园区土地手续办理缓慢，部分项目不能如期开工，同时，后续土地储备不足，影响物流园区的远期规划和发展。随着我国土地政策的调整，和土地相关的各种成本均明显上升，导致物流园区的发展过程中经营成本不断增高。我国部分一线城市（上海、深圳等）物流用地地价每亩为60万~100万元，致使物流园区固定资产投资成本大幅上升，显著加大了物流企业的运营成本。

2. 物流园区发展趋势分析

在未来的市场竞争中，物流园区定位需要更加明确、更加专业化，特别是依托诸如钢铁、汽车、家电、电子、食品冷链等产业集聚区的物流园区将会依靠稳定的市场需求得到快速发展。只有园区这种物流运营模式，才能改变传统的服务模式和运作方式，使运输服务成本更低，配送效率更高，经济和社会效益更佳，并以此适应我国日益深化的社会分工和快速发展的经济环境。在我国经济发展进入新常态后，我国物流行业必将进入新一轮的产业地位提升期、现代物流服务体系形成期和物流集约化建设期，并将呈现以下发展态势。

（1）物流园区功能将加快现代化及创新发展。目前，我国大部分物流园区的功能仍然是以传统物流活动为主，如仓储、运输、配送等，但随着经济、技术的发展，物流园区将开始考虑增值服务的提供，寻找新的服务模式，创造新的价值。例如，产业联动逐渐得到推广，其中包括物流与商贸业和制造业的联动发展；产业融合的服务创新，包括物流与金融、物流与电子商务的服务融合；基于多种方式联运的服务创新，如保税流、口岸物流、国际物流的拓展服务。目前，布局合理、产业集聚、功能集成的网络化物流服务体系在我国部分省市已逐步形成，整合区域网络资源、带动区域经济协调发展的功能日益增强。例如上海市已形成了以深水港、外高桥、浦东空港、西北综合四个重点物流园区为核心架构的网络布局，有效发挥物流园区的集聚辐射功能和产业带动提升作用。2013年8月22日批准成立的中国上海自由贸易试验区集聚了融资租赁、国际结算、保税加工等全新功能，为国际贸易和物流提供了极大的便利性。

（2）物流园区向产业服务专业化和多式联运互动方向发展。有一定实力且具有专业服务能力的物流园区，通过产业细分的不断加强，凭借满足行业的个性化服务需求的能力来提高园区的竞争力。同时，通过多式联运的模式降低全产业链的物流成本，提高物流效率。

（3）综合性服务的大型商贸物流中心将会大量涌现。未来大型物流园区一般都会具有广泛复杂的综合功能，除了一般的物流功能以外，还将具有商品博览、信息发布、技术服务、商品交易等多项功能，呈现综合集约性、独立专业性和公共平台性等显著特征。集商品集散、物流管理为一体的综合大型商贸物流中心的出现，不仅是现代物流园区的发展趋势，也是其未来发展的重要渠道之一。

（4）服务与管理将成为影响园区长远发展的重要因素。企业的入驻量和规模是衡量一个园区运营状态好坏的重要指标。在企业进驻物流园区的各个影响因素中，依据选择频数高低排列分别为：交通方便、配套设施齐全、服务质量高、园区品牌好、交易环境优越、有一定优惠条件和租金便宜。由此可见，物流园区的服务能力和服务意识对园区生存和发展起着非常重要的作用。一些园区将招商重点放在与园区发展思路一致的高端、品牌客户上，逐渐淘汰小、乱、差客户与经营者以提高园区品牌形象和利润升值空间。同时，园区通过转变经营和服务模式，对客户资源进行整合开发，拓展新业务（如控货融资等），建立服务标准，提高物流综合服务水平，也能取得良好的经济和社会效益。

（5）平台整合将成为园区发展的战略举措。物流园区将由单一的物流运作平台向整合供应链相关环节延伸，向产业链的枢纽地位转型，大量的物流企业、运输企业、专线企业和车货匹配平台会进驻物流园区，生产制造、商贸流通、金融保险等企业将通过园区平台跨界融合，创造许多新的经营模式，如内陆"无水港""无车承运""无轨货场""虚拟空港""卡车航班"等，极大地拓展物流企业经营服务空间。另外，物流园区的信息化技术特别是移动互联技术的发展，云计算、大数据挖掘等新技术的运用，将有力地促进物流资源的社会化整合和物流园区的集约化经营。

总之，目前我国物流行业的发展仍处于初级阶段，特别需要用科学的物流运营模式对现有的物流资源和物流企业进行整合。成功规划建设物流园区，关键在于能真正实现规划科学、体制有效、利益均衡、项目支撑。政府和企业应紧密围绕社会经济发展需要，充分利用互联网经济快速发展这一机遇，在现代物流园区规划建设前期，认真进行市场机会和区域布局分析，从产业招商和投资发展角度进行深入研究，以规避和解决目前物流园区建设中存在的问题。紧盯物流地产黄金发展期，用前瞻的眼光、超前的规划、分步推进的思维和扎实的执行力来进行现代物流园区的布局和建设，只有这样才能保证物流园区规划科学，符合现代物流发展趋势，使之在我国经济社会发展中真正发挥其"大动脉"的重要作用。

6.7 数字化物流设施选址案例分析——京东

6.7.1 京东的背景介绍

1. 京东的发展

京东于 2004 年正式涉足电商领域，2014 年，京东在美国纳斯达克证券交易所上市，成为中国电商企业中第一家在美国上市的公司；2017 年，组建京东物流子集团，推出"无人配送车"和"无人机"等智能物流技术；2018 年，京东金融升级为京东数字科技集团，致力于人工智能、大数据、云计算等领域的研究和应用；2019 年，组建京东健康子集团；2021 年，整合云与 AI 业务与京东数科，成立京东科技子集团。

2022 年，京东集团市场交易额超万亿元，净利润 282 亿元。2022 年《财富》发布的世界 500 强榜单中，京东集团排名跃升至 46 位，也是国内行业唯一进入前 50 的公司，并连续 6 年排名国内行业首位，是中国线上线下最大的零售集团。

京东集团定位于"以供应链为基础的技术与服务企业"，目前业务已涉及零售、数字科技、物流、技术服务、健康、保险、物流地产、云计算、AI 和海外等领域，其中核心业务为零售、数字科技、物流、技术服务四大板块。

2023 年 6 月 18 日，京东创业 20 周年。

2. 京东的竞争优势

在 1990 年的《哈佛商业评论》中，两位著名的美国经济学家 Prahalad 和 Hamel 引入"核心竞争力"概念。他们认为公司产品的质量和性能在短期内可帮助企业发展，但是想要长期发展下去，需要有异于其他公司的成果和核心竞争力。核心竞争力是企业最独特、跟其他企业相比最具竞争力的地方，每个成功的企业必定有区别于其他企业的核心竞争力，它通过整合资源发挥特长，创造最大化的价值，并长期成为企业开疆拓土的重要武器。阿里巴巴、京东在其发展过程中，形成了竞争对手难以模仿和企及的发展能力，这些能力即为核心竞争能力。阿里巴巴凭借着其巨大的粉丝客户群和早期积累的供需客户群，一直在网络交易平台上稳坐第一。京东自营物流配送优势和所有商品正品保证，成为其快速发展的核心竞争力。在同等价格的情况下，消费者更愿意在京东上购物，因为其物流配送速度快，而且有京东作为主体，进货渠道正规，购买的商品有保障。过去几年里，京东商城也一直在不断加大物流投入，坚持发挥其核心竞争力的优势，在面对来自阿里巴巴、苏宁易购等激烈的竞争，它提出了全国上门取件服务，后来又推出"次日达"、"极速达"（订单生成后3小时内送到指定收货点）、"夜间配"（全天24小时配送）、"211"限时达（即上午11点前下单当日送达，11点以后下单第二天3点前送达）等一系列快速便捷的个性化增值服务，同时还建立24小时自提箱柜网络，任何时间凭借提取码都可在自提箱柜内取到自己的货物。这些人性化、定制式物流服务，彻底解决了人们购物收货的担忧，吸引了大量的购买力。京东自营模式、正品保证，也是阿里巴巴难以保证的，阿里巴巴作为网络交易的平台，其自身并未参与交易，而是作为交易的第三方，所以平台上渠道混乱，很难让消费者放心。京东凭借其超强的物流配送能力，标准化高质量的服务，产品的质量正品保证，犹如得到了直通卡一般，一路畅通发展，得到了客户的一致认同。京东凭借着物流优势，为消费者提供一站式个性化、人性化配送方式，增加顾客的黏性。

3. 京东的物流体系

2007年，京东物流体系开始建设，经营京东快递，2009年投入巨资成立覆盖全国范围的物流配送公司。经过十多年的发展，京东已经在全国建立仓库，遍布每个角落，并在北上广、武汉、成都和沈阳建立六大物流中心。现在京东商城每天的订单总量为50万单，这意味着每秒有5个以上订单产生，几乎一眨眼的时间，就有2个订单产生；而按照每天工作8小时计算，每秒有14件商品被京东的配送人员送到消费者手中。京东快递的物流配送服务分为以下四种模式。

（1）全托管式物流配送（FBP）。商家提前在京东仓库备货，通过在京东商城宣传货物信息，顾客在网上下了订单后，由京东商城直接从仓库里备货、发货、打印发票。顾客与京东商城进行结算，京东商城再与商家结算。商家根据京东仓库库存情况进行补货。优点：由京东配送减少运输成本，提前备货能确保送货速度、缩短配送时间。

（2）提前不备货配送（LBP）。供应商无须提前备货，通过京东商城展示宣传商品，只需要在订单生成后12小时内备好货包装完毕并发货，确保36小时把商品送到京东配送中心，再由京东配送。优点：减轻了京东仓储压力。缺点：耗时长，配送时间久，不能凸显出京东的核心竞争力，而且单次配送，没有集中供货，增加了供应商的运输成本。

（3）提前不备货配送（SOPL）。同LBP模式类似，无须提前备货，直接由供应商仓库发货。供应商通过京东平台展示宣传自己的产品，并在订单生成后，按照约定时间将货物包装打包发货，运送至京东配送中心，再由京东进行配送。与LBP不同的是京东在此过程中仅负责配送，售前售后都由供应商负责。优点：缓解京东储存压力，降低配送成本和人工成本。缺点：耗时长，配送时间久，不能凸显出京东的核心竞争力，而且单次配送，没有集中供货，增加了供应商的运输成本。所以这种模式和上一种模式，顾客满意度都不高。

（4）供应商配送（SOP）。配送模式由供应商直接配送，京东只是一个交易平台，类似于淘宝、天猫平台。所有的销售、配送、售后都由商家独立完成。相对于淘宝平台，该模式的优点仅在于京东约定了供应商在订单生成后的发货时间，商家必须在规定时间内发货，效率有保障，但是不能更好体现京东的物流配送优势。

4. 京东物流存在的问题

（1）成本费用高。京东所属的物流配送中心，在建设时投资成本大，并且只服务于京东商城，业务单一，虽然说京东可从中获取一定的物流费用，但是由于配送线路总是"配送中心"—"客户"线路单方向，造成很多空载无效运输。物流利用率低，造成资源浪费。

（2）配送瓶颈。京东在竞争中打物流牌，像一把双刃剑，既吸引顾客，也有可能因为物流不满造成顾客群流失，物流配送压力大。随着电子商务的发展，网上购物越来越多，尤其是"618"、双十一、周年庆等促销时段，配送量猛增，对京东物流造成了很大的配送压力。

（3）服务质量有待加强。京东配送尽管对人员的着装和行为进行了规范和统一，但是由于需要大量物流配送人员服务，人员的素质参差不齐、培训力度不够，导致服务质量低，标准化程度有待加强。甚至有配送人员跟顾客发生冲突的情况。配送中，货物丢失、送错货的情况也时有发生。

（4）对合作的第三方物流需要加强管控。自有物流和第三方物流相结合的配送，让京东配送更及时快速，也能节约一定的物流成本。但是对第三方物流管控不到位，由于第三方物流配送问题导致客户满意度降低，流失客源的现象很普遍，应加强管理，杜绝配送不及时、丢失、错配或者是配送损失事件的发生。

6.7.2 京东重庆发展

1. 重庆的物流发展

重庆依山傍水，有"山城""雾都""桥都"等美誉，经济发展属于西部龙头，占据重要的交通枢纽位置。长江和嘉陵江两大黄金水道在此汇合，通江达海；成渝、川（渝）黔、襄渝、渝怀等几大铁路交会此处；高速公路总里程突破 2500 千米，高速公路内环、外环、支线、射线和沪蓉国道公路网络健全；重庆江北国际机场第二跑道投入使用。在国家政策支持和部署下将重庆定位为西部"重要增长极""长江上游地区的经济中心""城乡统筹发展的直辖市"，而渝新欧大通道的开通和"一带一路"倡议也让重庆经济保持良好的发展势头。

2. 京东商城在重庆的物流配送现状

重庆注册的物流企业已有 5000 多家，但总体规模小、效率低、盈利较弱，标准化程度低，难以跟国家大型物流公司媲美。

在网民人数不断增加，物流运输量激增的情况下，如何更快更好地服务于网络贸易，是京东考虑的重点。据悉，京东商城已经在重庆巴南建立重庆京东电子商务产业园，该园占地约 1000 亩，总投资 30 亿元，其中即将投用的电子商务运营中心，将依托现代信息技术和铁路、公路、航空立体联运，开展电子商务管理、智能物流及订单生成中心等项目，并规划把整个大型仓库和分拨中心、办公楼都整合至巴南区。以后，京东商城上的绝大部分商品都将在重庆实现备货，重庆商品的丰富程度将大大提升。京东在重庆的送货频率将达到一日三送，还将开展 100 分钟内送货上门的极速送货业务。京东商城在重庆的提速除了依靠强大的自建物流配送能力，减少了中间环节，缩短货物在途时间，同时还增加了分拣作业面积和优化分拣、末端配送运输能力，并增加了数百台运输车辆，也配备了技术熟练的司机。截至目前，有 6000 多名配送员活跃在一线。

3. 重庆京东介绍

除了巴南的京东电子商务产业园，京东计划在重庆范围内再建一个二级物流配送中心，以更好地服务重庆市区内供应商和重庆市区内购买商的物流配送需求。

重庆主城区是指渝中区、大渡口区、江北区、南岸区、沙坪坝区、九龙坡区、北碚区、渝北区和巴南区共 9 个区，如表 6.4 所示。

表 6.4 重庆主城区基本信息

主城区	辖区面积（千米^2）	常住人口（万人）	地区生产总值（亿元）	人均生产总值（元）	城镇化率（%）
渝中区	23.71	64.95	958.17	147 524.25	100.00
大渡口区	103	33.27	159.72	48 007.21	97.20
江北区	220.77	84.98	687.1	80 879.03	95.30
南岸区	265	85.81	679.38	79 172.59	94.57
沙坪坝区	396	112.83	714.30	63 307.63	94.30
九龙坡区	432	118.69	1003.57	84 553.88	91.78
北碚区	755	78.62	430.34	54 736.71	80.01
渝北区	1452	155.09	1193.34	76 945.00	79.46
巴南区	1825	100.58	568.34	5650.26	78.28
主城区	5472.68	834.82	6890.02	8253.00	88.60

6.7.3 初步选址定性与定量分析

京东商城物流配送中心规划的主要战略目标是建设服务于京东商城、并对外开放的物流配送中心，连接供应商和经销商以及消费者三方。选址的终极目标是在满足配送需求的前提下，实现配送中心效益最大化。根据配送的目标和要求，需要在经济、交通、土地、地理位置、自然气候以及政策方面进行条件约束。

根据资料收集阶段获得的重庆经济发展、配送中心选址的目标和约束条件，粗略筛选建立 10 个初选点。为简便计算将 9 区和两江新区分别设一个初选点，将渝中区称为 A、江北区称为 B、渝北区称为 C、南岸区称为 D、九龙坡区称为 E、大渡口区称为 F、沙坪坝区称为 G、北碚区称为 H 和巴南区称为 I，两江新区称为 J。

1. 层次分析法

从经济、交通、土地、地理位置、自然气候以及政策等多方面中选出决策者着重考虑的六个评价标准。

建立 AHP 的层次模型如下。

先对 6 个判断标准交通状况、土地条件、竞争对手、自然条件、政府优惠政策、周边经济发展做比较，得到判断矩阵 X。

$$X=\begin{bmatrix} 1 & 1 & 1 & 4 & 1 & 1/2 \\ 1 & 1 & 2 & 4 & 1 & 1/2 \\ 1 & 1/2 & 1 & 5 & 3 & 1/2 \\ 1/4 & 1/4 & 1/5 & 1 & 1/3 & 1/3 \\ 1 & 1 & 1/3 & 3 & 1 & 1 \\ 2 & 2 & 2 & 3 & 1 & 1 \end{bmatrix}$$

X 特征值最大的是 5.14。

特征向量为

$$V=(0.4, 0.19, 0.28, 0.03, 0.11, 0.32)^{\mathrm{T}}$$

依次可就 10 个初选点针对以上交通状况、土地条件、竞争对手、自然条件、政府优惠政策、周边经济发展六因素得出判断矩阵，利用其求解出最大特征值、特征向量，列排成矩阵 Z。

$$Z=\begin{bmatrix} 0.14 & 0.10 & 0.32 & 0.28 & 0.47 & 0.77 \\ 0.63 & 0.33 & 0.22 & 0.65 & 0.47 & 0.17 \\ 0.24 & 0.57 & 0.46 & 0.07 & 0.07 & 0.05 \\ 0.23 & 0.50 & 0.40 & 0.24 & 0.54 & 0.04 \\ 0.40 & 0.15 & 0.13 & 0.64 & 0.07 & 0.27 \\ 0.34 & 0.41 & 0.15 & 0.45 & 0.06 & 0.25 \\ 0.15 & 0.13 & 0.31 & 0.17 & 0.34 & 0.57 \\ 0.26 & 0.15 & 0.38 & 0.22 & 0.19 & 0.09 \\ 0.28 & 0.35 & 0.29 & 0.33 & 0.45 & 0.31 \\ 0.48 & 0.25 & 0.17 & 0.16 & 0.74 & 0.16 \end{bmatrix}$$

由

$$W = Z \times V = (0.21, 0.44, 0.56, 0.36, 0.42, 0.27, 0.30, 0.22, 0.18, 0.33)^T$$

即在 10 个初选点中选择 B、C、E 作为备选点，分别为江北寸滩、渝北空港、九龙坡高新区。

2. 整数规划法

0-1 整数规划法运用了大量的数学方阵计算，并借助计算机求解 MATLAB，得出三个备选点。在通过精确地定量计算，来确定最终的规划选址。通过假设配送中心从 20 个不同的供应商处配货，并送往全市 50 个不同的街道，将一个街道视为一个点，并综合该街道所有配送货物总量，距离其中心点距离。供货量和需求量按年统计，如表 6.5~ 表 6.8 所示。

表 6.5 供货方到各备选点情况

供 货 方	可供应量（万吨）	寸滩（千米）	空港（千米）	高新区（千米）
供货方 1	25.92	33	45	22
供货方 2	13.82	26	33	28
供货方 3	20.73	11	16	34
供货方 4	13.82	46	38	27
供货方 5	44.44	16	28	33
供货方 6	17.28	28	17	35
供货方 7	31.11	27	37	13
供货方 8	27.64	5	17	34
供货方 9	25.92	42	34	14
供货方 10	13.00	48	42	20
供货方 11	5.18	11	19	37
供货方 12	3.11	9	14	31
供货方 13	2.59	11	19	28
供货方 14	3.45	32	24	38
供货方 15	2.07	22	34	50
供货方 16	17.28	13	21	34
供货方 17	3.48	7	17	35
供货方 18	2.07	15	26	38
供货方 19	17.28	22	39	48
供货方 20	13.5	30	40	13

表6.6 备选点到各需求方情况

需 求 方	需求量（万吨）	寸滩（千米）	空港（千米）	高新区（千米）
需求方1	3.82	25	38	19
需求方2	7.3	28	18	22
需求方3	4.92	10	16	39
需求方4	7.28	22	34	22
需求方5	3.11	14	23	36
需求方6	2.76	15	24	17
需求方7	2.59	34	24	4
需求方8	3.82	7	8	22
需求方9	0.51	5	8	23
需求方10	0.31	13	17	200
需求方11	0.25	16	5	22
需求方12	3.45	7	18	22
需求方13	4.83	5	8	13
需求方14	0.51	34	32	8
需求方15	1.24	26	14	38
需求方16	1.12	3	6	28
需求方17	2.76	29	5	7
需求方18	5.18	24	28	38
需求方19	2.59	24	10	18
需求方20	2.59	8	14	16

表6.7 各项参数数值

参　　数	初选点B	初选点C	初选点E
	0.56	0.47	0.51
	0.45	0.32	0.43
	0.38	0.42	0.36
a	0.67	0.72	0.8
b	0.62	0.65	0.54
c	560	620	700
d	48 000	56 000	55 000
D	3	3	3

续表

参　　数	初选点 B	初选点 C	初选点 E
P	6000	8000	15 000
F	0.17	0.21	0.25

表 6.8　MATLAB 求解结果

初　选　点	年收益（万元）
B	250
C	166
E	121

20 个供货方供应量及运输距离，50 个需求方需求量及运输距离代入，利用 MATLAB 求解。

6.7.4　选址结果

通过第一步层次分析法得出空港是最优备选点，优于寸滩和高新区，但是经过精确的定量计算，寸滩可给企业带来最大的经济效益。实际上，寸滩位于江北区，紧邻渝北区、渝中区、南岸区、巴南区，地理位置相对处于中央，而且有寸滩港和果园港两大交通支持，市内交通便利，享受国家相关政策支持，建设成本较低。周边人员居住和办公密集，有大量电子商务购物需要。因此，寸滩是最优规划选址地点。

6.8　习题

1. 请阐述配送中心的选址决策。
2. 请结合具体的企业列举物流园区运营的流程。

第 7 章 数字化物流仿真软件

数字化物流仿真软件在计算机技术不断发展的今天，其重要性已被逐渐认识到。在现实情况下，许多物流企业在开展新的业务，或者是面临新的物流项目的投资，或对已有的物流设施进行改进和建设时，往往面临着缺乏有效、准确的实际数据，以及缺乏对相应项目的经验和应对措施。如今，借助于计算机强大的性能和卓越的技术发展，应用数字化物流仿真软件使企业的发展效果得到了质的提升。通过仿真软件中各个参数的设置，建立仿真模型，并借助最后的运行结果对物流项目进行分析和优化。由于数字化物流仿真软件的可靠性和合理性能大大提升，这使物流企业在项目上得到了很大程度上的优化和改善。

物流仿真软件已是一种常见且通用的工具，无论是 FlexSim、Witness（SDX）、AutoMod、ShowFlow 还是 SIMAnimation 等物流仿真软件，都已经在国内外形成了完整的应用环境。FlexSim 是在物流领域里发展多年的仿真软件，如今已拓宽自己的业务范围，触及医疗、餐饮等一切与物流相关的企业。Witness（SDX）由英国 Lanner 集团用数十年的系统仿真经验开发出来的。它是面向工业系统、商业系统流程的动态系统建模仿真软件，是离散型的仿真软件，特别是其三维的流程仿真动态演示，使其成为世界上该领域的主流仿真软件之一。AutoMod 是由 Autosimulation 旗下的 Brooks 软件部门开发的，它由 AutoMod、AutoStat 和 AutoView 三个模块组成。AutoMod 模块提供给用户一系列的物流系统模块来仿真现实世界中的物流自动化系统。ShowFlow 是来自英国的仿真软件，可为制造业和物流行业提供建模、仿真、动画和统计分析工具，可提供生产系统的生产量，确定瓶颈位置，以估测提前期和报告资源利用率。同时该软件还可被用来支持投资决定，校验制造系统设计的合理性。通过对不同的制造策略进行仿真实验以找出最优解。SIMAnimation 是美国 3i 公司设计开发的集成化物流仿真软件，它是基于图像仿真语言，简化仿真模型等功能建立起来的。

在我国，物流仿真软件还没有被广泛使用。许多中小型企业，甚至是大型企业，对于物流仿真软件及物流仿真技术的应用，还没有被重视。但是物流仿真软件的优点是毋庸置疑的。在操作上，物流仿真软件已相当简便，仅通过简单的参数设置，就能建立一个合格的仿真系统；另外，使用物流仿真软件，对于成本的节省，是相当有作用的。通过借助仿真软件对比各种物流方案的优劣，或者是分析添加新的系统或者设施，以此给企业带来更多的益处。

7.1 FlexSim 物流仿真软件

7.1.1 FlexSim 产品公司发展历史

1988 年，比尔·诺德格伦、罗杰·胡林格和克里夫·金创建了 F&H 模拟公司。该公司以销售和售后服务泰勒第二代仿真软件为主要业务并定期举办培训课程。

同年，F&H 模拟公司开发了第一代面向对象的模拟引擎 Taylor ED（企业动力学）。除此之外，F&H 继续销售、咨询和开发新软件。2000 年，F&H 的伊蒙·拉威利和安东尼·约翰逊共同监督产品架构，开始开发一种新的、面向 3D、面向对象的模拟软件 FlexSim，同时 F&H 模拟公司更名为 FlexSim 软件产品公司，简称 FSP。

FlexSim 软件由 FlexSim 产品公司（FSP）开发，该公司在创建仿真软件并提供仿真建模服务上处于业界前沿的位置。作为一家高科技公司，FlexSim 在灵活性、易用性、定制性、3D 图形等方面创造了大胆的新进步，并且其软件能满足大部分仿真需求，可帮助工程师和设计人员在系统设计和运作中做出智能决策。采用 FlexSim 软件，可建立一个真实系统的 3D 计算机模型，可用更短的时间或者更低的成本来研究系统。

FlexSim 软件产品公司总部位于犹他州奥勒姆。在加拿大、墨西哥、印度、德国和中国设有办事处，并且在全球拥有区域分销商，全方位为客户提供支持、培训和咨询服务。其客户包括国家和全球公认的公司和《财富》500 强中的许多公司。目前，FlexSim 仿真软件在软件开发和客户端支持方面一直位居行业第一。

7.1.2 FlexSim 物流仿真软件简介

FlexSim 1.0 于 2003 年 2 月发布。它拥有一个最先进的新仿真引擎、3D 建模环境，并能与 C 语言进行无缝集成，这在离散事件仿真中被首次应用。自发布以来，FlexSim 已成为判断离散事件仿真包的标准。最近发布的旗舰 FlexSim 仿真软件继续推进离散事件仿真技术，其在易用性、改进性能、增强 3D 功能和更高的可扩展性方面不断增强，为尖端离散事件仿真软件树立了更高的标准。2009 年，FlexSim 软件产品公司推出了最新的特定于市场的仿真包 FlexSim 医疗保健版。FlexSim 医疗保健版专为医疗专业人员设计，可帮助医疗专业人员简化患者流程、规划设施布局、优化急诊室等。FlexSim 医疗保健是 FlexSim 软件产品公司有史以来增长最快的产品，并且能继续看到令人难以置信的发展速度。不少医疗专业人士都明白，在当今的医疗保健市场中，必须做更多的工作来降低成本和改善护理。FlexSim 医疗保健就成了解决方案的重要组成部分。

7.1.3 FlexSim 软件特点

FlexSim 具有离散型和连续型的混合建模功能。

第 7 章 数字化物流仿真软件

FlexSim 提供平面与三维建模窗口,可直接将 AutoCAD 的平面布置图导入建模窗口。FlexSim 提供的部件具有相当的柔韧性。

FlexSim 用拖放图形方法建立模型,FlexSim 提供有固定类部件库,执行类部件库,流体类部件库,以及用户部件库。

FlexSim 具有完全的 C++ 面向对象(object-oriented)性。

FlexSim 所有模型均建立和运行于耀眼的彩色 3D 中,采用了与先进的视频游戏相同的虚拟现实技术。

7.1.4　FlexSim 软件应用领域

FlexSim 能使决策者轻易地在 PC 中建构及监控任何工业及企业的分散式流程。透过 FlexSim 仿真可率先找出未来工业及企业流程的模式。FlexSim 基础架构设计不只要满足使用者现今的需求,其架构的概念更是为了企业的未来而准备。FlexSim 仿真模型帮助工程师、经理和决策者形象化地在动态三维虚拟现实环境中检测运行操作、流程或是系统。通过预先创建系统模型,考察各种假设的场景,而且在实施过程中,不产生改变实际系统时所面临的中断、成本和风险。

FlexSim 不仅应用于工业自动化仿真、物流中心配送仿真、交通运输仿真、交通流量管制仿真、医疗管理研究、医院动线规划仿真等民用工程,也已经应用于先进国防战略仿真、航天制程仿真等大型研究方向。

在制造业:半导体芯片制造,肉食包装工厂中的牛肉处理、钢铁制造、果酱成品的罐装标签、包装、发货、电子器件制造领域中应用 FlexSim 软件,如图 7.1 和图 7.2 所示。

图 7.1　物流模拟仿真图 1——制造业

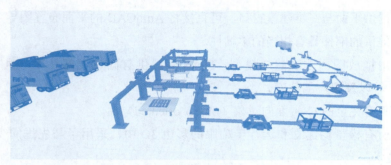

图 7.2　物流模拟仿真图 2——制造业

物流行业：港口集装箱船只的装卸、配送中心操作、订单取货、传输带系统和布局、物流货架、传送带和堆垛机，如图 7.3 和图 7.4 所示。

图 7.3　物流模拟仿真图 1——港口

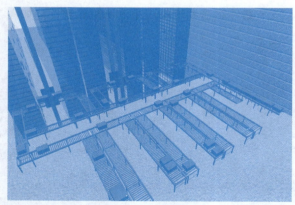

图 7.4　物流模拟仿真图 2——港口

交通运输业：火车站人群和列车的流动、移动河流中驳船的往来穿梭、国际边防路口的交通堵塞，如图 7.5 和图 7.6 所示。

其他行业：采集和加工、快餐店中食物准备和客户服务、参观者在娱乐场所内的活动、喷气式飞机引擎的拆卸、翻新和更换、共享的网络存储器中数据的流动、银行处理中心中支票的处理等流程模拟。

第 7 章　数字化物流仿真软件

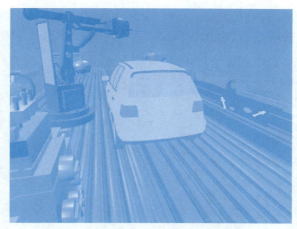

图 7.5　物流模拟仿真图 1——交通

图 7.6　物流模拟仿真图 2——交通

7.1.5　FlexSim 软件功能

FlexSim 软件更多的是离散系统仿真方面的应用，但它也应用于连续型生产建模。在软件系统中，构建专门的流体部件库，能更有效地进行连续型生产建模。FlexSim 有很多应用于这方面的成功案例，如炼钢厂、牛奶加工、涂料生产厂及石油输送等，如图 7.7 所示。

FlexSim 提供平面与三维建模窗口，直接将 AutoCAD 的平面布置图导入建模窗口，通过遵循平面布置图的距离关系建立平面模型。平面模型通过更换窗口，或更换角度即变成三维模型。因此，FlexSim 在建立二维模型的同时，同步自动生成三维模型。同样，也可直接在三维建模窗口建立平面模型，二维、三维建模完全同步关联，如图 7.8 所示。

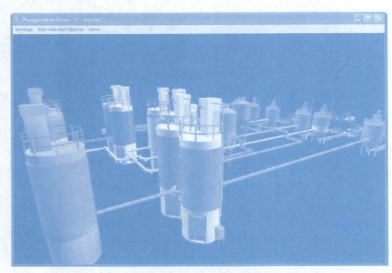

图 7.7 FlexSim 连续型生产模型之一

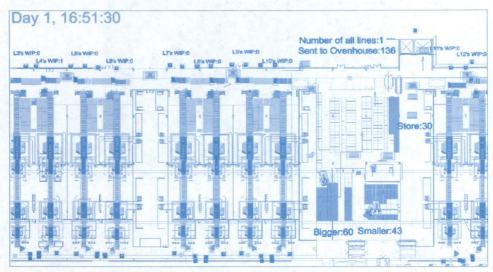

图 7.8 AutoCAD 的平面布置图上建模

FlexSim 提供的部件具有相当的柔韧性,部件的参数设定可适应于不同层次的使用者。对于刚入门的使用者,FlexSim 提供了制造业和物流行业常见策略。用户只需要选择和修改数据,就可实现先进先出、先进后出、随机出入、百分比出入、统计概率出入、最长队列出入、最短队列出入、按品种出入、按标签出入等出入库策略。对于使用熟练者,可直接用 C++ 编程出有特殊需求的出入库策略。

FlexSim 用拖放图形方法建立模型。建模时将相应的部件拖放到模型窗口的指定位置。FlexSim 提供有固定类部件库、执行类部件库、流体类部件库以及用户部件库。同时,FlexSim 允许用户开发自己的部件并建立自己的部件库。

第 7 章 数字化物流仿真软件

FlexSim 的资料、图像和结果都可与其他个体导向的工具共用，因此 FlexSim 可从 Excel 读取资料和输出资料，也可从生产线上读取现时资料以做分析功能。FlexSim 也允许用户建立自己的模拟对象，因此一些跨国的大公司，可共用这些对象而无须重新建立。

FlexSim 的其他功能如下：

（1）通过简单的单击和拖动，可从任何角度观看模型；

（2）通过"飞行漫游模块"，用户可随镜头漫游整个模型运行状况，可任意使用全景、局部放大、侧面、反面等漫游技巧；

（3）多个窗口可设置不同的视角，仿真运行时，以便同时观察系统的各部分，实现模型的规模化展现，如图 7.9~图 7.11 所示。

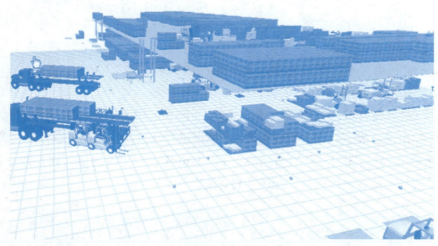

图 7.9　大规模模型全景

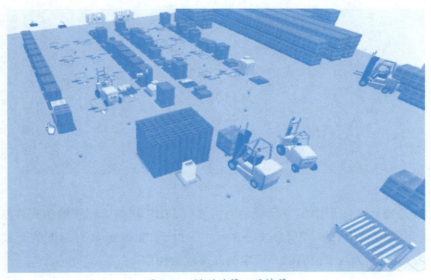

图 7.10　模型的第一层情景

图 7.11　模型的第二层情景

　　FlexSim 能利用包括最新的虚拟现实图形在内的所有 PC 上可用的图形。FlexSim 支持扩展名为 3DS、VRML、DXF、STL 和 skp3D 文件导入功能，即可使用来自 Google Sketchup 的文件和 Google 3D 仓库文件。另外，FlexSim 带有 OpenGL 制图功能，可直接利用 OpenGL 来建立模型，或者对现有的 3D 模型进行修改，从而满足虚拟现实的要求。

　　构建好的 3D 立体图形文件可直接导入 FlexSim 模型中。通过导入图片或立体图形文件的方法替换部件或背景的图片，如图 7.12 所示。

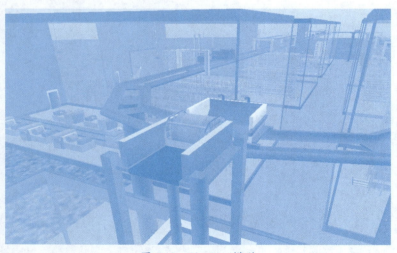

图 7.12　FlexSim 模型

　　FlexSim 是唯一在图形的模型环境中应用 C++、IDE 和编译程序的仿真软件。定义模型逻辑时，可直接使用 C++ 编译到 FlexSim 中。由于 FlexSim 具有高度的开放性和柔韧性，所以 FlexSim 能为几乎所有的产业定制其需求的模型。

第 7 章　数字化物流仿真软件

FlexSim 尽管能同时打开多个窗口，但模型是在集成统一的开发环境中，只有两种表现形式，即一种是 3D 或 2D 的视景环境，一种是树结构的纯文本环境。FlexSim 建模环境同时支持仿真模型的运行、调试等功能。

FlexSim 全部模块是在 Windows 系列版本的操作系统上运行的。Windows 系列版本包括 Windows 2000 各版本、Windows XP 各版本、Windows 2003、Windows 2007 各版本以及 Windows Vista、Windows 7 各版本。FlexSim 软件操作风格上具备典型的 Windows 操作风格，具备菜单、工具条以及复制、粘贴等操作。

FlexSim 提供较为详细的、通用的、格式技术帮助文件，而且在软件中也有帮助、查询等功能菜单。

开放性和互联性是 FlexSim 体系架构的显著特点。FlexSim 完全与 C++ 相结合，用户可随时修改 FlexSim 满足其特定需求，而不必学习专有代码。FlexSim 能链接到任何 ODBC 数据库（如 Oracle、Access）和大众数据结构文件（如 text、Excel、Word），如图 7.13 所示。

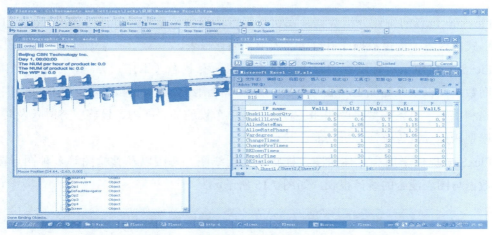

图 7.13　数据输出

FlexSim 建立模型的所有资源是对象（objects）。对象可以是产品、模型、图表、记录、库和 GUI，甚至是应用程序本身。FlexSim 建模对象可向定制的用户公开。建模人员可自由地操作部件、图形用户界面、菜单、选择列表和部件参数，并在部件里增加自定义。

如图 7.14 所示为逻辑、改变或删除既存的编码。所以当然允许用户根据实际需求来自定义统计分析报表。FlexSim 在仿真过程中，能根据仿真进度动态显示 2D 和 3D 报表数据。

FlexSim 自带随机变量发生器，并且包含 Experfit 概率统计分析模块，提供 25 种以上统计分布函数，极易对收集的数据进行分析，建立近似于现实系统的数学模型，以保证仿真模型的随机性。

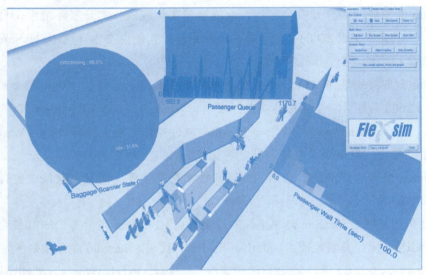

图 7.14 3D 报表实时显示报表数据

FlexSim 仿真的统计分析数据除在仿真运行环境内显示外，可直接导出 Excel 和文本文件形式的报表，提供数据库以自定义表形式储存报表。

FlexSim 在模型运行过程中记录了设施对象所有状态（工作、等待、阻塞、故障等）的时间数值，以及设施加工产品的个数，用户可自由组合和输出报表。这些报表提供了包括设施利用率、单条模型生产线加工总能力、单个设施加工能力、设施状态时长及时间比例、模型瓶颈分析等统计分析功能。

FlexSim 提供平面和立体饼图、柱状图、折线图、海图以及甘特图等多种图形图表，支持数据与图表混合的统计报表，如图 7.15 所示。

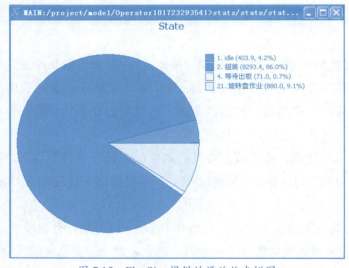

图 7.15 FlexSim 提供的设施状态饼图

第 7 章 数字化物流仿真软件

FlexSim 具有如下功能模块：

（1）优化模块。Experiment、OptQuest 完全集成于 FlexSim 中，用于仿真优化，即找寻一组最佳的参数值（或决策变量值），以使得目标函数最优，在仿真模型中执行优化功能。由于在 FlexSim 中除了模型本身外、模型中的每个部件都提供了编写 Visual C++ 程序的接口，支持嵌入自定义的优化算法，如图 7.16 所示。

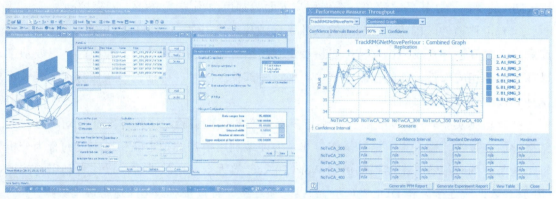

图 7.16　FlexSim 提供的数据输出

（2）树层次结构。FlexSim 让建模者使模型构造更具有层次结构。当进行建模时，每部件采用继承结构的方法（即采用继承结构），可节省开发的时间。FlexSim 可让用户充分利用 Microsoft Visual C++ 的层次体系特性，如图 7.17 所示。

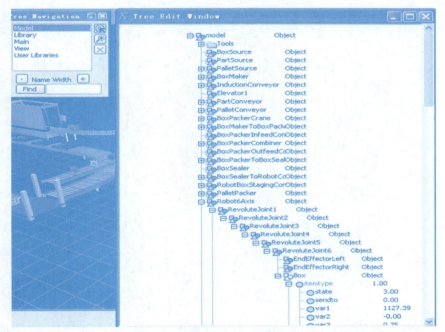

图 7.17　FlexSim 树结构

(3) 量身定制。软件的所有可视窗体都可向定制的用户公开。建模人员可自由地操作部件、视窗、图形用户界面、菜单、选择列表和部件参数。也可以在部件里增加自定义的逻辑、改变或删除既存的编码。同时，也可从零开始完全建立一个新的部件。不论是设定的还是新创建的部件都可以保存到部件库中，而且可应用在其他模型中。最重要的是，在 FlexSim 中可用 C++ 语言创建和修改部件。同时，利用 C++ 可控制部件的行为活动。FlexSim 的界面、按钮条、菜单、图形用户界面等都可由预编译的 C++ 库来控制。

(4) 可移植性。因为 FlexSim 的部件是向建模者公开的，所以部件可在不同的用户、库和模型之间进行交换。可移植性与量身定制相结合能增加建模效率。建模时，只要从部件库中拖放相应部件，就能在新模型中再现这些部件。同时，可移植性与量身定制延长了部件和模型双方的生命周期。

(5) 仿真实验。FlexSim 能一次进行多套方案的仿真实验。这些方案能自动进行，其结果存放在报告、图表里。这种操作可非常方便地利用丰富的预定义和自定义的行为分析每个情节。同时很容易把结果输出到 Word、Excel 等大众应用软件里。操作者利用 ODBC（开放式数据库连接）和 DDEC（动态数据交换连接）可直接对数据库进行读写数据。

(6) 运动学。允许一个对象（或设施）同时实现多个移动操作。在 FlexSim 软件中，每个运动方向都有加速度、减速度、起始速度、结束速度以及最大速度等运动功能的属性，用户能定制个体设施的动作（如设施处理物件的动作、机器人手臂动作等等），如图 7.18 所示。

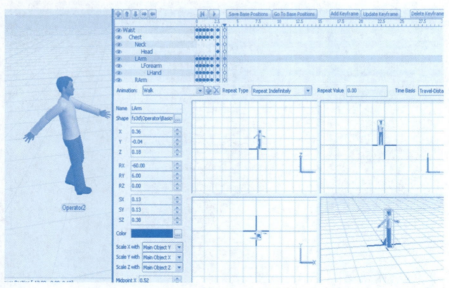

图 7.18　FlexSim 人物仿真

(7) 灵活性。提供强大的编辑功能，仅一次操作便可将一个对象连接到其他数百个对象中，或一次操作将数百个连接一次撤销。在编辑功能界面上连线或者拖动实体时具有撤销/恢复、复制粘贴等功能，方便广大用户使用。

7.1.6　FlexSim 软件操作介绍

1. FlexSim 中的专业词汇

（1）FlexSim 实体。在仿真中，FlexSim 实体模拟着不同类型的资源，起到了储存和缓冲的角色。暂存区可代表一队人、CPU 上排队的空闲程序、工厂地面上的一个储存区或客户服务中心等待叫号的排队人员。另一个例子是处理器实体，它用于模拟延迟或加工时间。这个实体可代表工厂中的一台机器、一位正在给客户服务的银行出纳员、一个邮政分拣员等。

（2）临时实体。临时实体是流经模型的实体。临时实体可表示工件、托盘、配件、文件、集装箱、电话呼叫、订单或任何移动穿过仿真系统的对象。可加工临时实体，也可使用物料运输设施将它们进行搬运。在 FlexSim 中，发生器产生临时实体，穿过模型之后进入吸收器。

（3）临时实体类型。临时实体类型是临时实体的标签，它可代表条形码、产品类型或工件号等。在分流临时实体时，可引用临时实体类型。

（4）端口。FlexSim 实体的端口数量没有限制，通过端口，它们可与其他实体通信。端口的类型有输入端口、输出端口和中间端口。

输入和输出端口决定了临时实体的路径。例如，一个分拣员根据包裹的目的地把它们放在对应的传送带上。要在 FlexSim 中进行仿真，需要将处理器的输出端口连接到几个传送带的输入端口，这意味着当一个处理器（或分拣员）完成临时实体（包裹）的处理后，通过其中一个输出端口将其发送到一台特定的传送带上。

中间端口用来建立从一个实体到另一个实体的引用。中间端口的一个习惯用法是在固定资源类实体（设施、暂存区或传送带）上引用任务执行类实体，如操作员、叉车和起重机。

（5）端口的创建和连接方式。单击一个实体，按住鼠标左键，拖至另一实体，然后放开鼠标，操作过程中可按住键盘的不同字母键。如果单击—拖动的同时按 A 键，第一个实体将会出现一个输出端口，而在第二个实体上则会出现输入端口。这两个端口将会自动连接；如果单击—拖动的同时按 S 键，就会在两个实体上分别出现一个中间端口，并且自动连接；按 Q 键，通过单击—拖动鼠标，断开连接，删除输入输出端口；如果按 W 键，单击—拖动鼠标，则会删除中间连接。

2. FlexSim 的建模视图

1）俯视视图/透视视图

3D 视图可在俯视视图和透视视图之间进行切换，方法是在视图中右击，指向视图设置，然后选中/撤销选中透视视图选项。俯视视图使用俯视投影平行投射，一般在设计和建模阶段使用。透视视图使用透视法投射，使得模型有更好的 3D 立体感，一般在模型建立之后需要查看效果时使用。

（1）在视图中随意移动。要在视图中随意移动，可单击建模区空白处不放，然后在视图中四处拖曳鼠标。要旋转视图，可右击模型空白处不放，然后沿不同方向拖曳鼠标。同时按住鼠标左右键，上下移动鼠标，可放大和缩小视图。也可用鼠标滚轮放大和缩小视图，如图 7.19 所示。

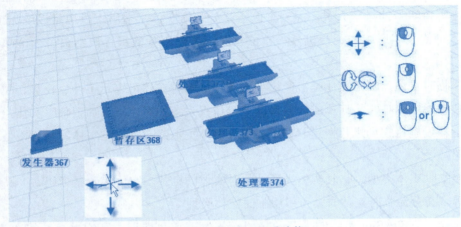

图 7.19　FlexSim 视图结构

在透视视图里按 F8 键，使用鼠标可在视图中进行漫游。确定鼠标在视窗的中心位置，然后按 F8 键，上下移动鼠标就可实现视角的前后推移。左右移动鼠标就可左右转向。结束后再按 F8 键可退出漫游模式。如果把视图配置成个人视角（在视图设置窗口中设置），导航操作就会更容易。

（2）移动实体。如要在 X/Y 平面内移动实体，可单击按住实体，并拖至目标位置；如果要沿 Z 方向移动实体，则单击实体然后滚动鼠标滚轮即可。单击实体，同时按住左右键，上下移动鼠标，也可达到这一目的。

要旋转实体，右击按住三个箭头的其中一个，然后上下拖曳鼠标。如果三个箭头没有出现，可以单击编辑菜单中的实体尺寸和旋转子菜单，如图 7.20 所示。

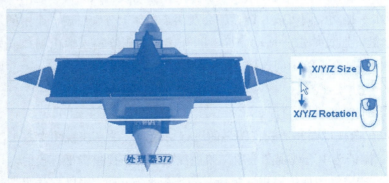

图 7.20　FlexSim 移动实体

(3) 实体连接。要连接模型中的两个实体，按 A 键不放，单击一个实体不放，拖至另一实体，然后松开鼠标。A 键连接方法常用来连接输出端口到输入端口，但是你也可使用其他连接。比如，Q 键用来断开连接。更多连接细节，请查看键盘交互。

另一种连接实体的方式是通过主工具栏中的连接模式。使用这种方式时，不需要再使用键盘上的按键了。可按 A 键或者单击连接模式，单击一个实体，然后单击下一个、再下一个，从而建立多个连接。

(4) 创建和编辑被选实体集合。可创建实体集，对整个集合执行操作。要向实体集中添加实体或创建实体集合，可按住 Shift 键或 Ctrl 键，框住想要选中的实体。按下 Shift 键重置选择集，按 Ctrl 键将实体加入或移出实体集。也可按 Shift 键或 Ctrl 键，用单击实体代替框选方式将实体加入实体集。

创建实体集的另一种方式就是使用主工具栏上的选择模式（new selection mode）。选择模式和按 Shift 键的作用是相同的。切换选择（toggle selection）模式和按 Ctrl 键的工作方式是相同的，如图 7.21 所示。

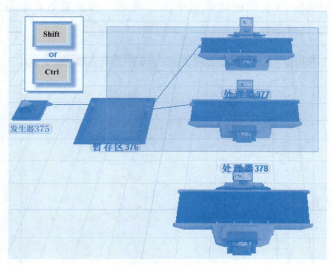

图 7.21　创建实体

当移动、旋转、放大、缩小实体集中的一个实体时，其他实体也将随之移动、旋转、放大、缩小。单击编辑选中实体菜单，可学习编辑实体集的其他方式。

(5) 编辑实体属性。要编辑实体属性，可双击实体或者右击实体，在弹出的菜单中选择属性。

2）平面视图

平面视图主要是用来在一个 2D 环境里编辑模型。它操作起来与正投影和透视视图很相似，只是不能转动视点。另外，视图中的实体没有 3D 形状，只有 2D 图形。如果实体没有特定的 2D 形状，它就会显示为带颜色的矩形，如图 7.22 所示。

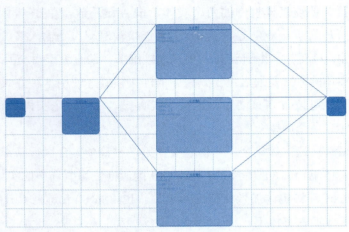

图 7.22　平面视图

树视窗用来在 FlexSim 树结构中进行导航、查看或设定实体的属性、编写代码和进行其他操作。想要在树视图中移动，需要在树视图的空白处单击，然后随意拖曳鼠标即可。也可用鼠标滚轮和上页/下页键在树视窗中上下滚动。如需要更多信息，请参考 FlexSim 树结构。树视窗如图 7.23 所示。

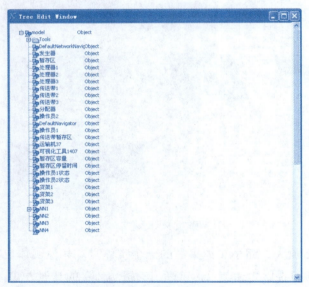

图 7.23　树视窗

3. FlexSim 工具栏及操作

（1）工具条。使用工具条，可使操作者在不同的模式之间进行切换，比如，正视图切换成透视视图，正视图切换成平面视图，正视图切换成树视图。在工具栏上，单击不同的按钮，进入不同的模式。按下 Esc 键或者单击一个不同的按钮，就可退出当前模式，如图 7.24 所示。

第 7 章 数字化物流仿真软件

图 7.24 工具条

标准模式功能键。在这个模式下，可随意移动实体，改变实体的大小等。在任何情况下按 Esc 键，就可返回到这个模式。

实体连接功能键。可以连接两个实体或多个实体。单击并按住一个实体，然后将鼠标拖曳至另一个实体后松开。连续单击多个实体，就可创造多个连接。按 A 键能达到这个目的。

中间端口连接功能键。这种连接方式与实体连接的模式相同，只是这个按钮连接的是中间端口。连接的输出输入端口。按下 S 键能达到这个目的。

扩展连接功能键。该功能键起到扩展连接的作用。与功能键相同，但是扩展连接会因为实体的不同而改变。按 D 键能达到这个目的。

断开实体连接键盘的功能键。该功能键可以实现断开实体连接。单击并按住第一个实体，用鼠标拖动至另一个实体后松开。在这个模式下，通过依次单击多个不同的实体，可一次性断开几个连接。按 Q 键能达到这个目的。

断开中间端口功能键。这个模式的使用方法与功能键相同，只是这个模式断开的是中间端口连接。按 W 键能达到这个目的。

断开扩展连接功能键。该功能和功能键的作用相同，只是它断开的是扩展联系。按 E 键能达到这个目的。

连续选中实体功能键。使用这个功能键，创建实体集，可同时将一个操作应用到其中的任何一个实体。要使用这个按钮选中实体，只需要拖曳鼠标框住想要选中的实体。如果要撤销选中实体，可在空白处单击。按 Shift 键也能实现这个功能。

分散选中实体功能键。通过此模式创建选择集，达到将操作应用于所有被选中实体的目的。要在此模式中选中实体，需要将选中的实体用方框框住。如果用方框框住已经选中的实体，被选中的实体将会变成未被选中的状态；反之，任何之前未被选中的实体，如果被框住，则会处于选中状态。按下 Ctrl 键可达到这个模式所能达到的目的。

创建实体功能键。一旦进入这个模式，直接单击实体库中的实体，然后在正面视图中单击，就会出现一个同样的实体。通过按住 F 键来实现此功能。

创建和链接实体功能键。这个模式与上面的模式类似，唯一不同于前者的是当创建一个新的实体时，会自动与前面的实体进行连接。按下 R 键可实现此功能。

（2）键盘交互。当你在俯视或透视视图中建模时，可使用若干快捷键来创建、自定义和获取模型信息。

153

① A、J 键：情景敏感连接。根据实体的类型，使用 A 键连接两个实体。按住鼠标左键不放，拖动到另一个实体后松开鼠标。通常 A 连接的是一个实体的输出端口到另一实体的输入端口。对于网络节点，A 键将其连接到任务执行器，或连接到作为移动路径关口的固定资源，或者连接到作为移动路径的其他网络节点上。也可用 J 键实现该功能。如果你用 A 键连接两个实体，但是没有看见任何变化时，首先去查看确认视图设定中有没有隐藏连接。如果仍没有变化，则可能是那些实体不支持 A 键连接。

② Q、U 键：断开情景敏感连接。Q 键用来断开某些类型的两个实体的连接。按住 Q 键，单击按住实体，拖动到另一个实体，在其上释放鼠标按钮。通常使用 Q 键来断开一个实体的输出端口到另一个实体的输入端口之间的连接。对于网络节点来说，Q 键可断开网络节点与任务执行器，或者与作为移动网关的固定资源之间的连接，并设定一条移动路径的单行线连接为"无连接"。也可用 U 键实现该功能。

③ S、K 键：中间端口连接。S 键用来连接两个实体的中间端口。中间端口的使用是为了达到引导的目的。采用 centerobject（）命令可对其进行引用。按下 S 键单击一个实体，按住鼠标左键不放，拖动到另一个实体，然后释放鼠标按钮。也可用 K 键实现该功能。

④ W、I 键：断开中间端口连接。W 键用来断开两个实体的中间端口连接。按 W 键单击一个实体。按住鼠标左键不放，拖动到另一个实体，然后释放鼠标按钮。也可用 I 键实现该功能。

⑤ D 键：情景敏感连接。D 键是第二个用来进行上下文敏感连接的键。网络节点和交通控制器都采用 D 键连接。

⑥ E 键：断开情景敏感连接。E 键是第二个用来断开上下文敏感连接的键。网络节点采用 E 键连接。

⑦ X 键：情景敏感单击/切换。X 键用来根据实体类型改变一个实体或者实体的视图信息。使用方法是按下 X 键并单击实体，让整个网络在不同的显示模式间切换。X 键也在网络路径上创建新的样条节点。例如，按照某一个货架实体，将在不同的显示模式间切换。

⑧ B 键：根据实体的类型改变实体或实体视图信息的附加键。按住 B 键单击实体。网络节点将使整个网络在不同的显示模式之间切换。交通控制器也使用 B 键实现操作。

⑨ V 键：用来查看一个实体的输入输出端口连接。按住 V 键单击实体。如果先释放鼠标按钮，则相关信息消失，但如果先释放 V 键，则会持续显示相关信息。

⑩ C 键：查看中间端口连接键用来查看一个实体的中间端口连接。按住 C 键单击实体。如果先释放鼠标按钮，则信息消失，但如果先释放 C 键，则会持续显示相关信息。

⑪ F 键：用来快速创建库中的实体。在实体库图表网格中，单击想要创造的实体。然后在正视图/透视图中，按下 F 键，同时在视图中的合适位置单击，实体就会在这个单击

位置出现。

⑫ R 键：R 键和 F 键类似，都是用来创建和链接库实体。但是在创造实体的同时会用 A 键的方式进行连接。

⑬ G 键：快速属性切换。使用 G 键切换属性框，从而关注模型中的不同实体。在俯视视图中，按住 G 键并点击另一个实体，则最后打开的属性窗将更新关注的新实体。

4. FlexSim 菜单

FlexSim 菜单主要由文件、编辑、视图、创建、执行、统计和帮助等组成。

（1）文件。用来打开、新建模型，将建好的模型进行保存等设置。

（2）编辑。进行撤销和恢复，其他较少用到。

（3）视图。可进行一些视图的设置，如平面和 3D 视图的切换等功能。

（4）创建。FlexSim 脚本代码简单且编写完成后立即生效。而 C++ 复杂且需编译，但运行速度快。根据需要设置转换到 C++，以获取高速运行。

（5）执行。内有运行，重置等功能，功能和仿真控制栏类似。

（6）统计。模型运行后，在此可生成报告与统计。

（7）帮助。初学者或遇到问题时可打开帮助下的用户手册。

5. FlexSim 实体库

FlexSim 仿真软件拥有丰富的实体库。实体类别可以满足更多用户的需求。同时，用户还可自定实体并添加到用户库，方便以后调用。实体分为固定类实体和临时类实体。临时实体是模型中临时产生的对象，随时间的运行会消失，固定实体则一直存在。固定实体又分为离散和连续实体，分别对应仿真离散和连续属性的事件。

离散型又分为资源类、执行类、网络类和图示类四种。在实体库中，按从上到下的顺序从发生器到储液罐之间的实体为资源类实体，这是离散仿真模型的主干对象；任务分配器和堆垛机之间的实体为执行类实体。通过接受资源类实体指派任务，进行货物搬运等生产操作；网络类实体包括网络节点和交通控制器，用来设定小车等运输工具的行走路线；图示类实体有可视化工具和记录器，用来实时显示指定实体的输出数据和信息。

6. FlexSim 仿真控制栏

FlexSim 仿真控制栏位于主窗口的顶部，此面板用来控制模型的运行，如图 7.25 所示。

图 7.25　仿真控制栏

（1）重置。类似于复位的功能。模型仿真一段时间后，单击重置键可实现将所有实体运行的数据清零。在对实体进行参数设置时，单击重置键进行设置数据的装载，以重新运行模型，实现多次统计数据的功能。

(2)运行。用来启动模型运行,直到设定时间到达或按下停止按钮。

(3)停止。停止模型运行,同时更新模型中所有实体的数据。如模型不被重置,单击运行按钮则继续运行。

(4)步进。将模型仿真钟设定到下一个事件要发生的时刻后,该事件即可发生。此功能以事件为单位对模型进行操作。

7.1.7 FlexSim 的仿真步骤

运用 FlexSim 软件进行仿真建模通常有以下步骤。

(1)抽象出仿真模型。明确影响立体仓库作业的主要因素。如果所找出的因素不足以影响该模型对实际系统的仿真,则删除该因素值。然后再通过简化后的业务模型与 FlexSim 所含控件进行比较,确定所删除的参数是否影响仿真模型的实际运行。重复该简化过程,直到所有因素值被确定。

(2)设置布局。运用 FlexSim 软件直接导入需要生成的三维模型,通过实体库提供的各实体匹配现实中的设施,进行模型的布局。

(3)仿真的数据建模。仿真的数据建模是整个仿真模型的数据驱动。对仿真对象的相关数据进行采集,分析采集的数据。根据分析的数据,得出近似的数据分布函数。数据建模一般分为以下步骤:第一,将实际生产操作中的数据导入 ExpertFit 中,得到各种数据的均值、最值;第二,比较概率分布函数找到最贴合的函数,选择最佳的概率分布函数;第三,确定其分布函数的具体参数。

(4)连接端口并设置参数。依据之前简化后的业务模型和布局,通过 A 或 S 连接建立 FlexSim 各实体间的关系。依据实际业务和拟合的概率分布函数对各实体涉及的参数进行设置。

(5)编写仿真程序。通过编写程序可很方便地将实际业务的需求和设计者的不同想法或策略应用到仿真模型中,同时仿真程序提高了 FlexSim 实体间的关联度和二次开发能力。

(6)运行模型和生成报告。模型的运行可使用户很直观地透过 3D 动画查看系统的运行状况,或者生成运作统计报告,并对影响系统运行效率的因素进行分析,提出改进措施,达到优化的目的。

7.1.8 FlexSim 仿真案例

1. 企业需求

某公司下辖的物流子公司由于业务的发展,现需要规划建设一个新的立体仓库以满足生产要求。该仓库可实现货物简单处理,处理后货物及时上货架,随订单及时出库等操作。考虑到该公司的以往生产销售及交通情况,使物流子公司的仓库更符合公司需求,即：仓库补货在白天进行，入库产品中 40% 在白天发往外地，剩下 60% 在夜晚发送。该仓库对三种不同的货物进行入库，每种货物分别有自己独有的货架。当货物运送到仓库后，首先要进行卸货，之后由人搬运到处理器进行简单的加工，如进行包装或贴条形码等简单操作。40% 进行处理后直接由堆垛机送往出库暂存区，不进行入货架操作，即可直接由订单提走，并发往外地销售。余下的货物经处理器处理后，由堆垛机搬运至货架，等待夜晚发送。

2. 立体仓库的基本参数

根据每天的实际处理能力设计该仓库的货位数量，并充分考虑到滞销等因素，并适当增大仓库的容量。当滞销时，该仓库能满足滞销货物及时入库，同时通知生产部门减少日产量，使企业尽量规避不可知因素带来的影响。

初步规划自动化立体仓库的主要参数：选取堆垛机的水平最大速度 2 米 / 秒，传送带、分拣传送带速度为 1 米 / 秒，处理器的处理时间为 10 秒，货架有 3 排，每个 10 列 10 层。货位数量除满足正常需求外，要有富余，以备滞销之需。初始设计时，模型的各个主要组成设施及数量如表 7.1 所示。

表 7.1 初始模型各设施构成表

设 施	实 体 定 义	实 体 功 能	实体数量（个）
分拣传送带	Belt Conveyor	分拣货物	1
处理器	Processor	加工货物	2
货架	Rack	存放货物	3
巷道堆垛机	ASRS Vehicle	运输货物	2
暂存装置	Queue	堆放货物	2
传送带	Conveyor	传送货物	3

3. 仿真实验的流程

仿真实验流程图，如图 7.26 所示。

4. 立体仓库布局

根据自动化立体仓库的一般需求，设计该模型由入库、货物存储、出库三部分组成。基于试用版软件在实体数量上最多只能用 20 个实体及部分功能的限制，入库、货物存储、出库三部分设计得相对比较简单。其中入库区由发生器、入库暂存区表示；货物存储区由处理器、传送带、货架、堆垛机等表示；出库区由出库暂存区、吸收器表示。如图 7.27 所示为初步构建的仿真模型。

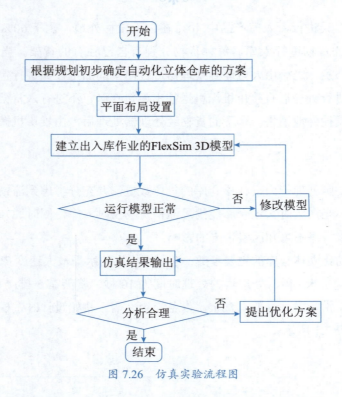

图 7.26 仿真实验流程图

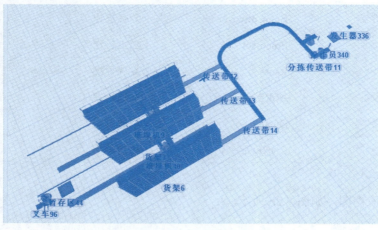

图 7.27 初步构建的仿真模型

5. 模型建立

1）设计布局

FlexSim 采用对象对实际过程中的各元素建模，利用先进的模型构造技术，将对象封装为功能强大、操作极其方便的可视化控件。该控件极大方便了用户进行创建和配置实体。根据建模前规划设计好的系统模型，将对象从"实体库"中拖曳到仿真视图窗口中的适当位置。图 7.28 为拖曳暂存区示意图。按此方法对其他实体进行拖曳操作，完成布局。

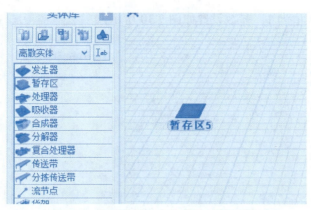

图 7.28　将暂存区从实体库拖到视图窗口

2）定义流程

每个 FlexSim 的实体都有多个端口，并且端口数没有数量限制。实体通过端口与其他实体进行通信。端口包含输入、输出和中间端口。设定临时实体在模型中的流动路线时，如果要设置输入和输出端口的流向，则用 A 连接；而中间端口通常是用来建立固定实体与可移动实体之间的相关关系，常用 S 连接。根据对象之间的逻辑关系，采用 A 或 S 连接构建仿真模型的逻辑流程，完成对象间各端口的通信设置，如图 7.29 所示。

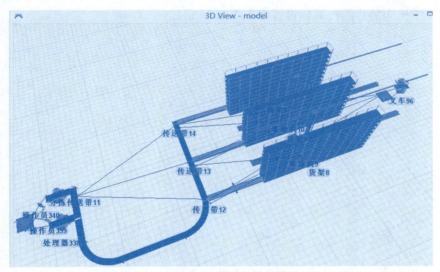

图 7.29　定义模型流程图

3）设置参数

根据每个对象所要描述的物理系统特征，设定对象的参数。将布局后的各个实体的端口连接后，对各实体进行参数设置。在视图窗口中，双击所要设定的实体，打开对模型实体进行参数设置的属性窗口，同时进行逻辑设置。

（1）设置分拣传送带参数。双击分拣传送带图标，打开传送带属性对话框，单击传送带选项卡，设置速度值为1，参数设置如图7.30所示。

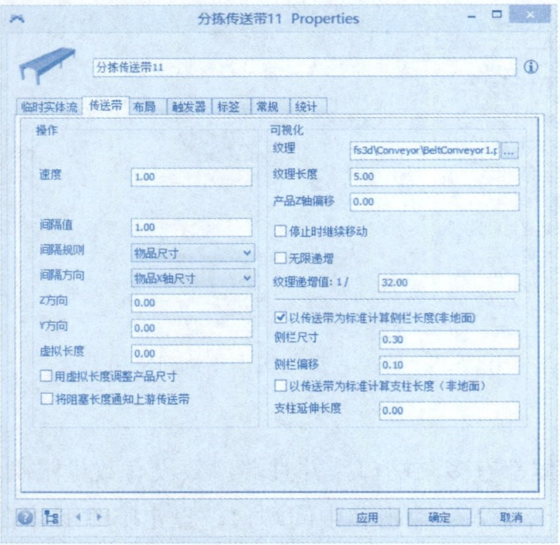

图7.30 分拣传送带属性

打开分拣传送带的"临时实体流"选项卡，在发送至端口设置发送条件的逻辑为按临时实体类型发送，这样能保证根据货物的类型使货物流向下游指定传送带所对应的输入端口，实现分拣传送的目的，具体设置如图7.31所示。

图7.31 设置分拣传送带发送端口

（2）设置传送带参数。双击传送带，打开"传送带"选项卡，设置速度值为1。其过程和分拣传送带类似。打开"临时实体流"选项卡，发送逻辑设为按百分比，60%送往货架，40%送往出库暂存区。同时指定使用运输工具，其他两个传送带的参数设置同上，传送带输出端口发送货物逻辑代码如图7.32所示。

图 7.32　设置传送带输出端口

（3）设置处理器参数。在视图窗口中找到要设置的处理器，双击处理器图标，弹出该实体的属性设置界面。在"处理器"选项卡中，设置加工时间为 10 秒，当货物离开处理器后，将改变其颜色。单击处理器属性中的"触发器"选项卡，将其设置为离开触发，并在其离开处理器时改变颜色，设置处理器的离开触发逻辑代码如图 7.33 所示。

图 7.33　设置处理器离开触发

（4）设置暂存区参数。暂存区有三种产品，实现操作人员 1 搬运产品类型 1，送往处理器 1；操作人员 2 搬运产品类型 2，送往处理器 2；两个操作员中，当某个处于空闲时，将搬运类型 3，送往空闲的处理器 3。在暂存区下的发送至端口的设置中，发送所需逻辑，将指定相应类型的货物流向指定的处理器，具体设置如图 7.34 所示。

图 7.34　设置暂存区发送端口

在暂存区的"临时实体流"选项卡下设置使用运输工具,则运输工具接受暂存区指派任务,进行搬运货物等操作。设置逻辑为根据临时实体类型执行相应的操作,设置逻辑代码如图 7.35 所示。

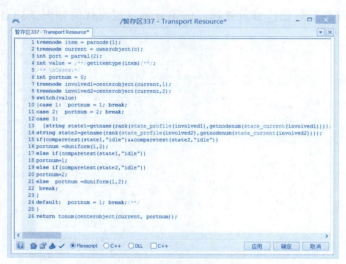

图 7.35　设置暂存区使用运输工具

6. 自动化立体仓库仿真分析

(1)仿真过程。由于白天出入库比较频繁,对设施的运行压力最大,而夜晚所面临的处理任务相对较小,故考虑对白天的出入库情况进行仿真。建立完模型并设置好参数后,单击"重置"按钮,再单击"运行"就可运行模型。由于 FlexSim 是实时的仿真软件,在仿真过程及结束的任意时刻,单击实体属性中的"统计"选项卡,可查看对任意实体的统计。统计有状态饼图、图表等形式,如图 7.36 所示为状态饼图。

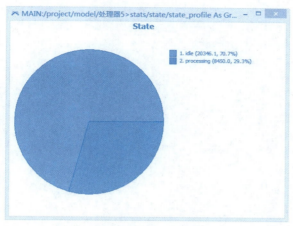

图 7.36 处理器 5 的状态饼图

新款软件新增了 Dashboard 功能。该模块是实体库中记录器的延伸，较其具有操作简单、强大的数据统计和分析的优点。用户可以采用多种数据的形式如表格、饼图、柱状图等，同时可以查看多个实体的运行情况。在模型的各实体中，以堆垛机、传送带为代表，利用 Dashboard 功能，统计其在运行过程中的各种状态，如图 7.37 所示。其中，第一栏为 2 个堆垛机的状态饼图统计情况，第二栏所示为 3 个传送带的数据统计情况。用户还可根据需要添加更多的实体进行统计。

图 7.37 Dashboard 统计图

除实时统计外，FlexSim 还建立了与 Excel 表格的接口。在仿真结束后，通过统计菜单下的状态报告，输出 Excel 状态报表。模型的状态报告直观地反映了模型中各实体的各种状态，并为其改进和优化提供了依据。利用模型提供的仿真实验控制栏，设置仿真为终止型仿真。终止型仿真时间为 8 小时，该统计报告以 Excel 表格的形式导出。仿真结束后，在软件菜单栏中选择"统计"→"报告与统计"命令，在弹出的对话框中选择状态统计类型。用户可在报告中选择要添加的变量，如图 7.38 所示。

图 7.38 选择报告与统计中的变量

单击"生成报告"按钮,生成系统状态报告,经多次仿真并综合后得到如表 7.2 所示的 Excel 表格。

表 7.2 系统状态报表

Object	Class	idle	processing	blocked	waiting	conveying	travel empty	travel loaded	offset travel empty	offset travel loaded
处理器5	Processor	70.66%	29.34%	0.00%	0.00%	0.00%	0.00%	0.00%	0.00%	0.00%
货架6	Rack	100.00%	0.00%	0.00%	0.00%	0.00%	0.00%	0.00%	0.00%	0.00%
货架7	Rack	100.00%	0.00%	0.00%	0.00%	0.00%	0.00%	0.00%	0.00%	0.00%
货架8	Rack	100.00%	0.00%	0.00%	0.00%	0.00%	0.00%	0.00%	0.00%	0.00%
堆垛机9	ASRSvehic	8.99%	0.00%	0.00%	0.00%	0.00%	0.00%	0.00%	45.98%	45.03%
堆垛机10	ASRSvehic	11.74%	0.00%	0.00%	0.00%	0.00%	0.00%	0.00%	44.77%	43.49%
分拣传送带	MergeSort	0.00%	0.00%	0.00%	0.00%	99.89%	0.00%	0.00%	0.00%	0.00%
传送带12	Conveyor	0.00%	0.00%	20.92%	38.26%	8.87%	0.00%	0.00%	0.00%	0.00%
传送带13	Conveyor	0.00%	0.00%	10.07%	40.71%	10.36%	0.00%	0.00%	0.00%	0.00%
传送带14	Conveyor	0.00%	0.00%	14.06%	34.75%	11.28%	0.00%	0.00%	0.00%	0.00%
发生器336	Source	0.00%	0.00%	0.00%	0.00%	0.00%	0.00%	0.00%	0.00%	0.00%
暂存区337	Queue	0.00%	0.00%	0.00%	15.58%	0.00%	0.00%	0.00%	0.00%	0.00%
处理器338	Processor	72.20%	27.80%	0.00%	0.00%	0.00%	0.00%	0.00%	0.00%	0.00%
操作员339	Operator	84.69%	0.00%	0.00%	0.00%	0.00%	6.95%	7.56%	0.80%	0.00%
操作员340	Operator	84.34%	0.00%	0.00%	0.00%	0.00%	7.64%	7.83%	0.19%	0.00%
暂存区44	Queue	0.00%	0.00%	0.00%	0.00%	0.00%	0.00%	0.00%	0.00%	0.00%
吸收器95	Sink	0.00%	0.00%	0.00%	0.00%	0.00%	0.00%	0.00%	0.00%	0.00%

(2) 仿真结果分析。根据表 7.2 统计的数据,找出系统规划的时间,分析结果如下:

两个处理器和两个操作员的空闲时间长,利用率低下。设施的闲置增加了企业的资本投入,优化时可考虑给予精简。

虽然堆垛机的利用率比较高,但几乎都是满载运行,因此对堆垛机提出了很高的要求。在优化时可修改堆垛机的参数,避免满负荷运行。

三个传送带发生了不同程度的堵塞现象,这表明下游堆垛机不能及时处理传送带上的货物。考虑到堆垛机使用率比较高,故增设暂存区,即对货物的处理起到缓冲的作用,使货物及时离开传送带。

(3) 自动化立体仓库的优化。一般认为设施的利用率保持在 60%~85% 是最好的,此时

第 7 章 数字化物流仿真软件

设施既得到充分的利用又不至于满负荷运行；同时期望阻塞率为 0，这表明上下游不存在瓶颈问题，系统各环节运行流畅。为了使系统达到上述效果，需要进行改进优化操作。

优化的依据是仿真模型运行后生成的状态报表，依据所得到的数据，得出系统部分实体存在诸如利用率不高、堵塞等问题。针对两个处理器和操作员的空闲时间长、利用率低的问题，提出各减少一个的方案。当货物到达传送带的末端时，堆垛机不能及时将货物送走，造成货物在传送带扎堆，为解决该问题，增设暂存区，缓冲上下游处理的压力。模型优化布局如图 7.39 所示。

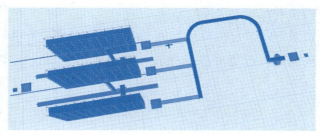

图 7.39　模型优化布局图

多次运行修改后的模型，形成全局状态表，经分析综合后形成优化后的系统状态报表，如表 7.3 所示。

表 7.3　优化后系统状态报表

Object	Class	idle	processing	blocked	releasing	waiting f	conveying	travel em	travel lo	offset tr	offset travel	loaded
处理器5	Processor	42.77%	57.23%	0.00%	0.00%	0.00%	0.00%	0.00%	0.00%	0.00%	0.00%	
堆垛机9	ASRSvehic	22.57%	0.00%	0.00%	0.00%	0.00%	0.00%	0.00%	0.00%	40.15%	37.28%	
堆垛机10	ASRSvehic	19.69%	0.00%	0.00%	0.00%	0.00%	0.00%	0.00%	0.00%	41.34%	38.97%	
分拣传送带	MergeSort	0.00%	0.00%	0.00%	0.00%	0.00%	99.89%	0.00%	0.00%	0.00%	0.00%	
传送带12	Conveyor	0.00%	0.00%	0.00%	0.00%	0.00%	18.70%	0.00%	0.00%	0.00%	0.00%	
传送带13	Conveyor	0.00%	0.00%	0.00%	0.00%	0.00%	19.33%	0.00%	0.00%	0.00%	0.00%	
传送带14	Conveyor	0.00%	0.00%	0.00%	0.00%	0.00%	19.20%	0.00%	0.00%	0.00%	0.00%	
发生器336	Source	0.00%	0.00%	0.00%	0.00%	0.00%	0.00%	0.00%	0.00%	0.00%	0.00%	
暂存区337	Queue	0.00%	0.00%	0.00%	0.00%	10.91%	0.00%	0.00%	0.00%	0.00%	0.00%	
操作员340	Operator	78.35%	0.00%	0.00%	0.00%	0.00%	0.00%	10.13%	10.74%	0.78%	0.00%	
暂存区44	Queue	0.00%	0.00%	0.00%	0.00%	0.00%	0.00%	0.00%	0.00%	0.00%	0.00%	
暂存区1737	Queue	0.00%	0.00%	0.00%	0.00%	29.82%	0.00%	0.00%	0.00%	0.00%	0.00%	
暂存区1738	Queue	0.00%	0.00%	0.00%	0.00%	17.29%	0.00%	0.00%	0.00%	0.00%	0.00%	
暂存区1739	Queue	0.00%	0.00%	0.00%	0.00%	25.96%	0.00%	0.00%	0.00%	0.00%	0.00%	

自动化立体仓库模型修改前后，其主要设施利用率的对比情况如下：根据初始设计时和修改模型后得出状态统计表。仿真模型试运行后，主要设施的实验统计数据如表 7.4 所示。

表 7.4　主要设施试运行统计表

设　　施	运　行　状　况
处理器 5	利用率 29.34%
处理器 338	利用率 27.80%

续表

设　　施	运 行 状 况
堆垛机 9	利用率 91.01%
堆垛机 10	利用率 88.26%
传送带 12	阻塞率 20.92%
传送带 13	阻塞率 10.07%
传送带 14	阻塞率 14.06%
操作员 339	利用率 15.31%
操作员 340	利用率 15.66%

根据模型存在的问题，改进和生成报告，并抽取出主要设施实验数据，如表 7.5 所示。

表 7.5　主要设施优化后运行统计表

设　　施	运 行 状 况
处理器 5	利用率 57.23%
堆垛机 9	利用率 77.43%
堆垛机 10	利用率 80.31%
传送带 12	阻塞率 0.00
传送带 13	阻塞率 0.00
传送带 14	阻塞率 0.00
操作员 340	利用率 21.65%

为使数据看起来更直观，对比更明显，综合表 7.4 和表 7.5，生成表 7.6。

表 7.6　优化前后统计表

设　　施	运行状况（前）	运行状况（后）
处理器 5	利用率 29.34%	利用率 57.23%
堆垛机 9	利用率 91.01%	利用率 77.43%
堆垛机 10	利用率 88.26%	利用率 80.31%
传送带 12	阻塞率 20.92%	阻塞率 0.00
传送带 13	阻塞率 10.07%	阻塞率 0.00
传送带 14	阻塞率 14.06%	阻塞率 0.00
操作员 340	利用率 15.66%	利用率 21.65%

对优化前后模型运行情况进行统计分析，可知模型的利用率得到了显著的改善，系统的瓶颈问题得到了一定缓解，并确保了设计的准确性和经济性。通过本实例分析，得出：

在现实系统建立之前，利用 FlexSim 仿真软件做出仿真模型并进行测试运行，可有效避免新系统缺陷。通过改变设施数量、更改设施参数等途径不断反复调试，可在较短的时间内找到优化系统的方法，提高系统效率，达到优化设计和节省投资的目的。

7.2 Witness 智能仿真软件

7.2.1 Witness 软件简介

Witness 是由英国 Lanner 公司推出的功能强大的仿真软件系统。Witness 是英国 Lanner 集团集数十年系统仿真经验开发出的面向工业系统、商业系统流程的动态系统建模与仿真软件平台，是世界上在该领域的主流仿真软件。它可用于离散时间系统的仿真，同时又可用于连续流体（如液压、化工、水力）系统的仿真。目前已被成功运用于国际 3000 多家知名企业的解决方案项目，如 Airbus 公司的机场设施布局优化、BAA 公司的机场物流规划、BAE SYSTEMS 电气公司的流程改善、Exxon 化学公司的供应链物流系统规划、Ford 汽车公司的工厂布局优化和发动机生产线优化、Trebor Bassett 公司的分销物流系统规划等。Lanner 公司已经在包括澳大利亚、巴西、法国、德国、中国、意大利、日本、韩国、南非、美国、英国等 25 个国家和地区设立了代理，负责软件的推广和技术支持等工作。

1. 系统仿真技术

仿真技术作为一门独立的学科已经有五十多年的历史，它不仅用于航天、航空、各种武器系统的研制部门，而且已经广泛应用于电力、交通运输、通信、化工、核能各个领域。特别是，近二十年来，随着系统工程与科学的迅速发展，仿真技术已从传统的工程领域扩展到非工程领域，因而在社会经济系统、环境生态系统、能源系统、生物医学系统、教育训练系统也得到了广泛的应用。仿真技术正是从其广泛的应用中获得了日益强大的生命力，而仿真技术的发展反过来使其得到越来越广泛的应用。

在系统的规划、设计、运行、分析及改造的各个阶段，仿真技术都可发挥重要作用。随着人类所研究的对象规模日益庞大，结构日益复杂，仅仅依靠人的经验及传统的技术难于满足越来越高的要求。基于现代计算机及其网络的仿真技术，不但能提高效率，缩短研究开发周期，减少训练时间，不受环境及气候限制，而且对保证安全、节约开支、提高质量尤其具有突出的功效。

2. Witness 应用领域

Witness 能应用于下列领域：

- 汽车工业
- 食品
- 化学工业
- 造纸

- 电子
- 银行和财务
- 航空
- 政府
- 工程
- 运输

<u>3. Witness 主要功能</u>

（1）工业或商业系统流程的动态建模与运行仿真。Witness 提供了大量的描述工业系统的模型元素，如生产线上的加工中心、传送设施、缓冲存储装置等，以及逻辑控制元素，如流程的倒班机制，事件发生的时间序列，统计分布等。用户可方便地使用这些模型元素建立起工业系统的运行逻辑描述。通过其内置的仿真引擎，可快速地进行模型的运行仿真。在整个建模与仿真过程中，用户可根据不同阶段的仿真结果，随时修改系统模型，如添加和删除必要的模型元素，动态地提高模型精度。也可方便地设计与测试新设计的工厂和流程方案，平衡服务与花费，简化换班模式，评测可选的设计方案。

（2）流程的仿真动态演示。Witness 直观地提供了流程运行的动态动画展示，使用户清楚和直观地了解系统的运行过程，并通过其 Fastbuild 功能，可快速生成系统模型元素的三维立体模型，并在界面上展示模型在三维空间的运行效果。

（3）流程环节的灵敏度分析。Witness 内置强大的仿真引擎及模型元素运行状态的多种表示方法，如饼图、柱图等，可使用户实时地看到系统模型各部分的运行状态，如忙、闲等，也可以清楚地展示出流程中的拥堵环节，找出问题所在，为系统的优化设计提供重要的依据。

（4）强大的建模功能模组。通过层次化建模策略，构建可定制的模型组件库。Witness 提供的系统建模元素主要有属性元素（attributes）、缓冲与库存元素（buffer）、运送设施元素（carrier）、传送设施元素（conveyors）、描述时间发生规律的统计分布元素（distributors）等 30 多个元素。同时，Witness 还允许用户定制自己领域独特的建模元素。

（5）采用面向对象的建模机制。为了使用户更方便和更细致地建立系统模型和模型行为，Witness 提供了丰富的模型运行规则和属性描述函数库。Witness 提供了 1000 多个描述模型运行规则和属性描述函数，其中包括系统公用的函数、与建模元素行为有关的规则与属性函数、与仿真时间触发特性相关的函数等。考虑到用户领域问题的独特性，Witness 还专门提供了用户自定义函数的描述功能，使得用户可方便地定制自己的建模系统。

（6）提供了与其他系统相集成的功能。由于用户的流程数据往往存储在数据库或其他文件系统中，为了能方便地引用这些数据，Witness 提供了与其他系统相集成的功能，如直接读写 Excel 表，与 ODBC 数据库驱动相连接，输入描述建模元素外观特征的多种 CAD 图形格式文件，如 jpg、gif、wmf、dxf、bmp 等。

（7）与 FactoryCAD 系统的集成。在 FactoryCAD 中以 SDX（simulation data exchange）的文件格式输出系统工艺流程的属性数据，如加工中心的加工循环时间、物料搬运设施的使用效率经济性指标等。Witness 的 SDX 功能可使用户从 FactoryCAD 系统里输出的信息转化为 Witness 仿真模型。在 Witness 里自动建立布局图表，使用这些图表数据建立 Witness 路径选择，通过一系列的选项，如部件类型图标的设置，机床类型和传送带表示和改变颜色、缩放比例、改变位置等，使得一个完整的工作模型被建立。

4. Witness 系统操作模块

1）基本仿真建模包

仿真模拟能对工作环境进行建模并模拟不同业务决策的影响。

2）生产流程与组织优化模块

有利于优化和选择最佳的业务目标的设置。

3）优化模块

优化模块可为仿真模型搜索出最优的解决方案。通过完全定制的系统绩效指标，设定系统控制参数的取值范围和约束规则。Witness OPT 使用当前最先进的优化算法来发现最优的系统配置方案，将搜索实验结果通过创新的图表显示出来。该智能模块可有效地帮助系统决策者改善和优化绩效指标。

（1）Witness OPT 与 Witness 完全集成。任何 Witness 仿真模型都可使用 Witness OPT 进行优化，Witness OPT 简单易用的界面向导将引导用户获取系统最成功的流程优化方案。Witness OPT 与 Witness 完全集成，通过 Witness 菜单可直接调用优化模块。

（2）Witness OPT 丰富的实验设计和报表选择。通常运作系统的绩效指标会是服务水平、产出率或者利润率。Witness OPT 提供了丰富的实验设计和报表选项。

① 目标函数的自定义。

② 仿真时间长度设计。

③ 控制变量取值和约束设计。

④ 优化算法选择。

⑤ 算法终止条件设定。

⑥ 随机流设定。

⑦ 结果雷达图、系统配置表的显示。

4）仿真模型归档模块

仿真模型归档模块是一个与 Witness 系统完全集成的插件模块，通过它可创建仿真模型的结构、模型细节和模型逻辑等的定制报表。使用归档器可很容易地创建有关模型的各式报表，从简单的元素名称和类型，到设施故障和调整细节，到物料和信息流，到活动设计的各式分类报表。报表将直接使用。rtf 格式保存起来，可很方便地为多种字处理软件编辑。

7.2.2 Witness 应用案例

Witness 仿真系统套件对工业、商业及运作系统流程强大的建模、仿真、优化功能可协助各行业进行瓶颈挖掘、绩效改善。基于 Witness 这种通用的建模与仿真分析工具，Lanner 集团公司已经与 3000 多家国际著名公司合作，运用 built in 模式，帮助管理者对业务流程进行从局部到整体、从内部向外部的不断评价、改善，可在分秒之间对成千上万种潜在决策方案及其效果进行模拟，为业务系统获得了显著的经济效益。

Witness 仿真系统在生产制造领域的应用是新工厂的设计与布局、设施评估配置、流程设计与评估、成本压缩、资源规划、物料搬运与物流系统，如表 7.7 所示。

表 7.7 Witness 在生产制造领域的应用

用 户	解 决 方 案
福特汽车	福特发动机装配线仿真项目
日产汽车	Nissan 的多车型，多生产线仿真解决方案
大众汽车	大众使用 Witness 优化制造物流

Witness 在能源工业领域的应用是 LNG 供应链规划，资产风险管理，核设施规划，资产、设施报废管理，规划系统设计，如表 7.8 所示。

表 7.8 Witness 在能源工业领域的应用

用 户	解 决 方 案
英国石油公司	BP 管道成本压缩项目
埃克森美孚公司	Exxon 化学品运输解决方案
国际镍业公司	Witness 帮助优化 INCO 提炼流程提高产能
国际石油卡特尔	对卡特尔 Ras Laffan 港口仿真

Witness 在航空航天领域的应用是运输物流规划、供应链规划、资产风险评估、运输系统设计、机场运输管理、飞机站台规划、行包处理和安全、旅客安全管理，如表 7.9 所示。

表 7.9 Witness 在航空航天领域的应用

用 户	解 决 方 案
AENA	Witness—西班牙航空公司决策咨询支持
空中客车公司	通过 Witness 提高空客机翼生产效率

续表

用 户	解 决 方 案
法国航空	Witness 每年为法国航空行李搬运节约数百万欧元
BAA 航空	Lanner 对 BAA 业务流程仿真,大幅度降低箱包处理等待时间
BAE 系统公司	BAE 使用 Witness 提高布局设计速度
维珍航空	仿真新的客户服务模式

Witness 在医药化工领域的应用是战略方案验证、供应链与物流、档案管理、整体流程评估、实验中心规划、固定资产评估、流程改善,如表 7.10 所示。

表 7.10 Witness 在医药化工领域的应用

用 户	解 决 方 案
阿斯利康制药	Lanner 帮助 AstraZeneca 成就顶级销售业绩
拜耳医药	Witness 帮助 Bayer 销售自动实验室

Witness 在国防科技领域的应用是服务水平的可靠性、资源供给规划、供应链与物流、战争供应物流、边防线控制,如表 7.11 所示。

表 7.11 Witness 在国防科技领域的应用

用 户	解 决 方 案
美国红石头兵工厂	Witness 军事解决方案
BAE 系统公司	Witness 仿真改善 BAE 系统公司半导体生产率
空中客车公司	通过 Witness 提高空客机翼生产效率

Witness 在呼叫中心领域的应用是多中心资源规划、服务水平改善、呼叫中心设计、人力和班组配置、成本节约和效率提升、销售 & 税收改善,如表 7.12 所示。

表 7.12 Witness 在呼叫中心领域的应用

用 户	解 决 方 案
贝克莱商务公司	Barclays 通过方针提高 Barclays 呼叫中心运作效率
博内茅斯 & 西汉普郡水务	提高 Bournemouth & West Hampshire 水务客服效率

7.2.3 Witness 各种应用模型图例介绍

1. 工厂模型

使用具备特定属性的符号如零件、机器、库存、传送设施、工人、路径等构造工厂规划的逻辑仿真模型。工厂仿真模型中也包含连续的事件元素如管道、流体、储运罐等与离散事件元素一起构成仿真模型,可直接从 CAD 软件中导入工厂的规划模型,如图 7.40 所示。

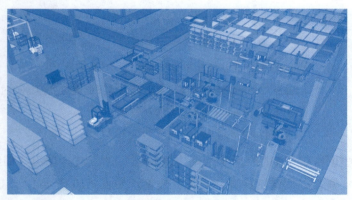

图 7.40　工厂模型

2. 呼叫／访问中心模型

使用 Witness 中的流量模组可方便地建立呼叫／访问仿真模型，并预测呼叫／访问中心的行为，如 10 秒内应答呼叫的成功率，被拒绝访问的数量等。根据不同的业务模型建立特定的应答逻辑，可对 ACD 系统中建立的事件次序进行仿真建模。其中，仿真模型中包含工作人员的倒班模式、组员的工作技巧、呼叫／访问的优先级等所有建立的现代呼叫／访问中心的细节因素，如图 7.41 所示。

图 7.41　呼叫／访问中心模型

3. 制造维护模型

使用路径元素找到模型运行时耗时的环节。由于系统故障发生，维护服务的不确定性，只有通过仿真才能实现对系统的控制，如图 7.42 所示。

第 7 章　数字化物流仿真软件

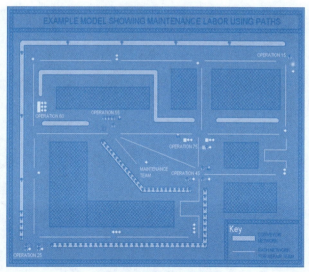

图 7.42　制造维护模型

4. 订货／储运模型

订货／储运模型是应用 Witness 建立的典型的离散事件仿真模型。它用来评估系统定货量与储运设施，如卡车、飞机、船舶等之间的匹配。仿真模型使用储运设施到达间隔的随机分布等随机事件元素来仿真储运设施真实的运行状态，测试与评估不同的人工分配，倒班模式以及各种车辆／港口的储运方案，如图 7.43 所示。

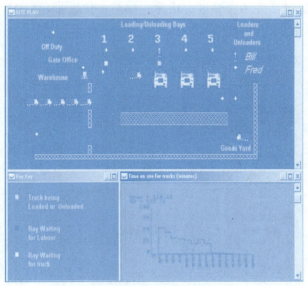

图 7.43　订货／储运模型

5. 飞机备件供应模型

用于评测飞机零件失效后获得维修的时效仿真模型。这类模型主要关心与解决的问题是确保飞机状态正常所需的维护时间、备件缺货发生的频率等，如图 7.44 所示。

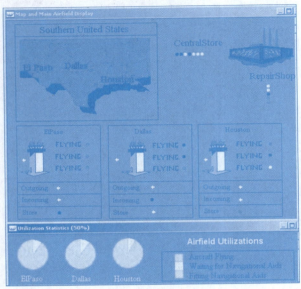

图 7.44　飞机备件供应模型

6. 库存模型

库存模型既可作为一个独立的模型描述特定的库存行为，如物料处理库存系统、AGV 系统等，又可作为一个完整生产线系统的库存组成部分，以共同描述生产线的行为。高层库存系统仿真模型包括专用存储区、走廊、吊车、传送带、AGV、分拣区等结构，如图 7.45 所示。

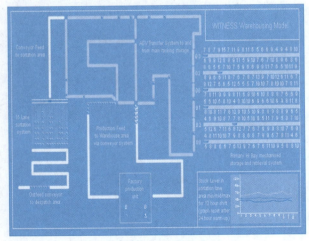

图 7.45　库存模型

7. 港口模型

Witness 内置了许多类型的港口模型，包括港口常见的道路、储运、装载、卸载设施等。在港口储运的离散仿真模型中需考虑对诸如潮汐、水流等连续时间元素的影响，如图 7.46 所示。

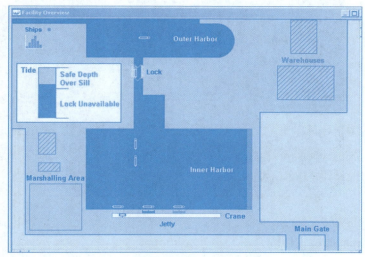

图 7.46　港口模型

8. 供应链模型

供应链模型解释了商品订单的处理流程，及其对整个供应链行为的影响，如图 7.47 所示。

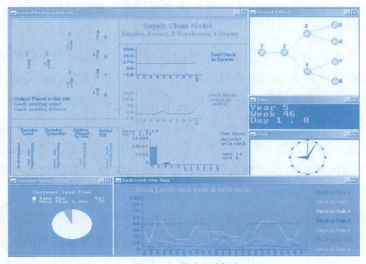

图 7.47　供应链模型

9. 公交车站模型

公交车站模型中包含路径、车站区域、道路控制设施、车场班车发送模式等元素。通过仿真优化班车的排送时间，减少公交拥堵，如图 7.48 所示。

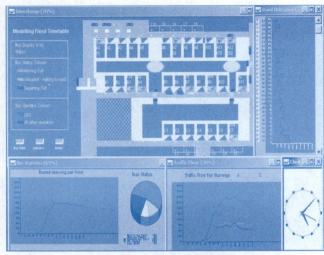

图 7.48　公交车站模型

7.2.4　Witness VR 软件简介

1. 生产场景仿真模块

无论制造业还是服务业，都可使用 Witness VR 仿真平台建立生产场景仿真模型。仿真模型不仅是二维流程逻辑模型的模拟，还可以用来表示工厂或流程的三维空间。其仿真模块还可较准确地进行工厂或流程的行为预测，从而在计算机上实现生产系统运营、管理和控制的虚拟现实场景。生产场景虚拟现实模块不仅是一种可视化的手段，而且通过仿真解决生产企业的现实问题。

生产场景的可视化仿真技术作为一门独立的学科已经有 50 多年的历史，它不仅用于航天、航空、各种武器系统的研制部门，而且已经广泛应用于电力、交通运输、通信、化工、核能各个领域。特别是近二十年来，随着系统工程与科学的迅速发展，视景仿真技术已从传统的工程领域扩展到非工程领域，因而在社会经济系统、环境生态系统、能源系统、生物医学系统、教育训练系统也得到了广泛的应用。视景仿真技术正从其广泛的应用中获得了日益强大的生命力，而仿真技术的发展反过来使其得到越来越广泛的应用，如图 7.49 所示。

在系统的规划、设计、运行、分析及改造的各个阶段，视景仿真技术都发挥着重要的作用。随着人类所研究的对象规模日益庞大，结构日益复杂，仅仅依靠人的经验及传统的技术难以满足越来越高的要求。基于现代计算机及其网络的仿真技术，不但能提高效率，缩短研究开发周期，减少训练时间，不受环境及气候限制，而且对保证安全、节约开支、提高质量尤其具有突出的功效。

第 7 章 数字化物流仿真软件

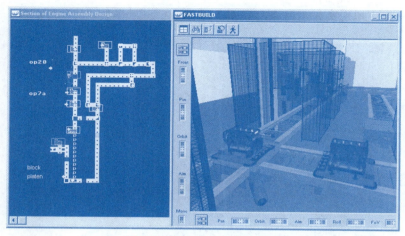

图 7.49　Witness VR 模拟模型

Witness VR 是英国 Lanner 集团集数十年系统仿真经验开发出的面向工业系统、商业系统流程的动态系统建模与仿真软件平台。这款平台软件是世界上在该领域上的主流工业流程仿真软件。在此基础上，Lanner 集团专门开发了用于生产场景可视化仿真的虚拟现实模块 Witness VR，使得 Witness 二维的工业流程逻辑模型，快速地生成具有高度真实感的三维的、真实几何尺寸的生产场景。在 Witness 强大的仿真引擎驱动下，生产场景中的逻辑元素，按照自己的运行规律在三维场景空间实时运动，从而彻底实现生产现场的虚拟现实。

2. Witness VR 的工作流程

在 Witness VR 中，一个车床卡盘或钻头，当处在它的工作循环时，可不停地转动，或者在发生故障时折断；工业机器人沿着自己的工作路径行走，工人可坐在椅子上等待工作而一旦系统对工人发出请求，工人则沿着路径准时到达工位。所有这些动作机理，都可通过 Witness VR 模块的对象动作模型实现，并且这些对象不同动作状态的出发完全由 Witness VR 中内部的离散系统的随机事件逻辑控制，就像真实生产场景中发生的事件一样。

Witness VR 模块配备了大量常用的三维场景对象的三维模型。并且这些模型带有纹理、动作定义，使得用户可快速地通过 Witness 的二维逻辑模型生成三维的虚拟现实场景。另外，Witness VR 还专门提供了三维场景建模与动作定义功能。用户可方便地自由创建场景中的三维形体，并给这些形体赋予真实感，也可从其他流行的三维建模软件中导入自己所需要的三维形体，如 AutoCAD or Microstation、3DS from 3D Studio Max 或者在虚拟现实领域里使用广泛的 VRML 三维数据格式。

在 Witness VR 模块中，可自由定义浏览场景的相机动作路线。为了在模拟过程中获得较高的交互实时性，软件动态地控制场景的现实规模，以达到显示的精度和速度的平衡。

3. Witness VR 功能特征

Witness VR 的三维显示窗口完全集成在 Witness 软件运行环境中，综合二维运行逻辑仿真窗口和三维虚拟现实显示窗口，如图 7.50 所示。其功能如下。

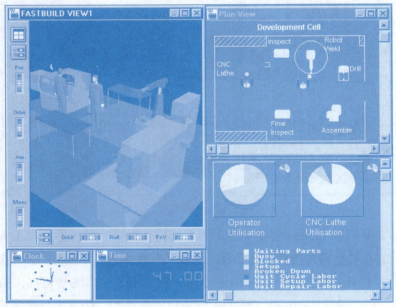

图 7.50　三维场景模型

（1）虚拟场景显示控制。

① 对三维场景实时进行平移、缩放和旋转。

② 灵活选择不同的光照显示模式。

③ 切换不同的显示引擎。

④ 二维逻辑模块和三维场景的同时关联运动。

⑤ 支持行走和快步进给模式。

⑥ 窗口的切分操作。

（2）相机的控制。

① 可给导览相机定义动作。

② 追踪运动对象或者固定相机视点。

③ 与对象同步移动。

④ 对场景地貌进行跟踪。

（3）三维场景快速生成。

① 可根据二维逻辑模型快速自动生成三维场景。

② 常用对象的三维模型库。

③ 灵活的对象选择机制。

④ 强大的贴图纹理处理功能。

⑤ 方便易用的对象动作定义功能。

4. Witness 用户

（1）Witness 中国部分用户。Witness 中国部分用户的信息，如表 7.13 所示。

表 7.13　Witness 中国部分用户

企事业单位	企事业单位
浙江大学能源与机械工程学院	江苏大学管理学院
安徽工业大学机械学院	江苏科技大学管理学院
北京理工大学管理学院	内蒙古工业大学管理学院
大连海事大学交通与物流工程学院	南京理工大学管理学院
大连理工大学	南京理工大学机械学院
哈尔滨工业大学管理学院	山东大学管理学院
合肥工业大学管理学院	山东工商学院
河南理工大学资材系	黑龙江科技学院机械系
合肥工业大学汽车系	上海海事大学
天津工业大学管理学院	上海交通大学工业工程系
同济大学经管学院	重庆大学机械学院
西安科技大学机械学院	GM（China）通用汽车上海战略规划部
盐城工学院	Motorola 天津工厂系统规划部
中原工学院机械系	超威半导体技术（中国）有限公司

（2）Witness 国外部分用户。Witness 国外部分用户的信息，如表 7.14 所示。

表 7.14　Witness 国外部分用户

企事业单位	企事业单位
ABB Flexible Automation	NCR Financial Solutions Limited
Airbus	Nike
BAA	Nissan
BAE SYSTEMS	Nokia
Barclays	Norfolk Police
Bayer	Northumbria University
Bechtel	Northhants Police
Bell Helicopter	Northwestern University
Bernard Matthews	Norwich Union Life
BF Goodrich	Nottinghamshire Police
Bimba Manufacturing	NV Sistemas
Birmingham International Airport	Ocensa Oleoducto Central

续表

企事业单位	企事业单位
BNFL	Paragon Simulation Services
Boeing Aerospace	Pedigree
Borg-Warner Automotive - ATS	Philip Morris
Bournemouth & West Hampshire Water	Portsmouth Hospitals NHS Trust
Bourton Group	Post Office Consulting
BP AMOCO	Powertrain Limited
Brammer Industrial Services	Qatar Petroleum
British Airways	QVC
British Nuclear Fuels	INCO
Britvic Soft Drinks	Lloyds TSB Insurance
BWX Technologies	London Ambulance Service NHS Trust
Cabletec ICS	Lothian and Borders Police
Cadbury	Lotus Group
Calderdale & Huddersfield NHS Trust	LSC Group
Campbell's	Lucent Technologies
Cap Gemini Ernst & Young	M W Kellogg
Carlsberg-Tetley Brewing	Madame Tussaud's London
Celestica	Manchester Metropolitan University
Chalmers Lindholmen	Marley Plumbing and Drainage
Cheltenham & Gloucester	MASCO
ChevronTexaco	Masterfoods
ColourCare	Matra Bae Dynamics
Comau Systems	McClier
ConocoPhillips	Memorial Sloan-Kettering Cancer Center
CORUS Construction & Industrial	MFI UK
Cosworth Technology	Michelin
Cranfield University	Mid Yorkshire Hospitals
Cross Huller	Middlesex University
CSC	Milwaukee School of Engineering
Cummins	Modeling Advantage
Daimler Chrysler	Motorola
Dana	MultiServ

续表

企事业单位	企事业单位
Delphi	Nationwide Building Society
Department of the Air Force	Gilman Engineering and Manufacturing
Department of The Army	Glasgow Caledonian University
Derbyshire Constabulary	GlaxoSmithKline
Diageo	Golden Wonder
Durr Industries	Grand
DWP	Harris
Exxon	Hewlett-Packard
Fanuc Robotics	Hoganas AB
Federal-Mogul	Högskolan Dalarna
Flextronics	IAMS
Fluor Daniel	ICA Cinetic Automation
Fluor Hanford	Imation Enterprises
Ford Motor	Geest
Foseco Metallurgical	General Dynamics
Foster Wheeler Energy	General Mills
Freeman White Architects	General Motors
FSS	Gillette

7.3 AutoMod 仿真软件

7.3.1 AutoMod 的简介

AutoMod 是计算机模拟软件包。该软件由布鲁克斯公司开发，是基于 AutoMod 模拟语言的通用仿真软件，适用于建立物料处理、物流和配送系统的仿真模型，具有 3D 虚拟现实动画、互动建模、统计分析等功能。主要包括三大模块：AutoMod、AutoStat 和 AutoView。AutoMod 模块提供给用户一系列的物流系统模块来仿真现实世界中的物流自动化系统。主要包括输送机模块（辊道、链式）、自动化存取系统（立体仓库、堆垛机）、基于路径的移动设施（AGV 等）、起重机模块等。AutoStat 模块为仿真项目提供增强的统计分析工具，由用户定义测量和实验的标准，自动在 AutoMod 的模型上执行统计分析。AutoView 模块可允许用户通过 AutoMod 模型定义场景和摄像机的移动，产生高质量的 AVI 格式的动画。用户可缩放或者平移试图，或使摄像机跟踪一个物体的移动，如叉车或与托盘的运动。AutoView 可提供动态的场景描述和灵活的显示方式。

7.3.2 AutoMod 拓展模块

AutoMod 有很多扩展模块用于动画、陈述、分析与交流。

1. Kinematics 模块：机器人与自动设施

Kinematics 模块可模拟机器人和其他自动设施，还可将它们整合成一个 AutoMod 模块。Kinematics 可模拟机器人与其他含有旋转轴与传动轴的运动装置，其运动与时间是完全精确的。同时 Kinematics 模块用户还可为立式与剪式叉车、专业机器人、传送带插入器/抽出器或任何其他设施建模。

AutoMod 有能力为设施（比如机器人、机床、传输线与特殊的机器）的复杂运动（动力与速度）建模。

2. AutoView 模块：展示图形与动画

AutoView 可生成快速、流畅与专业的 AutoMod 模型动画。用户使用 AutoMod 所生成的动画创建脚本。AutoView 的摄像头可让用户对模型进行放大，并在模型中"穿行"，从一个场景转到另一个场景，或者在时空中来回穿梭。摄像头也可以安装在模型中的移动物体上，比如叉车或者货盘。这样最大的模型也可在动画中流畅地显示。

3. AutoStat 模块：执行分析与优化

AutoStat 模块在仿真项目的实验阶段能提供增强的统计分析功能。通过点选 Windows 界面，AutoStat 很容易确定需要做的实验，并执行必要操作。AutoStat 能分析所有的模型结果，提供容易阅读的表格或者导入电子表格，同时提供描述性的统计数字，比如取样平均值（通过多次复制）。AutoStat 提供前期决策、单一或对比信赖区间、因素/响应分析与实验设计。AutoStat 基于演变战略的优化功能会帮助使用者从多种可能的收入因素组合中找到最佳的解决方法。

4. Modle Communication 模块：交换系统数据

Modle Communication 模块可让信息在模块与控制系统之间、多个模型之间，以及模块与其他应用之间进行传输。仿真模块与物料传输控制系统之间的通信让用户可在控制系统实施前对其设计进行测试。使用仿真情境比现场实地试运行过程中的系统测试要快并且节省成本。Modle Communication 模块也可让用户独立地建造两个或多个模型，并且在仿真过程中容易在模型之间发送和接收数据。多个模型可单独运行或者它们可共享信息形成一个完整的系统，使用多处理器硬件或者一个网络中的多台机器并行模拟。最后，Modle Communication 模块使模型与第三方应用程序（如电子表格或者 VB 程序）之间的通信变得容易。

7.3.3 AutoMod 模型的子系统

在实际中，AutoMod 使用 10 种模型系统刻画实际的生产系统和物流系统的结构。这 10 种模型系统分别是逻辑进程（Process）、子模型（Submodel）、移动路径（Path Mover）、输送系统（Conveyor）、释放系统（Power&Free）、容器与管道系统（Tanks&Pipes）、自动化立体仓库（AS/RS）、桥式起重机（Bridge Crane）、运动机构（Kinematics）、静态系统（Static）。其中 Process 系统是模型的主线，相当于主程序，在高版本的 AuotMod 中创建模型时自动生成。其他九个模型系统均可通过 AutoMod 主菜单进行操作，如表 7.15 所示。

表 7.15 系统功能结构简介

系统	功能简介
逻辑进程	控制整个仿真模型的逻辑、变量、函数等，是模型的主线
子模型	建立仿真模型的子模型
移动路径	建立小车、叉车、操作人员的移动路径并控制其移动
输送系统	建立模型中的输送系统模型，如传送带等
释放系统	与输送系统类似，但处理的货物是悬挂的
容器与管道系统	建立连续生产系统中的物料集中容器和运送管道模型
自动化立体仓库	自动控制并运行立体仓库
桥式起重机	龙门起重机或天车等的建模模块
运动机构	模拟机器或器具细节的运动，增强仿真效果
静态系统	龙门起重机或天车等的建模模块

7.3.4 AutoMod 建模环境

AutoMod 软件中有两个用户环境，即编辑环境和仿真环境。

编辑环境也称为建模环境。用户可在这里建立模型并且定义一些模型参数。当打开 AutoMod 后，进入 AutoMod 窗口（编辑环境）。在 AutoMod 窗口中可塑造一个新的模型或打开一个已经存在的模型。从主菜单 File 下拉菜单中选择 New 创建一个新的编辑环境，或从主菜单 File 下拉菜单中选择 Open 打开一个已经存在的模型。在编辑功能中分为两个窗口，一个是 Process system 面板，一个是绘图窗口。绘图窗口主要用来建立静态仿真环境模型，包括场景的设置和一些模型的调用。下面主要介绍 Process system 面板中的一些主要的建模工具，如 Process、Loads、Resources、Queues、Order Lists、Source Files、Variables、Functions、Labels 等。

1. 进程（Process）是仿真模型的主线，相当于主程序

AutoMod 仿真策略是进程交互法。Process 的具体内容或者操作可由用户编写 AutoMod 程序代码的方式定义。

（1）货物（Loads）是系统中临时实体，是仿真程序或者仿真系统的线索，进程的执行是由 Loads 来驱动的。

（2）资源（Resources）是系统中的永久性实体，在配送中心中操作工、叉车、机器、货架和汽车等一般被定义成资源。

（3）队（Queues）是系统中暂时存放临时实体（Loads）的地方，其属性可选择 FIFO/FILO 策略。队的容量默认是一，但在实际应用中可根据需要任意调整，也可设定为无限大。

（4）变量（Variables）是用户根据需要定义的。变量有多种类型，如整数型变量、实数型变量、字符串变量、随机型变量、Process、Loads 等指针变量以及用户自定义变量。所有变量的初始值均为 1。

（5）函数（Functions）是 AutoMod 提供的可供用户调用的功能子程序，如模型初始化函数、模型 Snap 函数、模型结束函数和一些标准的 c 函数等。用户也可自己定义函数，每个数必须有一个返回值，但这个返回值可被忽略。

（6）子程序（Subroutine）功能类似于函数，但没有返回值。定义子程序就可在主程序中直接多次地调用，它可使逻辑模型变得更小、更容易改变。

（7）源文件（Source Files）是用来编写 AutoMod 代码程序的。一个模型的源文件可包括用户编程的多个文件。AutoMod 有自己的用户语言，有一套完整的语法，基于这种语法的代码可编写复杂的仿真程序。

2. 仿真环境是用户用来运行仿真模型、观看仿真动画和查看仿真结果的应用环境

仿真环境包括仿真窗口（AutoMod simulation window）、状态对话框（Status dialog box）和信息对话框（Messages dialog box）三个窗口。仿真窗口显示仿真模型布局图和动画。状态对话框显示当前仿真时间和仿真状态——暂停或运行状态；信息对话框显示模型运行信息和错误。

在仿真环境中，除了主菜单以外，还有一些辅助工具按钮，如 Select、View、Help、Home 等。这些工具主要用于改变模型的视图，方便观看仿真过程中的各部分的变化。

（1）Select 主要用于设置环境中的模型或选择已有的模型实体。

（2）View 用于选择观察位置，用户可用这个工具调整观察点。

（3）Help 可打开帮助文件，在帮助文件中提供了所有快捷键的作用说明。

（4）Home 用于显示主视图，当建立一个新的模型时系统默认的视图就是主视图。

（5）Set home 用来改变主视图的工具，用户可用这个工具来任意设定一些频繁显示的视图作为主视图。当模型运行或编辑模型时，可用这个按钮来返回原来的主视图。

（6）ViewAll 用于选择合适的窗口观看所有的视图。

（7）Seek 用于重置当前视图的中心，被选中的目标将成为视图放大或旋转的中心。

（8）ProjectionType 用于选择正交视图或透视图。正交图显示所有的线彼此之间都是直角，它是二维图转换为三维图的基础。透视图显示的是自然状态下观看事物的视图。

7.3.5 AutoMod 的建模特点及步骤

AutoMod 作为物流专用仿真软件，它内置的系统模块为配送中心的仿真建模提供了很多方便，例如，立体仓库模块、叉车模块、输送模块等不需要另外绘制模型，只要调用并改变相应尺寸就能得到理想的模型。目前，该仿真软件在国外物流领域已经被广泛应用，德国的物流仿真大多数是采用这个软件完成的。而在国内，该软件的应用还比较少见。随着信息技术的不断发展，AutoMod 将会以它强大的仿真分析功能受到人们的重视。美国布鲁克斯自动化公司于 2004 年 11 月 18 日在上海与复旦大学现代物流研究中心签署了有关辅助研发、人才培养等方面的合作协议，启动了动态仿真 AutoMod 在中国的培训计划。这项合作显示了仿真软件 AutoMod 应用潜能。与其他仿真软件相比，AutoMod 在仿真建模中具有其独特的优点，主要表现在以下几方面。

（1）模型的高精度。AutoMod 仿真软件提供了精确的建模平台。与其他仿真软件相比，AutoMod 对模型的精细程度没有限制，可根据用户的需要，刻画模型的任意程度的细节，因此可提供极高的建模精度。

（2）较强的兼容性。在 AutoMod 中直接绘图比较麻烦，这就要求借用其他软件来进行绘制所需要的图形。这方面 AutoMod 软件提供了强大的接口功能，可在 CAD、Pro/E 或 Solidedge 等软件中绘图，然后直接在 AutoMod 中调用，不需要任何的处理。另外还可把 *.cell、*.cel 等格式的图形文件直接导入 AutoMod 中，大大提高了 AutoMod 的建模功能。

（3）虚拟现实 3D 图形显示。AutoMod 可生成 3D 虚拟现实动画。AutoMod 使用类似 CAD 制图的方式建立物理模型的系统空间布局和实体空间结构。同时软件采用了虚拟现实功能显示实物的形状和尺寸。这样得出的图形不仅美观，而且满足了市场对显示效果的要求。

（4）丰富的模型单元。AutoMod 提供了丰富的模型单元。用户可直接调用进行建模。如果不满意系统所提供的模型，用户可通过修改图形的参数改变图形的大小和形状，以满足用户的使用要求，这样大大加快了用户建模的速度。

（5）自带的仿真语言语法结构简单。AutoMod 自带的仿真语言语法简单，不要求用户有很深的计算机知识和语言编程功底，用户很容易上手。用 AutoMod 自带仿真语言编程结构也比较简单。

（6）有多种输出功能。AutoMod 自带多种输出功能，根据使用者不同的需求，输出多种类型、多种格式的图形。

（7）应用 AutoMod 进行建模。首先从系统层定义模型所包含的子模型，然后在每个子系统内部定义或者声明实体，再编辑实体的属性，包括图形大小、形状等，接下来对物理单元进行布局设置。最后编写资源文件，控制整个仿真模型的运行逻辑。在实际使用过程中，不同的使用者有不同的建模方法和建模步骤。

应用 AutoMod 对配送中心进行仿真分析时，主要有以下几个步骤：

① 建立模型文件夹，定义模型的名称；

② 建立模型的子系统，绘制子系统模型，例如对配送中心的仿真，要建立自动化立体仓库、输送系统（Conveyor）系统等；

③ 创建 Process System 中的资源（Resources）、载体（Loads）、队列（Queues）等单元，导入相应的 3D 模型；

④ 定义 Process 主系统和其他子系统的实体单元和逻辑单元以及属性；

⑤ 编写资源文件，即编写系统控制程序；

⑥ 定义模型控制、输出等事项；

⑦ 运行模型，确认校正模型。

7.3.6 AutoMod 3D 仿真软件

AutoMod 3D 仿真软件能精确地模拟任何规模、任何精细程度的系统，无论是手工作坊还是全自动化的物流设施。使用 AutoMod 的独特功能可提高成功率与生产力。AutoMod 的独特功能如下：

（1）3D 虚拟现实动画。

（2）互动建模。

（3）原料运送模板。

（4）易于理解的语言。

（5）通过 3D 动画交流。AutoMod 提供比例真实的 3D 虚拟现实动画，使仿真模型易于理解，这对新理念或新方法的交流具有极高的价值。当经营场所的方方面面以 3D 动画模型来观看时，管理层、生产部与工程部之间的交流会大大改善。在模型运行时项目团队可从任何角度以任何比例对模型进行检查。AutoMod 包含与 CAD 一样的功能，可确定制造车间原料处理与传输系统的实际布局。同时，AutoMod 拥有强大的图形界面，可精确地获取 3D 图像中距离与大小上的约束条件。

（6）令人信赖的精确统计。AutoMod 自动输出统计报告与图表。这些信息提供方方面面的系统信息，比如设施利用率、库存水平与部件在某设施中的总时间。可用表格或者内置业务图形的方式查看统计报告。图表有利于增强对系统的理解以及把效果展示给别人。

① 利用仿真软件设计新的设施或系统。

② 增加新的设施或更新现有的设施。

③ 在设施的整个寿命期不断地改善运营。

④ 在决策过程中为直觉与经验提供支持。

AutoMod 既可模拟人工的原料运送连续流程，又可模拟自动化的原料运送系统，并具有无可比拟的精度。实际上，世界上许多原料运送设施供应商都使用 AutoMod 证实他们

7.3.7 AutoMod 模拟仿真案例分析

以南京地区某物流配送中心为实例，在对物流配送系统一般作业流程的分析建模基础之上，采用 AutoMod 软件对其物流中心的配送系统进行分析建模。

1. 南京地区某物流配送中心的概况

1）物流中心的总体情况

南京地区某物流中心有限责任公司是江苏省确定的两家物流示范企业之一和全省 30 家重点服务企业之一，是南京市政府扶持的四大交通平台之一，也是服务于全市物流信息交流的总平台。

该物流中心成立于 2001 年 3 月。目前是中国物流与采购联合会的理事单位，于 2003 年 7 月获得了 ISO 9001：2000 版的质量认证证书。该物流中心位于国道附近，邻近货车站和南京长江大桥，与沪宁高速公路、南京各开发区、化工园区相邻，有着良好的区位优势和经济辐射优势。该配送中心现有一幢综合信息楼，内设报关、报检服务的综合办公大楼，一座海关航空货物保税仓库和开展 CFS 业务的海关监管仓库、一座汽车物流综合大楼，以及一块吞吐量为 500 万标箱的进出口集装箱露天堆场。该中心的海关监管点依托公路直通式转关的优势，联合多家一级的资质报关公司、货贷公司、航空公司入驻经营，为客户办理公路直通式海关接单、验货、通关手续、进出口货物的报关手续，为航空到达发送货物办理仓储监管服务。同时，公司加快拓展空运、货贷、船贷等国际物流综合业务，为全市外贸以及进出口企业提供快速通关一站式服务。目前，该中心的国际业务已经辐射至欧洲、美洲、大洋洲以及中东等几十个国家和地区。

该中心目标行业客户为电子电器通信产品、化工及危险品、汽车整车及配件、冷冻和快速消费品等，为其提供货物运输、仓储、国内国外贷货、包装、配载、VMI、JIT、GPS、GIS、进出口集装箱转关运输等基于供应链一体化的物流服务。现在主要客户有数家全球 500 强。截至目前，物流中心共发展物流会员 30 万户，进驻客户达 10 万户，自有车辆及各类社会挂靠车辆共计 1000 辆。根据政府要求现又建设了三个物流基地形成了一主两翼、水陆空四地联动的战略格局。其中物流配送中心建设仓库 3 万平方米，堆场 5 万平方米，总投资 1500 亿元，成为公路运输、铁路和公水联动、城市区域配送的大型物流集散枢纽，其服务对象为电子、汽车、家电、百货、化工危险品等行业。

2）配送中心的配送系统

该物流配送中心配送系统，具有基本的物流行业业务运作功能，包括货物的运输、配送、储存、仓库的收发货等功能。其总体构架由界面层、作业层、决策管理层、设施层、平台层构成。界面层是指面向用户的实时查询服务工具，如查询网络等；作业层是指面向各个业务部门，利用操作设施实现进货、仓储、分拣、配送等业务操作；决策管理层是指行政管理系统和计算机管理控制系统等；设施层是指整个配送中心的硬件设施，即作业设施和信息管理设施。作业硬件设施有运输车辆、叉车、平板车、堆垛机、立体仓库、输送机等，信息管理设施有小型机、服务器、楼层交换机、中心交换机、GPS 服务器、呼叫中心、防火墙等；平台层是指综合安全管理、数据交换中心、用户管理等。

（1）配送中心主要设施。运输车辆包括配送车辆和进货车辆，主要从事货物的配送中心外部运输工作。运输车辆主要是把货物从供应商运送到配送中心或者把货物从配送中心运送到销售商。

① 叉车。叉车又称铲车，主要用来搬运货物从一个地方到另一个地方，或者用来堆放货物。一般分为低提升和高提升两类。低提升叉车又称拖板车，有电动、人力两种，提升高度一般是 1~1.5 米，一般用来搬运小件或零散的货物。高提升叉车包括两种，一种提升高度为 2.7~3.9 米，主要用来搬运体积较大的批量货物或托盘；另一种提升高度可达到 12 米，主要用来堆放货物，比如堆场的货物堆放、仓库里货物的堆放等。

② 巷道堆垛机。巷道堆垛机专门用于立体仓库中货物存取的自动化设施。它的确定轨道一般由人工操作和计算机控制，一般可搬运几十千克到几吨的货物。它的行走速度为 4~124 米/分，提升速度为 3~30 米/分。

③ 立体货架。立体货架是用来存放货物的大型货架。一般来说，它是和巷道堆垛机配合使用的，其尺寸大小不等，一般根据仓库的大小和货物的类型来确定。

④ 输送机。输送机用得最多的是滚筒式输送机，也有带式输送机。它主要用在储存和分拣两个作业。在储存环节中主要把需要储存的货物送到堆垛机工作的指定地点等待储存。分拣环节中主要是把从货架上取下的货物从仓库区送到分拣区，在运送过程中被分拣以后，再送到指定的出货道口。出货道口的倾斜输送带是皮带，其倾斜度为 15°。

⑤ 分拣机构。分拣机构是用来分拣物的自动装置，主要有挡板和侧推气缸。它们都是由分拣固定的订单分拣程序控制的。

⑥ 喂料机构。喂料机构主要是把货物之间的间隔调整为相同的距离，为分拣信息采集和分拣操作进行留出足够的时间。

⑦ 自动扫描设施。自动扫描设施配送中采用条形码扫描技术，用来扫描货物上条形码的信息来控制分拣机构的运动。

⑧ 计算机设备。计算机设备包括总机和分机。总机用来承担整个配送中心的管理工作，比如配送中心的总体货物储存量、用户订单的处理等；分机用来控制各个仓库的管理工作，例如堆垛机的存货或取货信息管理等。

（2）配送中心主要场地。

① 仓库有 9 个仓库，用来储存货物，分别为 1~9 号。

② 堆场有 3 个，用来储存临时放置的货物或不需要储存在仓库的货物。

③ 停车场配送中心设置停车场一个，用来停放空闲车辆、等待配送车辆、外来车辆、等待卸货的进货车辆，每种车辆都有相应的停车区域。

④ 办公楼配送中心管理人员办公场所。

⑤ 大门监控室对出入车辆和出入人员进行管理检查的工作场。

2. 物流配送中心作业流程

该物流配送中心的作业流程和一般作业流程基本相似。

（1）采购车辆到达配送中心大门以后，大门监控人员对运货车辆进行检查，检查通过，车辆进入配送中心的停车场等待卸货。

（2）运输人员报告采购部门采购车辆到达。管理人员对采购货物进行处理，安排卸货地点和卸货时间，车辆驾驶人员按照规定的时间和地点把车辆开到相应的地点进行卸货。

对于不需要储存在仓库的货物，用高架叉车（12米）把货物从车上卸下堆放到堆场上；对于需要库存的货物，车辆到达对应仓库空闲道口，卸货人员用叉车或输送带把货物从车上卸下，工作人员对卸下的货物进行检查、登记货物信息、装箱、添加托盘等处理。驾驶人员把车辆停放在停车场等待下个任务，同时工作人员用叉车把检查过的货物搬运到输送带上。货物被分别分类以后运到相应的立体仓库入口处，储存操作人员操作堆垛机把货物搬运到规定货位。

对于少量的零散货物，可用高架叉车把货物直接堆放到临时储存仓库上。此时，货物的进货作业和储存作业完成。同时，工作人员要定时对仓库的货物进行盘点作业，把货物信息反馈给管理人员，对于存货不足的货物要及时采购。当用户订单到达以后，管理人员根据货物的储存情况进行订单处理，制定仓库出货单，并把订单送到各个仓库进行分拣。仓库管理人员编制分拣程序，同时把订单信息传给堆垛机器操作人员。操作人员用计算机定位操作堆垛机，并把货物从指定的货位中取出，然后把货物运到仓库的出口，把货物放在输送带上，经过合流、喂料处理以后，把货物运送到分拣区域进行分拣。

在每个分拣机构前端都有一个扫描系统，当货物经过时扫描系统读入货物信息，控制分拣机构的运动，实现分拣作业。货物被分拣以后，进入各自的分拣道口等待配货。当货物达到需求数量时，操作人员根据用户订单把每个用户的货物从仓库中调运到指定的集货地点，把货物配齐全后装入车辆等待配送。具体作业流程如图 7.51 所示。

3. 物流配送中心作业原则

南京地区某物流配送中心的配送系统作业原则如下。

（1）入库原则。仓库根据货物的储存条件分类，货物到达以后，根据货物种类和储存条件选择相应的仓库，不同的货物进入不同的仓库。比如，一些危险化工产品必须储存在危险品仓库，而一些食品就要求储存在有空调的低温仓库中等。外界条件对货物品质没有影响或影响很小的货物，以及不需要在仓库储存的货物可储存在堆场外。

（2）进货处理原则。危险品优先处理，储存条件要求很高的货物次之处理。外界条件对货物影响比较大的货物，如冷冻食品、高温易挥发的货物等应优先处理，其他的物品遵循先来先进原则。

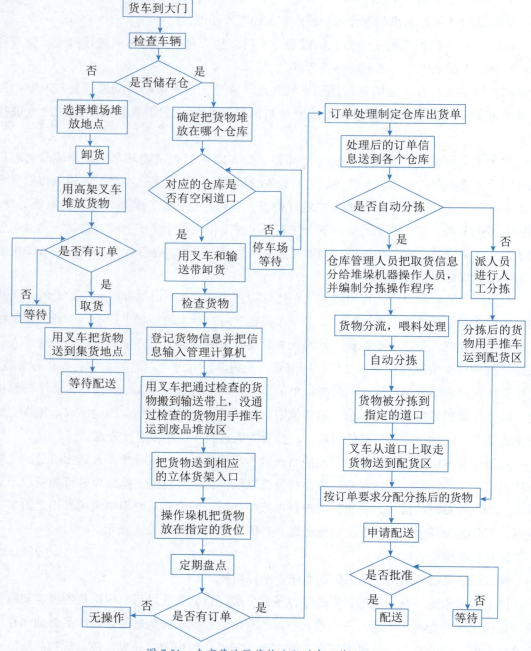

图 7.51　南京某地区某物流配送中心作业流程

（3）储存原则。按货物出入仓库的频率储存，经常出库的货物放在容易取货的地方，一般放在货架的入口，经常组合出库的货物尽量放在一起储存。零散的货物捆装后再储存。

（4）分拣原则。大批量货物使用分拣机器自动分拣，以提高分拣效率为准则。对于单件货物或少量货物可用人工分拣，以降低分拣成本为准则。

（5）配货原则。根据配送时间确定配货顺序。如果没有时间限制，遵循用户订单到达和货物分拣完相结合原则。

（6）车辆使用原则。首先遵循就近原则使用，即优先满足紧急使用车辆的作业。另外还要根据货物的数量选择车辆，要遵循尽量提高车辆空间利用效率的原则。

（7）叉车使用原则。每个作业场所一般配备专用的叉车，但实际使用过程中要尽量平衡整个配送系统作业的原则，可按实际使用情况调用叉车，尽量减少车辆的空闲率，平衡车辆的作业。

4. 物流中心分拣系统的仿真

建立的系统模型不仅是对系统的抽象化描述，也是对系统仿真的必要前提。然而这种模型仅能被人脑所接受或理解，还无法直接在计算机上运行，因此需要建立计算机可运行的模型，也称为二次建模。仿真模型是将系统模型规范化和数字化，同时根据计算机运行的特点，增加一些必要的部分，如初始化模块、输入模块、随机数发生器、事件表和输出模块等。

近年来仿真软件发展比较快，相继出现了许多仿真软件，如 AutoMod、Witness、FlexSim、Extend、SIMAnimation、RaLC 和 Emplant 等。这些软件不仅包括建模、仿真运行和结果输出，还包括模型分析和统计分析等功能。同时，用户界面也更直观和灵活，系统模型可以二维或三维方式动画显示，以便对系统仿真过程进行实时跟踪和分析。这些软件自带的简单仿真语言，不需要仿真者有很多的计算机知识和编程技巧，也不需要了解很多的仿真理论和算法，仿真者即可把仿真的主要精力放在系统建模和系统分析上，既有利于提高仿真的效率，更有利于提高仿真的质量。

（1）仿真目标的确定。对物流配送中心系统进行仿真研究，其目的是了解配送中心作业过程中的各种统计性能，帮助决策者提高配送中心规划与管理的水平。主要研究的问题有配送中心设施数量与通过能力的关系、机械设施数量与机械利用率的关系、机械调度方案比较与优化、机械数量配置的优化；配送中心出货能力、仓库存货能力、存货的方式等。

仿真模型的构造应紧紧围绕仿真目标展开，不同的仿真目标对仿真的细节要求不一样，只要能达到目标，应尽可能地简化模型。一方面是可减少工作量；另一方面是减少因不必要的干扰引起的误差。对于物流配送系统，其研究的目标不同，建立的模型也不同。

一般来说，常见的模型有以下几类：自动化仓储仿真模型、配送中心内部运输调度模型、分拣模型、人力资源调度模型、外部运输路径仿真优化模型。

以分拣系统仿真模型为例进行描述。如果仿真目标是研究拣选对分拣效率的影响，建模的重点应放在拣选形式、拣选方式和路径的仿真上，对于进货、存储、车辆调度、分拣设施的选择和运行等环节只要简单地描述即可；如果仿真目标是研究分拣设施对分拣效率的影响，建模的重点就应放在对分拣设施选用、分拣通道的设置和分拣机速度的选择等方面的仿真，至于选用什么样的拣选方式、仓库的出货快慢等就变得不重要了。

分拣系统的仿真目标分为以下两类：

① 在分拣货物量相同的情况下，判断系统的分拣输送带的布局是否合理。

② 在系统的分拣输送带的布局和分拣机的速度固定的前提下，分拣货物量逐渐增加时，检查分拣系统的"瓶颈"首先出现在什么地方。

（2）3D仿真模型的建立。该物流配送中心的仿真模型的建立分为以下两步：

第一步：根据该物流配送中心的规划及现状，绘制仿真模型，主要分为进货输送部分、立体仓库和临时储存仓库部分、出货输送及分拣部分。

打开AutoMod软件，建立一个新文件，命名为fenjian.dir。新界面打开后在系统菜单中选择new，建立一个输送系统，在输送系统里根据仓库分布图建立进货和分拣部分的输送带模型，并定义相关的station。输送带模型建立好后，选择system菜单中的open开始建立模型。输送带用货物运动路径sec来表示；进货货车抽象为Queues，其出货时间和货物量是遵循一定规律的，可进行控制；工作人员和叉车被定义为Resources；合流、监控和分拣地点被定义为station；模型的货物被定义为Loads。

第二步：以该物流配送中心的作业网模型为基础，编制仿真模型的逻辑程序。

仿真程序是控制仿真模型运行的关键，它能体现模型和实际的吻合程度，在实际中对仓库工作的影响因素比较多，在仿真过程中不可能全部考虑，所以仿真模型逻辑程序的编写是建立在一定的假设基础之上的。对于未考虑的因素对系统的影响，可根据经验数据对其进行修正。

做以下假设：

① 模型在运行过程中没有故障发生，所有设施运行正常。

② 货物在运行的过程中不受形状等因素的影响。

③ 所有的时间根据输送带的长度和电动机的速度来确定。

④ 操作人员可按规定时间完成任务，不受人为因素的影响。根据该物流配送中心的作业网模型，编写仿真程序。

首先初始化模型，塑造仿真货物，代码如下：

```
Object current = ownerobject(c);
```

```
{// ********** PickOption Start ********** //
/***popup:CloseOpenPorts*/
/** 关闭和打开端口 */
/** \n 如果条件为真（等于1），将执行此操作。*/
Variant involved = /** \n 实体：*/ /***tag:object*//**/current/**/;
int condition= /** \n 条件:*/ /***tag;condition*//**/true/**/;
if ( condition ) {
    /**\n 操 作:*//***tag:action*//**/closeoutput/** 列 表：closeinput~openinput~
stopinput~resumeinput~closeoutput~openoutput~stopoutput~resumeoutput*/
    (involved);
}
/**\n*/
}//****** Pickoption End ****** //

Object item = param(1);
Object current = ownerobject(c);
int port = param(2);
{  // ************ Pick0ption Start ************  //
/***popup:Close0penPorts*/
/** 关闭和打开端口 */
/** \nThe action will be performed if some condition is true ( equal to 1).*/
treenode involved = /** \nObject:  */ /***tag:object*//**/current/**/;
int condition = /** \nCondition: *//*** tag:condition*/**/content(current)<=10/**/;
if (condition) {/** \nAction: *//***tag:action*//**/openinput/**list:closeinput~
openinput~stopinput~resumeinput~closeoutput~openoutput~stopoutput~resumeoutput*/
    (involved);
}
/**\n\(nWarning: It is better to send a delayed message to open or resume the
ports of the current object*/
}  // ****** PickOption End ****** //
{// ********** PickOption Start ********* //
/***popup:CloseOpenPorts*/
/** 关闭和打开端口 */
/** \nThe action will be performed if some condition is true (equal to 1).*/
treenode involved = /** \nObject: */ /***tag:object*//**/current/**/;
int condition = /** \nCondition: */***tag;condition*/ /**/content(current)<=10/**/;
if (condition) {
/** \ nAction: *//***tag:action*//**/closeoutput/**list:closeinput~openin-
put~stopinput~resumeinput~closeoutput~openoutput~stopoutput~resumeoutput*/
(involved);
}
/**\n\nWarning: It is better to send a delayed message to open or resume the ports
of the current object!*/
} //****** PickOption End ******* //

Object item = param(1);
Object current = ownerobject(c);
int port = param(2);

{  //******** PickOption Start ******** //
/***popup:Close0penPorts*/
/** 关闭和打开端口 */
/** \nThe action will be performed if some condition is true (equal to 1).*/
treenode involved = /**   \nObject:  */ /***tag:object*//**/current/**/;
```

```
int condition = /** \nCondition: */ /***tag:condition*//**/content(cur-
rent)>=25/**/;
if (condition) {
    /** \nAction: *//***tag:action*//**/closeinput/**list:closeinput~openinput~
stopinput~resumeinput~closeoutput~openoutput~stopoutput~resumeoutput*/
    (involved);
}
/**\n\nWarning: It is better to send a delayed message to open or resume the ports
of the current object!*/
} // ******* Pickoption End ******* //
{ // ************ PickOption Start ************ //
/***popup:Close0penPortst*/
/** 关闭和打开端口 */
/** \nThe action will be performed if some condition is true (equal to 1).*/
treenode involved = /** \nObject: */ /*tag:object*//*current/**/;
int condition= /** \nCondition: */ /***tag:condition*//**/content(current)>=25/**/;
if (condition) {
    /** \nAction: *//***tag:action*//**/openoutput/**list:closeinput~openin-
put~stopinput~resumeinput~closeoutput~openoutput~stopoutput~resumeoutput*/
    (involved);
}
/**\n\nWarning: It is better to send a delayed message to open or resume the ports
of the current object!*/
} //****** PickOption End ******* //
```

（3）3D仿真模型的运行。模型运行的初始状态：①模型中输送系统中没有货物，所有货架都是空的；②入库的车辆中有货物，进入系统的货物数量在模型运行过程中随意出现；③出库的车辆为空；④各个监控点处在准备工作状态；⑤所有输送带都处在静止状态。

（4）运行结果分析。在上述模型的运行过程中会产生很多数据，根据模型的 Report 来查看进行研究，但是这些数据只是单个模型在固定参数下产生的，而实际中，货物的进货和出货，有一定规律，但没有什么具体的数值，而是一定的范围，因此，单个模型的运行数据不能说明整个仓库的运行状况，只能验证模型在这个参数下的运行状况。为了能全面体现模型的运行状况，下面针对仿真目标进行仿真分析。由于是对该配送中心进行改进规划，而实际中没有实际运用，所以，没有实际参数作为比较，只能根据配送中心提出的改进目标作为比较的标准。拟选用的自动化仓库主要参数如表 7.16 所示，输送机主要参数如表 7.17 所示。

表 7.16 自动化仓库的主要参数

形式	承载	货架参数		堆垛机参数			
	重量	全高	储位	额定载重	速度	升降速度	货叉速度	台数
整体式	300~600kg	30m	10排52列 14层共7280	600kg	3~105 m/min	3~105 m/min	3~105 m/min	5

表 7.17 输送机主要参数

链式输送机			滚筒输送机		
噪声	搬运速度	机械宽度	形　式	搬运速度	机械宽度
铝框架低噪音	12m/min	1450mm　200mm	链驱动滚筒输送机	12m/min	1330mm

规划系统分拣货物目标为每天最多分拣 2500 个托盘，最少分拣 1440 个托盘。

5. 结论

在分拣量固定的情况下，判断系统输送带的布局是否合理。对于分拣系统而言，判断分拣布局是否合理，主要是看分拣数量达到最大时，系统是否能正常运行。如果能正常运行即可认为系统的布局是合理的，可达到预期目标。由于在固定分拣量的情况下，每次的仿真结果相同，所以不必采用快速仿真分析，直接运用 3D 仿真即可。

从上述现象可看出，如果分拣系统在最大分拣量的情况下工作，该系统的布局是不合理的，且无法达到分拣要求。如果要达到分拣要求，必须消除上述两个"瓶颈"。系统第一个"瓶颈"产生的原因有三种可能：一是进货输送带上的检查（inspect）环节花费的时间过长，导致货物无法迅速通过而在此堆积；二是检查站点距进货输送带合流部分太近，导致货物刚刚合流就进入检查状态，中间没有缓和空间存在；三是各个入库输送带之间的干涉。上述仿真结果可能是这些原因中的一个作用产生，也可能是几个共同作用产生的。为了消除这个"瓶颈"可采用以下三种方法。

（1）提高检查环节（inspect）的作业效率，减少检查环节的耗时，同时把检查站点的位置设在距合流设施较远的地方，给检查环节的作业留出足够的作业余量空间。

（2）在货物合流以前进行检查作业，在每条进货输送带上设一个检查站点，货物合流以后提高输送带的运行速度，以减少货物堆积的可能性。

（3）合理布置入库输送带上的货物量，尽量减少它们之间的感应对系统的影响。

在系统中，第二个"瓶颈"是影响整个系统的关键因素，它可导致系统的瘫痪。这一现象产生的主要原因是分拣货物数量太多，超出了系统的承受能力。建议采用以下方法解决：

① 增加分拣输送带的条数，在进行喂料作业以前，把货物分为多条输送带运输，在每条输送带上进行喂料、分拣，减轻分拣系统压力。

② 在进行集中分拣作业以前，在货物输送途中对个别货物进行分拣。

③ 提高喂料机构的作业效率，减少分拣机构的作业时间增加输送速度。经过仿真验证，采用上述方法对该配送中心的分拣系统改进以后，系统在每天分拣 2500 个托盘的工作量状况下能正常运行，并且消除系统的"瓶颈"现象。

在系统的分拣输送带的布局和分拣机的速度固定的前提下，出货物量逐渐增加时，系统的"瓶颈"首先出现在什么地方，找出该系统的最大分拣量。

南京地区某配送中心规划的立体仓库分拣系统的日分拣量为1440~2500托盘／工作日。上述仿真已经验证了该系统在最大分拣量状态下是无法正常运行的，并且知道系统最有可能出现"瓶颈"的两个地方（第一个是检查点，第二个是喂料机），那么该系统的最大分拣量大约是多少？在分拣货物数量增加时，系统的"瓶颈"首先出现在什么地方？为了搞清这些问题，对分拣系统在最大分拣量和最小分拣量之间进行仿真。为了减少仿真数量，仅把1440~2500的数分为12组数据进行仿真，仿真结果如表7.18所示

表7.18 仿真结果

分拣盘 \ 仿真时间/h	1	2	3	4	5	6	7	8
1440	正常	正常	正常	正常	正常	正常	正常	正常
	良好	良好	良好	良好	良好	良好	良好	良好
1500	正常	正常	正常	正常	正常	正常	正常	正常
	良好	良好	良好	良好	良好	良好	良好	良好
1600	正常	正常	正常	正常	正常	正常	正常	正常
	良好	良好	良好	良好	良好	良好	良好	良好
1700	正常	正常	正常	正常	正常	正常	正常	正常
	良好	良好	良好	良好	良好	良好	良好	良好
1800	正常	正常	正常	正常	正常	正常	正常	正常
	良好	良好	良好	良好	良好	良好	良好	良好
1900	正常	正常	正常	正常	正常	正常	正常	正常
	良好	良好	良好	良好	良好	良好	良好	良好
2000	正常	正常	正常	正常	正常	不正常	—	—
	良好	良好	良好	良好	良好	良好	差	—
2100	正常	正常	正常	正常	不正常	—	—	—
	良好	良好	良好	良好	差	—	—	—
2200	正常	正常	不正常	—	—	—	—	—
	良好	差	—	—	—	—	—	—
2300	正常	不正常	—	—	—	—	—	—
	差	—	—	—	—	—	—	—
2400	不正常	—	—	—	—	—	—	—
	差	—	—	—	—	—	—	—
2500	不正常	—	—	—	—	—	—	—

从仿真结果可看出，当分拣量达到 2000（托盘／工作日）时，系统在第 6 小时出现了问题，导致系统无法正常运行。当分拣量为 1900 时，系统能正常运行，因此，系统的分拣量应该在 1900 和 2000 之间（经进一步仿真可知最大分拣量约为 1920 盘）。从整个仿真过程看，系统的"瓶颈"首先出现在检查点。随着仿真的进行，喂料机构的运行对分拣系统的影响占主导地位。

从以上两种情况下的仿真结果得出：①配送中心规划的分拣系统的运行过程中可能出现两个"瓶颈"，一是检查点，二是喂料机构；②配送中心仓库 1 的分拣系统最大分拣量为每天 1920 个托盘。如果该配送中心要使系统分拣量达到每天 2500 个托盘，就必须按照下列建议对整个规划系统进行改进：

首先，减少检查作业的耗时，同时把检查站点的位置设在距合流设施较远的地方，给检查环节的作业留出足够的作业余量空间，合理布置入库输送带上的货物量，尽量减少它们之间的感应对系统的影响。或者在货物合流以前进行检查作业，在每条进货输送带上设一个检查站点，在货物合流以后提高输送带的运行速度，以减少货物堆积的可能性。

其次，增加分拣输送带的条数，在进行喂料作业以前，把货物分为多条输送带运输，在每条输送带上进行喂料、分拣，减轻分拣系统压力；或者在进行集中分拣作业以前，在货物输送途中对个别货物进行分拣。

7.4 习题

1. 请应用 FlexSim 软件仿真 ×× 快递公司分拣系统的规划。
2. 请应用 FlexSim 软件仿真 ×× 快递公司 ×× 小区无人运输车路线的最优规划。
3. 请应用 FlexSim 软件仿真某具体货物仓库的设计与规划。

参考文献

[1] BICHIER M，KALAGNANAM J，KATIRCIGLU K，et al. Applications of flexible pricing in business-to-business electronic commerce[J]. IBM System Journal，2002，41（2）：287-302.

[2] MONZKA R，HANDFIELD R B，GIUNIPERO L C. Purchasing and supply chain management[M]. Ohio:South-Western Publishing，2016.

[3] COYLE J J，BARDI E J，LANGLEY C J. The management of business logistics[J]. South-Western College，2003：428-443.

[4] POIRIER C C，BAUER M J. E-supply chain[M]. San Francisco：Berrett-Koehler，2002.

[5] TULLY，SHAWN. The B2B tool that really is changing the world[J]. Fortune，2000（6）：132-133.

[6] YANG H L，ZHU X N，YU S Q. Analysis on short sea transportation services with combinatorial auction[C]//Proceedings of the 5th International Conference on Traffic & transportation Studies，2006，Xi-an，China，189-199.

[7] JIN Z H，YANG Y Q，YANG H L. The ship routing problem with backhaul and time windows: formulation and a heuristic approach[C]//Proceedings of the 11th International Conference on Industrial Engineering and Engineering Management，2005，Shenyang，China，766-769.

[8] JI Y F，YANG H L. Bullwhip effect elimination in supply chain with CPFR[C]//Proceedings of the 12th International Conference on Management Science & Engineering，2005，Incheon，Korea，737-740.

[9] YANG H L，LIU B. E-Commerce's effect on transportation and collaborative logistics[C]//Proceedings of the 4th International Conference on Traffic & transportation Studies，2004，Dalian Maritime University，Dalian，China，269-274.

[10] YANG H L，YU S Q. Information technology in transportation and collaborative logistics[C] // Proceedings of the 15th International Conference on Logistics Strategy for Ports，2004，Dalian，China，755-759.

[11] 中国物流与采购联合会. 中国物流发展报告 [M]. 北京：中国物资出版社，2005.

[12] 廖远来. 工业互联网技术在数字化物流管理中的应用 [J]. 科技与创新，2021（4）：123-124.

[13] 余勃. 物流与企业供应链数字化转型 [J]. 中小企业管理与科技（下旬刊），2021（1）：132-133.

[14] 李勇昭. 数字化时代的供应链服务 [J]. 中国储运，2021（1）：27-31.

[15] 李小青. 数字化背景下传统制造业物流管理信息化问题研究 [J]. 企业改革与管理，2020（23）：27-28.

[16] 李波. 数字化打开数字化物流的钥匙 [N]. 中国水运报，2020-10-30（007）.

[17] 刘扬. 数字化引领物流行业智慧升级的相关探讨 [J]. 中国物流与采购，2020（18）：43-46.

[18] 汪蕴平. 物流数字化的七大关键技术趋势 [N]. 中华合作时报，2020-08-28（A06）.

[19] 崔忠付. 数字化引领物流行业智慧升级 [J]. 物流技术与应用，2018，23（8）：62-63.

[20] 王昌盛. 浅议适应经济发展推进航空电子运单的使用 [J]. 商讯，2020（29）：153-154.

[21] 沈逸飞，朱真逸，王逸飞，等."人工智能＋物流"中智能配送与管理的应用 [J]. 科技风，2021（8）：74-75.

[22] 李靖，尹成波，史宏. 基于大数据背景的云物流模式变革研究 [J]. 质量与市场，2020（16）：71-73.

[23] 钟合. 区块链在工业领域的应用场景 [J]. 中国信息化周报，2021，3（8）：20-21.

[24] 王建萍，何力. 干线物流无人驾驶卡车市场化挑战 [J]. 汽车与配件，2021（2）：56-59.

[25] 陈鑫. 面向中国物流行业发展的思考 [J]. 河北企业，2020（12）：90-91.

[26] 陆名录. 大数据时代下智慧物流的优化策略研究 [J]. 产业创新研究，2020（22）：104-105.

[27] 吴菁芃，吴清一. 数字物流中的数字技术 [J]. 中国物流与采购，2018（7）：66-67.

[28] 吴菁芃. 物流3.0时代：数字物流驱动行业大变革——我国物流技术发展纵横论之三 [J]. 物流技术与应用，2020，25（12）：100-103.

[29] 张则强，程文明，王金诺. 未来物流发展模式——数字物流与和谐社会 [J]. 未来与发展，2006（9）：20-22.

[30] 徐琳，现代物流信息化的发展现状及问题研究 [J]. 商业经济，2021（3）：83-85.

[31] 尹宏亮，铁路数字化货场的研究与设计 [J]. 铁道货运，2013，31（7）：46-50.

[32] 陈建鑫. 刍议现代物流管理中的信息网络化及其实施路径 [J]. 全国流通经济，2020（23）：24-26.

[33] 孙光圻，梁晓杰."数字物流港"促进港城互动发展 [J]. 中国水运，2004（2）：20-21.

[34] 何承芳，高捷闻. 基于"互联网＋"模式下电商物流仓配一体化研究 [J]. 中国商论，2018（33）：9-10.

[35] 韩杰. 现代物流系统视觉机器人货物识别与拣选方法研究 [D]. 济南：山东大学，2009.

[36] 闻学伟，汝宜红. 智能物流系统设计及应用 [J]. 交通运输系统工程与信息，2002，2（6）：16-19.